Rainer Maria Rilke

Briefwechsel mit Thankmar von Münchhausen 1913 bis 1925

Herausgegeben von Joachim W. Storck
Mit einem Geleitwort
von Maleen Gräfin von Hatzfeld und
Hieronyma Baronin Speyart van Woerden

Insel Verlag

© Insel Verlag Frankfurt am Main und Leipzig 2004
Alle Rechte vorbehalten, insbesondere das der Übersetzung,
des öffentlichen Vortrags sowie der Übertragung
durch Rundfunk und Fernsehen, auch einzelner Teile.
Kein Teil des Werkes darf in irgendeiner Form
(durch Fotografie, Mikrofilm oder andere Verfahren)
ohne schriftliche Genehmigung des Verlages reproduziert
oder unter Verwendung elektronischer Systeme verarbeitet,
vervielfältigt oder verbreitet werden.
Satz und Druck: Memminger MedienCentrum AG
Printed in Germany
Erste Auflage 2004
ISBN 3-458-17193-2

1 2 3 4 5 6 – 09 08 07 06 05 04

Inhalt

Geleitwort 7

Der Briefwechsel 11

Anhang
Anmerkungen und Erläuterungen 127
Zeittafel 191
Nachwort 203
Personenregister 211

Geleitwort

Thankmar hatte als Knabe den jungen Rilke im Haus seiner Eltern in Berlin kennengelernt. Dorthin hatte diesen Thankmars Kusine, die Schriftstellerin Frieda Freiin von Bülow, die mit Lou Andreas Salomé befreundet war, mitgenommen.
Thankmar hatte sich in seinen Primaner-Jahren gewünscht, das erste Studienjahr in Paris zu verbringen. Sein Vater lebte schon lange im Ruhestand, davor war er deutscher Konsul im Osmanischen Reich, u. a. in Jerusalem, gewesen. Da sich Thankmar sehr gut mit seinen Eltern verstand, planten sie, gemeinsam nach Paris zu gehen und sich dort für dieses Jahr eine eigene Häuslichkeit einzurichten. Der Vater starb ein halbes Jahr vor dem Abitur, aber Mutter und Sohn trafen zu Semesteranfang im November 1911 in Paris ein. Zwei Tage nach der Ankunft besuchte der Achtzehnjährige die deutsche diplomatische Vertretung in Paris und wurde sogleich zu einem Herrenessen eingeladen. Hier wurde der Grundstein zu vielen deutsch-französischen Freundschaften gelegt, denn bei Tisch saß Thankmar neben dem Maler Ernst Kropp, der ihn ins Café du Dôme mitnahm, in dem sich regelmäßig deutsche und französische Künstler und Schriftsteller trafen. Zu diesen gehörte auch Franz Hessel (1880-1940), der in seinem Roman *Pariser Romanze* schreibt, daß im Dôme die französischen und ausländischen Künstler an den Tischen zusammenrückten und ihr eigenes Pfingstwunder erlebten.
Über Lou Andreas Salomé, die in ihrem Brief mit guten Wünschen für die Pariser Zeit an Thankmars Mutter so schön formuliert: »Hoffentlich steht Ihnen nun ein ganz wunderschönes Jahr bevor – worin die Lebensweise den Lebensfrühling miterlebt als ihren eigensten, eingeborenen«, wurde Thankmar in das Haus des Ehepaars Grautoff eingeführt. Professor Otto Grautoff war Journalist und Kunstkritiker und gründete 1925 die Deutsch-Französische Gesellschaft. Im Hause Grautoff lernt Thankmar Norbert von Hellingrath (1888-1916) kennen, den Kunstsammler und »Jünger« Stefan Georges. Der erst dreiundzwanzigjährige Hellingrath ist bereits Lektor für Deutsch an der »École Normale Superieure« und arbeitet an einer Gesamtausgabe von Hölderlins Werken. Thankmar empfindet es als großes Glück, Norbert zum Freund zu gewinnen.

Rilke trifft den »erwachsenen Thankmar« – so drückt er es selber in einer Widmung aus – in Paris wieder. Rilke ist nun nicht mehr der jugendliche Schriftsteller, der mit der älteren und berühmteren Lou auftritt, sondern ein bekannter Dichter. Aus den Briefen wird ersichtlich, wie die anderen zu ihm aufschauen. Rilke empfindet nur einen als größer: Norbert von Hellingrath. Von den Freunden ist dieser als einziger im Ersten Weltkrieg gefallen, und er konnte daher sein Schaffen nicht weiter entfalten.

Gleich zu Beginn des Briefwechsels beschreibt Rilke, was im Werk eines Dichters überwiegen sollte: »die bénédiction«, für Thankmar ist er seither »ein zum Rühmen Bestellter«.
In den Briefen von Anfang 1914 sieht man, wie unerwartet der Kriegsbeginn den Freundeskreis traf. Alle machen noch Pläne für die Sommerferien. Dann wird es brenzlich. Keiner weiß mehr, was Krieg bedeutet, und so ist eine Bereitwilligkeit, ja Begeisterung zu verspüren. In diesen ersten Augusttagen schreibt Rilke die »Fünf Gesänge«; von den beiden ersten Gedichten sendet er eine (am Schluß unvollständige) Abschrift an Thankmar, der inzwischen als Kasseler Husar an der Westfront eingesetzt wurde. Nach den ersten schrecklichen Kriegserlebnissen hofft Rilke, daß diese Verse verlorengehen mögen, was aber nicht eintritt.
Rilke macht auch Mut: »Lieber, wir überstehens!« schreibt er, und für Thankmar und seine Mutter war dieser Satz wie ein wirkender Segensspruch. – Die Kämpfe an der Westfront empfinden die Freunde wie einen Bruderkrieg. Anfangs tauschen sie noch ihr Grauen aus, dann schweigen sie.
Während der kurzen Urlaubstage versuchen sie sich zu treffen. So fährt Thankmar 1915 nach München zu Rilke, der ihm die ersten beiden Duineser Elegien vorliest und ihn fragt: »Ach wollen wir uns nicht Du sagen.« – Vierzig Jahre später verbrachte Thankmar mit Frau und den beiden Töchtern mehrmals wunderbare Herbstwochen in Duino.
Als Thankmar nach schwerer Verwundung und Asthma 1917 frontuntauglich wird, versucht Rilke alles, daß er in Berlin ins Auswärtige Amt übernommen wird – vergeblich. Rilke und Thankmar sehen sich in dieser Zeit fast täglich und essen zusammen im Ad-

lon. Rilke bringt Thankmar mit vielen interessanten Menschen zusammen.

Gleich nach dem Krieg trifft Thankmar wieder französische Freunde, die deutsch-französische Freundschaft hat zumindest in diesem Kreis keinen Schaden erlitten. Hessels *Pariser Romanze* erscheint und gibt ein Bild »von dem Paris, in dem ich Achtzehnjähriger mit so aufgelöster Glückseligkeit existierte«, wie Thankmar an Rilke schreibt. Und es war eine Erfüllung für Thankmar und eine Freude für seine Frau, daß er vor dem Zweiten Weltkrieg als Leiter des Goethehauses in Paris tätig werden konnte.

Der Briefwechsel schließt mit einer Notiz von Rilke an Thankmar im Sommer 1925, und beide hielten sich natürlich in Paris auf. Sie wohnten im gleichen Hotel, und Thankmar half beim Korrekturlesen. Rilke war schon sehr krank, es war ein Jahr vor seinem Tod.

In seinem Brief vom 3. Februar 1918 erwähnt Rilke Madame Edhem-bey. Die türkische Heimat der Bewunderten war ein schönes Yali (Landhaus) an der asiatischen Seite des Bosporus. Als mein (Hieronymas) Mann 1976-1979 in Istanbul als holländischer Generalkonsul en poste war, gehörte das Yali dem ehemaligen türkischen Botschafter Nuri Birgi. Dessen liebenswürdige Einladung konnte der geistig so wache, aber körperlich hinfällige Thankmar nicht mehr annehmen, als er bei uns zu Besuch war. Aus den Fenstern des Palais de Hollande blickte er über den Bosporus zum Yali hin und schwärmte dabei von Edhem-bey. – Im Juli 1979 gab Nuri Birgi für uns ein Abschiedsessen. Um den Garten mit seinen unvergleichlichen Rosen und das Haus mit den eleganten Salons noch einmal in aller Ruhe genießen zu können, kamen wir etwas vor den anderen Gästen an. Von der Terrasse aus bewunderten wir die Aussicht, in dem Moment ging über dem Topkapi-Serail die Sonne unter, und ihr Glanz spiegelte sich im Bosporus. Als wir am nächsten Tag von einer Segeltour zurückkamen, sagte der Pförtner leise, Nachricht sei gekommen, mein Vater sei am Vorabend in Bonn friedlich entschlafen.

Maleen Gräfin von Hatzfeldt
Hieronyma Baronin Speyart van Woerden
geb. Freiinnen von Münchhausen

DER BRIEFWECHSEL

1. MÜNCHHAUSEN AN RILKE

> Hôtel du Midi
> 4 avenue Montsouris
> Paris 14
> 24 Mai 1913

Sehr verehrter Herr Rilke

Von Ihrer mir durch Frau Stieve übermittelten gütigen Erlaubnis Sie zu besuchen mache ich mit grosser Freude Gebrauch und hoffe Sie heute kurz nach 2 Uhr zu Hause zu finden

> In Verehrung und Ergebenheit
> Ihr
> Thankmar von Münchhausen

2. MÜNCHHAUSEN AN RILKE

> 4 avenue du Parc Montsouris
> Hotel du Midi (Place Denfert-Rocherau)
> [Paris, Ende Mai 1913]

[Aufdruck:] Thankmar von Münchhausen
stud. jur.

verfehlte Sie leider eben und wird versuchen gegen 5^h Sie zu finden. Sollten Sie morgen für mich Zeit haben, bitte ich Sie [Rückseite:] um ein petit mot, sonst fahre ich wohl heute Abend nach Deutschland. / Falls ich Sie nicht mehr sehe, noch allerbesten Dank für den schönen Nachmittag den Sie mir schenkten.

[Visitenkarte: Beigelegt in Brief 1]

3. RILKE AN MÜNCHHAUSEN

> z. Zt. Bad Rippoldsau im badischen
> Schwarzwald,
> am 18. Juny 1913.

Mein lieber Münchhausen,

als wir, vorgeneigt über das Geländer meines pariser Fensters, uns darüber verständigten, wie gegen die Natur es sei, aus dieser Stadt fortzugehen, wieviel, oder vielmehr wie wenig Herz dazu gehöre –, da ahnte ich nicht (so wenig sind Pläne werth), wie rasch auch <u>ich</u>

davonfahren würde, blindlings, von einem Tag zum andern, mit dem unmittelbarsten Entschluß.

Dieselbe Müdigkeit, die mich schon nach Chartres trieb, dann nach Senlis, hat mich nun ein wenig weiter fortgeschleift, bis in dieses Waldthal hinein, das mir von früher her freundlich bekannt geblieben war, und in dem ich nun, seit zehn Tagen, eine Luft- und Wasserkur und ein langsames Athemholen (nicht ohne einiges Heimweh) betreibe. Aber die Müdigkeit, (die sich hier gar nicht mehr schämt und verstellt, sondern die Oberhand hat) ist noch durchaus stärker als alle anderen eigenen Antriebe und als die Beunruhigung nach dem großen schwarzen Tisch, den Sie kennen.

Bei weniger Müdigkeit und weniger Verschiebung, hätte ich Ihnen früher schon für das Buch der Gfn. Reventlow gedankt, mit dem Ihre Erinnerung sich so herzlich zu mir einstellte. Ich habe es noch in Paris gelesen, an einem schlechten müden Tag allerdings, und möglicherweise erklärt es sich daraus, daß ich nicht eigentlich viel davon gehabt habe. Es giebt nichts von der Gestalt her, mit der ich darin mich ein wenig wiederzufinden und auseinanderzusetzen hoffte, von ihr, mein ich, der Verfasserin, mir so lieber und ergreifender (ja verpflichtender) Gestalt, und ist ja wohl auch nicht so gemeint, ist ein Buch vom Schreibenden fortgeschrieben ein Buch zur linken Hand, sozusagen, – und der Jargon des Lebens, mit dem es sich auf eine vielleicht recht amüsante Weise beschäftigt, entgeht mir doch, ich kenne die Ausdrücke nicht, die da umschrieben werden und ich habe eine Art Antipathie, sie etwa zu errathen.

Sie werden sich das, denk ich, vorstellen können. (Übrigens liegen »Herrn D's Aufzeichnungen« hier in dem drolligen kleinen »Bade-Bazar« aus, unter den merkwürdig wahllos zusammengekommenen Büchern, die irgendein Sortimenter an diesen verlorenen Posten, wie aus Zerstreutheit, abgiebt.)

Wie geht es bei Ihnen? Lassen Sie's einmal lesen.

Aufs Herzlichste
Ihr
Rilke

P.S.:
Lesen Sie das schöne, neue Buch der Lagerlöf, der »Fuhrmann des Todes«, eines ihrer schönsten, will mir scheinen.

4. Münchhausen an Rilke

Heidelberg 23. Juni 1913
Bremeneckgasse 3

Lieber Herr Rilke!
Mehrmals trug ich mich mit Absichten Ihnen zu schreiben, nach den ersten Minuten in Deutschland, später nach einem Aufenthalt in Speyer, und in Hellingraths Gesellschaft hier. Aber es ist so schwer zu beginnen. Darum war ich wirklich ungeheuer dankbar und glücklich, als vor einigen Tagen Ihr Brief kam und mich so freundlich an Pariser Atelierfenster und schöne verlehnte [!] Augenblicke erinnerte. Nun wie merkwürdig Sie im Schwarzwald zu wissen! –
Mich hat seit der Abfahrt von Paris irgend eine Unrast noch nicht losgelassen, die sich wohl daher leitet, dass die Heidelberger Landschaft augenblicklich in keinerlei Zusammenhang mit mir zu bringen ist, und die mich soweit es die endlich begonnene Juristerey zulässt (d h meist regelgehorsam Samstag bis Montag) etwas herumgetrieben hat und treiben wird. Nun ist ja wohl anzunehmen dass Sie in Rippoldsau zwischen Wald und Wasser an Himmel und Erde genug haben und sich gegen Menschen eher wehren müssen. Sollte es Ihnen trotzdem nicht störend sein wenn eine meiner Streifen in Ihr Tal führt, dann wäre ich sehr reich, und <u>in diesem Falle</u> würde ich um ein Wort bitten, verstehend jedoch und ergeben auf später hoffend wenn Ruhe Ihnen jetzt das Wesentlichste ist.

Ihr aufrichtig dankbarer
Thankmar von Münchhausen

5. Rilke an Münchhausen

Bad Rippoldsau, Schwarzwald, Baden.
am 26. Juni 1913

Mein lieber Münchhausen,
danke für Ihre Zeilen, ich rede Ihnen vor der Hand nicht zu, hier herüber zu streifen, nicht aus Sorge für meine Ruhe, der Sie nicht unrecht thun würden, sondern weil es sehr möglich ist, daß ich schon Sonntag oder Montag fortgehe, weiter. Ich habe vor, da ich nun doch einmal in Deutschland bin, rund herum ein paar Freunde zu besuchen, in Hessen und im Hannöverschen: nur warte ich noch

von dort die Antworten ab, um zu wissen, in welcher Ordnung die kleine Tournée zu unternehmen sein wird.
Sie hören von mir solang ich noch irgend im Erreichbaren bin, besonders schreibe ich Ihnen sofort, falls es sich zeigen sollte, daß ich (der Gesundheit zuliebe) doch noch einige Tage mehr hierbleibe. Denn es wäre sehr schön, Sie so im Stillen wiederzusehen.
Viele Grüße (auch für Hellingrath, falls er noch in Heidelberg ist).
Ihr
Rilke

6. MÜNCHHAUSEN AN RILKE

Heidelberg 9. Juli 1913
Bremeneckgasse 3

Lieber Herr Rilke,
eben bin ich 2 Stunden ziemlich irr durch diese Stadt gelaufen um irgendeinen Menschen, einen anredbaren, zu finden und nun kam mir in meinem nach wie vor leeren Zimmer der Gedanke und das Vertrauen dass es am besten sein müsse mit Ihnen jetzt zu reden. Nämlich nach einigen ziemlich müden und schwerfälligen Tagen in die es ausdauernd hineinregnete konnte ich mich heute nicht entschliessen, wohin ich meine Freude über den »Ferientag« den der gute Grossherzog von Baden spendet transportieren sollte, und Plänen und Kursbüchern erlag ich schliesslich, und dann kam dieser grässliche Moment, wo man im Zimmer herumläuft und trostlos über die unerwartete freie Zeit ist, die man gerade geniessen möchte. (Vorgang jeden Sonntags den man zu Hause bleibt.[)] Es war dann wie aus Zerstreutheit dass ich zwischen den wenigen Büchern die ich hier habe irgend eins herauszog wovon ich noch nichts wusste: Die Briefe der Julie Lespinasse. Es mag wohl auch an der voraufgegangenen Depression liegen; aber ich bin sehr lange nicht mehr von einem Buche so vollkommen aufgehoben und hin geworfen worden: es bleibt vom Lesenden nichts mehr übrig unter diesen Briefen. Ich weiss überhaupt nicht, was vorläufig noch zu tun und zu sagen bleibt, nach dieser Liebe. Wie sie sagt: Je vis, j'existe si fort, ... – dass für uns zunächst ein Spielraum, worin wir irgendwie ohne sie existieren können, unvorstellbar wird.

Es war ja ganz begreiflich dass ich in dieser Stadt, noch mit den Worten der letzten Briefe auf den Lippen, niemand fand mit dem ich hätte reden können, denn ich hätte noch keine andern Vokabeln gefunden. – Nun müssen Sie es verzeihen wenn meine nach irgend einer Expansion sehnsüchtige Seele sich geschwätzig gegen Sie entlädt.
Wo sind Sie und wie setzen Sie sich mit diesen Ländern hier auseinander, wenn Sie noch in irgend einer Nähe sein sollten?
Ich bin Ihr sehr dankbarer und verehrender
Münchhausen

7. RILKE AN MÜNCHHAUSEN

[Kunstkarte] [Göttingen, 11. Juli 1913]
M[ein] lieber Münchhausen,
Ihr Brief erreicht mich diesen Morgen in Göttingen, wohin mich die Strömung zunächst getragen hat, zu Lou; wir haben Ihren Brief gemeinsam gelesen und freuen uns an Ihrer Intensität. Ich lasse Sie bald lesen, wie ichs weiter treibe; noch weiß ichs nicht.
Ihr Rilke
Lieber Thankmar, entschuldigen Sie die Menge Winter auf der Karte! wir hatten keinen Sommer vorrätig.
Herzlichen Gruß!
Lou

8. MÜNCHHAUSEN AN RILKE

31 Juli 1913
Lieber Herr Rilke,
mein Semester schliesst, und ich fahre mit vielen Unterbrechungen nach Ungarn, der Weg geht ungefähr: Baden-Baden, Freiburg, Ulm, München, Passau, Wien. Sollten Sie irgendwo sein an der Route? Meine Adresse bis Mitte nächster Woche: München hauptpostlagernd; später Brogán, Barsmegye, Ungarn. Dort bleib ich wohl bis Mitte September, dann Wien Niederösterreich Prag Dresden Norddeutschland, Mitte Oktober Göttingen, für sehr lange Zeit.

Hier war ich selten bei mir, meist in Eisenbahnwägen, und trotzdem ziemlich zufrieden. Es gab ein paar schöne Bücher, und viel beglückende Einsamkeit.

Viele Grüsse in herzlichstem und stets für viel Schönheit dankendem Erinnern

Ihres
Th von Münchhausen

9. Rilke an Münchhausen

[Aufdruck:] Hotel Marienbad
München, am 27. Sept. 1913

Mein lieber Münchhausen,
es ergab sich kein Berührungspunkt mehr, von dem ich Sie hätte verständigen dürfen: mich triebs an die Ostsee, später über Berlin hierher; aber gestern hörte ich durch Hellingrath, daß Sie in Hellerau sind und freue mich: denn dorthin komme ich nächstens zum 5. Oktober, (voraussichtlich mit Frau Lou Andreas), Sie werden mirs, hoff ich, nicht anthun, vorher wegzugehen. Lassen Sie mich ein Wort hierüber lesen.

Wir gedenken in Dresden zu wohnen: denn die Verbindung nach Hellerau ist wohl leicht und zu jeder Zeit zu erreichen –, nicht wahr? Bis zum 4. Okt. bin ich hier in München.

Empfehlen Sie mich ehrerbietigst Ihrer gnädigen Frau Mutter und seien Sie treulichst gegrüßt.

Ihr
RM Rilke

10. Münchhausen an Rilke

Hellerau 28. September 13
Am grünen Zipfel

Lieber Herr Rilke,
wie sehr freut mich Ihr Brief den ich eben, aus Prag ankommend, vorfand! Aber schon am 5ten abends, spätestens am 6ten früh muss ich leider fort, da ich es nicht habe vermeiden können den Ehepräliminarien einer Kusine, in Thüringen, mich zu gesellen. Am 8ten oder 9ten würde ich wohl wieder in Dresden sein können, aber ob

es dann Sie noch gibt? Aber vielleicht kommen Sie doch schon vor dem 4ten.
Es ist wohl besser in Dresden zu wohnen, da der Hellerauer Gasthof, übrigens gegenüber vom Haus meiner Mutter, in jenen Tagen wohl überfüllt sein wird; von Dresden Neustadt gibt es eine Tram, zwanzigminütlich.
Meine Mutter ist telephonisch zu erreichen: Amt Dresden 27 30. Ich selber werde von morgen an in Dresden-Neustadt, Katharinenstr. 6, wohnen, meist aber in Hellerau sein.
Meine Mutter lässt Frau Lou und Sie sehr schön grüssen.
Froh in Freude auf Sie

Ihr
Münchhausen

11. RILKE AN MÜNCHHAUSEN

[Aufdruck:] Hotel Marienbad
München, am 3. Okt. 1913

was mag da vorgehn, – wir sind nun morgen gegen acht Uhr abends in Dresden (Hôtel Bellevue), mögen Sie's einrichten, noch denselben Abend eine Weile mit uns zu sein (im Hôtel am Besten), dann könnten Sie uns gleich erzählen, wie die Dinge liegen.
Auf Wiedersehen, für Ihre Frau Mutter Lou's Grüße und meine Verehrung   Ihr
Rilke
(In Eile)

12. RILKE AN MÜNCHHAUSEN

Telegramm. München 1. 10. 1913 / 10
[nach Hellerau]

Was sollte ich wohl thun können, lieber Freund? Wir werden erst am 4. Abend Dresden Hotel Bellevue eintreffen können.

Rilke

13. RILKE AN MÜNCHHAUSEN
Telegramm. Krummhübel 14. 10. 1913. 6.35
[nach Hellerau]
Kommen morgen noch nicht durch Dresden weitere Nachrichten folgen.

Rilke

14. RILKE AN MÜNCHHAUSEN
Telegramm. Krummhübel 14. 10. 1913. 12.40
[nach Hellerau]
Wir sind morgen nachmittag gegen 3 nochmals Dresden Europäischer Hof. Würden gern wenn möglich abends Hellerau Pension zu Dritt speisen. Auf Wiedersehn.

Rilke

15. MÜNCHHAUSEN AN RILKE
Göttingen   24 Nov 1913
Untere Karspüle 14

Lieber,
ich weiss nicht recht warum es sich bei mir herausbildet dass ich Ihnen zu schreiben begehre wenn ich verzweifle oder auf dem Wege dazu bin. Denn in dem Kampf, den ich jetzt seit 3 Wochen darum führe, in Göttingen nicht zu unterliegen, war es bisher ein unausgesprochner Vorbehalt, wenn nichts andres mehr mir zur Verfügung stünde könnte ich ja immer an Sie schreiben, und das gibt dann eine Sicherheit, wieder.
Es ist hoffentlich richtig, wenn ich glaube dass von allem was über Hellerau eventuell noch geredet werden könnte keine Notwendigkeit besteht zu sprechen: vom Umeinander Nebeneinander Durcheinander, selten Ineinander – Leben – Sprechen – Sehen jener vollen Tage. Bessere Stätte ist doch, wenn auch wenig gesagt wird, Pariser Atelier. Das umgibt Sie nun wohl, und ist gut so. Während es bei mir nicht einmal zu einer Hoffnung kam, diesen Herbst, wie vor einem Jahr, plötzlich ganz schnell eine Pariser Woche in den Rahmen zweier eiliger Nachtfahrten zu setzen. Denn es gab irgend einen

wirklichen Abschluss bei in mit mir [!], als ich hierherging. Und dies von vorn anfangen ist viel viel schwerer als ich gedacht hatte.

Wenn ich ganz streng bin weiss ich nicht einmal ob es irgend zulässig ist mit Briefen mich davon abzuhalten wenn doch alle juristischen Bücher noch nicht gelesen sind. Und ob die Freude, wenn mal morgens ein Brief kommt, nicht beinahe sündhaft ist.
Dennoch.

Ihr
Thankmar Münchhausen

16. Rilke an Münchhausen

[Aufdruck:] 17 rue Campagne-Première, XIVe
Paris
am ersten Dez. [1913]

Mein lieber Thankmar,
ich habe diese Tage immer auf ein bißchen Vergnügtheit für Sie gewartet, daß ich Ihnen, bei Ihren Sorgen, nicht auch noch verdrieslich schriebe; nun müssen Sie's doch nehmen, wie es ist: es möchte sonst des Wartens kein Ende sein.
Ja ja so ein pariser Atelier ist eine außerordentliche Umgebung, mit keiner anderen zu vergleichen, aber ich kann Ihnen versichern, es hat auch sein Schweres, durch alles, was es einem im Stillen zumuthet, wenn man dasitzt und kommt und geht und sich im Innersten zu keiner starken reinen Leistung froh und entschlossen fühlt, (Gott weiß, weshalb).
Wenn etwas ausgemacht Banales trösten kann, so würde ich Ihnen zum Troste sagen, wie oft ich es in den letzten Jahren für denkbar hielt, daß man sich eine Zeit lang mit etwas Zuwidrem oder Gleichgültigem obstinat einließe: um dann wieder mit umso größerem Gefäll dem nur Eigenen zuzustürzen, es gleichsam in der Nacht überfallend. Können Sie sich das vorstellen, oder ist es einfach nur ein starker Grad von Verdorbenheit, sich das einzubilden?
Es freut mich, daß ich ein Bild von dem kleinen Haus im Gedächtnis habe, das Sie da in der Gegend der Wälle, der schönsten von Goettingen, bewohnen, und ich bedaure Sie schon lange nicht mehr,

wenn ich nach den zwei Stuben rathe, die darin die Ihren sein mögen, voll altmodischer, an sanften Anschluß gewöhnter Dinge. Dann sind auch die Wege da ins Land, die freilich der Herbst einschränkt, und ich weiß, ich weiß, Lieber, daß über alledem Drohung und Gewissen der juristischen Bücher sich beständig zusammenzieht. Aber was ist da zu thun?

Ist Ihnen der junge <u>Gerhart Husserl</u> begegnet? Er hat mir im Frühling das Manuskript einer ausgezeichneten Arbeit zugesandt, das ich ihm leider nicht mit <u>den</u> Worten zurückgab, die am Platze gewesen wären; ich fühlte das wohl, schrieb aber doch keinen anderen Brief, weil ja die Zeit in alledem auch immer eine Rolle spielt, und ich nicht absah, wie bald ich den richtigen würde zustande bringen.

Donnerstag nachmittag befand ich mich in einer Ihnen vertrauten Welt und dachte an Ihre verehrte Mutter und an Sie besonders lebhaft; es war eine Generalprobe in dem Saal der Scuola, rue Saint-Jacques: worin liegt doch das grenzenlos Rührende dieser schlichten alten Räume? Mir ist immer, daß ich gar nicht mehr wissen werde, wie leben, wenn das letzte solche Haus abgeschafft ist und man etwa Musik nur noch in den anspruchsvollen Anstalten wird hören können, die heute schon die Oberhand haben.

Das kleine Theater du Vieux-Colombier von Jacques Copeau im Alten Athenée St. Germain eingerichtet, ist der einzige Ort, wohin ich sonst ausgehe, und gesehen hab ich, außer Verhaeren (der nach Russland gereist ist) und meinem Nachbar Romain Rolland – niemand.

Bücher – ? Kaum. Ein Band Gedichte von Deubel (unter dem Titel »Régner«, glaub ich) kam mir vorgestern bei Flammarion in die Hände: soll ich ihn Ihnen schicken?

Ihr
Rilke

(In jedem Brief an Ihre Frau Mutter bitte mich dankbarst zu erwähnen.)

17. Münchhausen an Rilke

Göttingen 6. Dez. 1913
Untere Karspüle 14

Auch ich geb es auf, einen Tag zu erwarten wo man hoffen könnte etwas licht und hell zu schreiben; aber wie sehr ich Ihnen danke für den so wohltuenden Brief. Ich habe ihn in einem Kasten und wenn ich Angst bekommen könnte geh ich hin und seh ihn liegen oder les ihn gar, und das hilft schon viel.

Eigentlich geht hier noch alles ganz gut, und mein Zimmer errathen Sie recht als hilfreich und liebevoll, mit einfachen Dingen die teilweise ihre Hässlichkeit betonen mich aufrichtig ermunternd. Vielleicht viel weniger anspruchsvoll als Pariser Ateliers, aber doch etwas vermahnend. Auch der Wall ist schön, besonders nachmittags wenn es im Zimmer anfängt dunkel zu werden und man noch keine Lust auf die Lampe hat, dann tut es sehr gut etwas über den Wall zu gehen. Und es gibt richtige Umgebung, Wald mit Wiese drin, die jetzt bereift sind, und all das hilft, und Sonntags fährt man hinaus oder in eine Stadt, Hannover oder Cassel, und man füllt viel Zeit aus mit Collegs und Repetorien, aber ganz plötzlich verwischen sich alle kaum gelernten Juraworte in einem, und man meint noch hundertmal ganz von vorn anfangen zu müssen, und niemand sieht ein Ende ab. Mais cela va passer.

Gerhart Husserl hab ich noch nicht kennen gelernt; ich habe augenblicklich keine Lust mich dem recht großen Geselligkeitskreis des Hauses Husserl anzureihen, und warte dass der Zufall mir den Sohn allein in den Weg bringt. Ich hörte er mache Gedichte, sei 21 Jahr und studiere seit einem Semester Jura. Es ist kaum zu erwarten dass ich ihm nicht früher oder später begegne.

Wie schön von der rue St-Jacques zu hören und der Scola Cantorum. Ob an dem Pensionseingang, links, noch dieselben Katzen liegen und in dem von so unanalysierbaren Gerüchen erfüllten Billardzimmer – dem ersten beim Hereintreten – der Hausknecht mit den hausbewohnenden Studenten Billard spielt, alle in Hemdsärmeln, und mit allen Haar und Barttrachten die ein Sorbonnard ersinnen kann.

Bücher? Und wie Sie mich freuen würden mit den Gedichten dieses

unglücklichen Deubel, von dem ich recht vieles gelernt habe als ich direkt von Schulbank kommend in Paris sass ohne Französisch zu können und von nichts wusste. Ich habe mir ein Gewissen gemacht dass ich im Mai in Paris nicht nachdrücklicher [mich] nach ihm umgesehn habe; aber er wäre wohl kaum zu finden gewesen, und selbst allerbestenfalls hätte man alles doch nur verzögert und nicht geändert.
Sonst Bücher: Seit Göttingen gibt es wieder neben meinem Bett den Malte Laurids Brigge. Übrigens wußte ich damals in Hellerau noch gar nichts von all den neuen Dingen die ich später im Inselalmanach entdeckte und nun auch schon teilweise gesehn habe: Erste Gedichte, Rodin (großer), Portugiesische Briefe. Diese Briefe! Und wie gut dass eine so endgültige Übersetzung, gleichzeitig eine so allerreichbare, da ist. Man muss Ihnen wirklich sehr danken. Die andern Bücher stehen mir noch bevor.
Meine Mutter beauftragt mich mit den schönsten Grüssen.

Ihr
Thankmar
(Nachsicht für die Schmutzereien dieses Briefs, es ist Nacht, und sind viele Hemmungen immer!)

18. RILKE AN MÜNCHHAUSEN
[Aufdruck:] 17 rue Campagne-Première XIVe
Paris
am 27. Dezember [1913]

Mein lieber Thankmar,
sehen Sie, ich wollte Ihnen den Gedichtband aufschneiden, daß er etwas persönlicher, angelesener zu Ihnen käme; aber die Wochen gehen und mich halten andere Dinge in Athem. Nun wird er Ihnen, da Sie D. gekannt haben, ja auch <u>so</u> erwärmt sein von Persönlichkeit, seiner: Deubel's.
Irr ich mich, wenn ich meine, daß in der Introduktion, die ich gelesen habe, der Ton auf die falsche Stelle fällt? Oder, wenn sein Leben wirklich mit diesen Akzenten zu lesen ist, so vermiß ich einen durchklingenden Wohlklang, der, da alle Abwandlungen vorüber sind, in der nun endgültigen Lebens-»Nenn«-form müßte zu fühlen sein.

Ich fragte mich, solchen Eindrücken gegenüber, ob nicht, was auch unter uns für Elend sei, die Reihe der Poètes maudits sich bei dem Pauvre Lélian schließe; denn am Ende überwiegt, in diesem wunderlichsten Berufe, die bénédiction, sie nimmt ja einfach überhand, das muß jeder zugeben. Darum entsteht etwas eigenmächtig Verzerrtes (für unseren Blick) nicht länger Wahres, wenn einer die misère vorwurfsvoll aufdecken (cette misère revêche qui s'entête) und sie zugleich zum konstruktiven Bestandtheil einer Poetenexistenz machen will. Wir <u>wissen</u> einfach <u>nicht</u>, was die Noth in einem Herzen zerstört, was sie aufrichtet. Konstruktiv ist sie auf keinen Fall, höchstens das Gerüst, das mit Lappen verhängte, hinter dem sich zuweilen die endgültigen Steine ordnen und besinnen mögen. Aber dann muß man auch zugeben, daß sie im Stillen abgetragen werde, wo sie nicht mehr durchaus nöthig ist, statt daß man Planken und Bretter bedeutend nimmt, zusammen mit den Anschlägen und Aufrufen, die sich dort nach und nach den Platz zunutze gemacht haben. Im Recht ist nur, wer für heur und malheur die Thür offen läßt, daß jedes kommen kann, aber auch gehen, wie es muß. Das Elend an sich zu gewöhnen, ihm jeden Tag den Zucker vom Kaffé zu geben, daß es schließlich unter allen Tischen liegt und nicht wieder fortwill, heißt diesem Phantom eine Dressur beibringen, die seiner läufigen Natur zu-wider ist. Man soll, als Dichter, selbst die détresse nicht zu seiner Geliebten machen, sondern alle Heimsuchung und Seeligkeit in das Werk verlegen, und das äußere Leben muß davon geprägt sein, daß man sich weigert, sie beide anderswo durchzumachen. – Das ungefähr fiel mir ein über dem Lesen der Einleitung, zu den Gedichten kam ich noch kaum, die werden ja wohl für das sprechen, was ich meine, wenigstens die meisten.

Lieber, Sie haben Weihnachten im Schatten einer nahegehenden Trauer verbracht, mit siebenundsiebzig Jahren darf man ja freilich ans Fortgehn denken; trotzdem ein unendlicher Entschluß ists immer und für die, die zurückbleiben, voller Aufgabe. Ich vermuthe Sie bei Ihrer verehrten Mutter, der ich gestern schrieb; dorthin richte ich auch diesen Brief und Régner. Und sei das nächste Jahr Ihnen ein gutgesinntes.

Immer
Ihr
Rilke

Die Baronin Nádherny fragte
nach Ihnen, Ihrem Ergehen, und
Sie möchten nicht vergessen, daß
Sie auf J[anowitz] willkommen sind.
Gab ich Ihnen damals die Adresse?
hier, beiliegend, ist sie.

19. MÜNCHHAUSEN AN RILKE

Göttingen   6 Februar 1914
Karspüle

Lieber,
es ist nicht daß zum Briefschreiben der Moment irgendwie geeignet
oder ich selber fähig wäre, sondern es ist nur dass die Verschleppung
nicht ins Unendliche gehe, dieser provisorische Brief.
Denn die Toten stellen unsagbar viel Aufgaben, und vor allem all die
Zeitraubenden, an die man nicht gedacht hatte: Das Auflösen eines
Haushalts (Möbel, Dienstboten Wasserleitungen; Photographien
Bilder Bücher; Vögel Hunde Lebende Pflanzen). Das Leerstehenlas-
sen eines bislang belebten und schon geliebten Häuschens (Feuer-
Einbruchs-Versicherungen, Wach und Schließgesellschaften) O man
kann es gar nicht aufschreiben was dann alles mit so vielen Behörden
geschehen muss! Dann gibt es Rechtsanwälte und Notare. Zuletzt
wie zuerst das Heer der Friedhofspersonen.
Dann machen sich Reisen nötig, teils mit einer Aschenurne; sonst
um mit Bankdirektoren zu verhandeln; schliesslich um mit älteren
Verwandten über die Zukunft zu reden.
    Und hinter allem die juristischen Bücher.
So geht es seit 6 Wochen. Darauf dass man müde sein könnte,
kommt man nicht. Leider aber auch nicht zu allem was lieb ist. So ist
über das was in Ihrem Weihnachtsbrief an Wichtigem und Neuem
noch nicht zu Ende gedacht worden; auch Régner wurde nicht auf-
geschnitten. Es fand sich auch nicht der Moment für den geringsten
Neujahrsgruss an die Baronin Nádherný. (Doch gab es in München
einen schönen Nachmittag in der Troyerstr 50 (?)) (Nämlich: bis
Neujahr Baden Baden, mit meiner Mutter, dann Stationen Basel
Davos München Frankfurt, seit 10. Jan. in Göttingen, unterbrochen
durch (eben) 6 tägige Fahrt nach Berlin und Umgebung)[.]

Was an Zeit blieb nahmen ruhig Spaziergänge und Fahrten um Göttingen. O dies Wetter! Es half sehr viel. Schreiben ging da nicht, auch musste so viel gerechnet werden dass eine Abscheu vorm Federhalter chronisch wurde; es gibt so viel Steuerämter in Deutschland.

Denken gabs wenig, aber viel Gedenken auf Wall- und Waldwegen. Viel liebes Erinnern. Dabei auch Ruhe, sonst immer gehetzt, mit vieler Interpunktion, wie dieser sogenannte Brief.

Heute schrieb meine Mutter eine Karte, nur: <u>Wolf Dohrn</u> beim Skilaufen Davos abgestürzt, tot. Das ist erschreckend viel gesagt in 7 Worten. Er hielt unsäglich viel, und was wird Hellerau? Auch zweifle ich nun, ob meine Mutter Hellerau fortsetzt. Wie leicht bekommen die Fremdkörper die Oberhand! Manches für die nächste Zukunft wird dadurch ungewiss.
Jedenfalls bleiben 3 Wochen noch Göttingen, dann?
Und Sie?

Thankmar
dieser Brief ist wirklich kein Brief.

20. RILKE AN MÜNCHHAUSEN

[Aufdruck:] 17 rue Campagne Première XIV
Paris, am 13. Februar 1914

Mein lieber Thankmar,
Ihr Brief, dem Sie's durchaus nicht gönnen wollen, daß er wirklich einer war, hat mir (ich kann Ihnen nicht helfen) doch am Ende alles bereitet, was nur immer eines rechten Briefes Sache sein kann; zunächst war mir schon sein äußerer Anblick, nach so lange, überaus erfreulich, und was den Inhalt angeht, so mochte ich daraus gerne schließen, daß Ihnen bei aller Wechselfügigkeit und Geschäftigkeit Ihrer vielfältigen Umstände, doch nicht eigentlich schlecht, sondern nur eben ungeduldig, zumuthe sei. Schließlich (um ihm, im Widerspruch mit Ihrer Autorität und Autorschaft, sein Lob zuende zu singen) hat er mir die kleine Biographie Ihrer jüngsten Zeiten sogar recht lebhaft anschaulich gemacht. Aus alledem mögen Sie folgern,

daß ich ihm, bis einmal sein Nachfolger ihn übertrifft, ein nicht unwürdiges Angedenken nachpflegen werde.
Freilich wars ein rechter Schrecken für mich, ganz zum Schluß die Nachricht von dem Tode Wolf Dohrn's zu finden; obwohl ja eigentlich alle uns wirklich ergreifenden Ereignisse sich durch ihre unbegreifliche Gebärde ähnlich sehen, so mögen wirs doch beim Tode am wenigsten glauben, daß er ein Recht habe, uns irgendwann geradezu beim Wort zu nehmen, das wir ihm doch täglich wieder geben. Und wenn ich mir den mächtigen festen Mann vorstelle, vor dem noch ein derbes Stück Lebensanstieg, mit für ihn eher unmerklichen Hindernissen zu liegen schien, so gehöre ich sofort selbst zu denen, die nicht nur vor Trauer, sondern von einem ungewissen Vorwurf gegen ein Ungewisses, solchem Eingriff gegenüber, sich betroffen fühlen. Für Hellerau bedeutet dies allerdings die größte, eine wirklich erschütternde Veränderung.
Wie hob sich, alles in allem, die Mannigfaltigkeit Ihres Briefes, mein guter Thankmar, ab von dem immer wieder durchaus gleichen Tag, den ich seit sovielen lebe, – äußerlich ists einfach nur <u>einer</u>, von dem soundsoviel Dutzend hinter der aller Welt verschlossenen (Ihnen bekannten) Thüre zu gütigem Aufleben angestapelt sind (und dafür, ja, dank ich dem Himmel, – denn Einsamkeit und Gleichmäßigkeit mag ich, wieder einmal, gar nicht genug bekommen), – aber auch für die Seele ist's ungefähr der immer wiederkehrende Bienentag der Haremsfrauen, ohne Aussichten und Ausnahmen; – mein Gott und Herr scheint anderen jüngeren Lieblingsfrauen seine häufige Gnade zu geben, zu meiner Seele kommt er nur selten ins Lager, so sehr sie auch das Gefühl hat, dann immer schön zu sein und ausgeruht und ihm Anlaß bietend zu einem Glück nach seinen Verhältnissen.
Wissen kann mans ja nie, vor der Hand siehts noch so aus, als bliebe ich infiniment hinter dieser Thür sans bouger, selbst vom Frühling zu nichts zu verführen, weil ich finde, er kommt zu früh und wird es noch bereuen. Leben Sie wohl, Ihrer verehrten Mutter meine treulich ergebene Erinnerung, – was wohl nun wird?

Rilke

21. Münchhausen an Rilke

Spongano, Prov. di Lecce, 17. März 1914

Lieber,

dass es nun Mitte März geworden ist, ohne dass Ihr letzter Brief (der fleissig durch die Welt, immer hoffend, mit mir gefahren ist) Dank fand! Und doch war eigentlich er es, der mir zuerst richtig sagte daß dies letzte Vierteljahr, mit all seinen Agitationen, im Grunde schön war und ausgefüllt und befriedigend und viel schenkend, und der so besonders grossen Dank verdiente. Aber die Agitationen dauerten, in Göttingen gabs mitten hinein sogar einmal ein komisches kleines Fest in unserer Karspüle, zu dem es der Gründung eines Ritterordens bedurfte, und diese lieben Jungenssachen mischten sich mit den immer noch fordernden Badener Geschichten und der Jura Arbeit zu gut ausgefüllten Wochen.

Sowie es universitätsseitig ging, fuhr ich nach Hellerau; meine Mutter bleibt ihre Zeit dort, d. h. mindestens noch 1 ½ Jahre, und mir scheint als ob dieser Todesfall ihr ein Versprechen abgezwungen hat das sie dem lebenden Wolf Dohrn nicht gegeben hätte; denn während sie früher neugierig hingegangen war und trotz aller Tätigkeit mehr danebenstand und zusah, steht sie jetzt drin und gehört irgendwie hin. Es ist wohl gut so. – Die äußeren Sachen von Hellerau scheinen alle in Ordnung zu sein, in Wolfs Tätigkeit teilen sich die Brüder Boguslav und Harald. Wies weiter gehen wird? Vorläufig geht es.

So meinte ich beruhigt in die Ferien gehen zu können: wohl die letzten Studentenferien die ich entièrement à ma disposition habe, und die ich darum noch zu richtigem Reisen verwenden zu dürfen glaubte. Und fuhr, einer Kindheitseinladung nach, in den äußersten Süden Apuliens, nicht weit vom Cap Leuca, bei Otranto, um mich in einer ganz italienischen Umgebung erst etwas in die unbekannte Sprache zu gewöhnen. Noch dazu ist es schön hier, Frühsommer, und das Land das mir Nordländer mehr Orient scheint als Europa voll der unglaublichsten Farben. Der Himmel und das Meer, zu dem man eine halbe Stunde fährt, sind wirklich so blau wie man von Italien es rühmen hört, und noch viel unerwarteter: besonders das Meer, wenn man es zuerst von weitem sieht ist es violettrosa, und im Näherkommen macht es alle Schattierungen durch die von dort bis

ins dunkelste Blau möglich sind. Dahinter, ohne Grund in der Luft schwebend, die Schneeberge von Albanien, wohin zu fahren es lockt; man segelt 6 Stunden hinüber; aber ich bleibe geruhig den Märzmonat hier, in einer lieben Familie beschäftigt ihnen das italienische abzulernen, und denke Anfang April in Rom mit meiner Mutter (die hat dann Osterferien) mich zu treffen. Soll ich dort jemand von Ihnen grüßen? (Ich vergesse nicht die Baronin Nadherny; bitte seien Sie mein Verteidiger bei ihr, wenn ich durch Nichtshörenlassen unhöflich scheinen sollte.)
In Rom hoffe ich 3 Wochen zu haben; dann wieder direkt ins stille Göttingen.
Wie stehts bei Ihnen?   Mögen Sie nicht vergessen
                                                   Thankmar

22. RILKE AN MÜNCHHAUSEN
                            [Aufdruck:] Hotel Marienbad München
                                am Tage Mariae Himmelfahrt 1914
Mein lieber Thankmar,
Ihre Mutter hätte mir nichts Herzlicheres thun können, als mir diesen Briefumschlag zchicken, in den ich nun schnell diesen Gruß einschließe, mit ein paar Gedicht-Zeilen aus den ersten Tagen dieses ungeheuren August.
Durch Hellingrath (der morgen als Freiwilliger einrückt) erfuhr ich schon von der schönen Möglichkeit für Sie, als Fahnenjunker an dem Handeln dieses Weltjahres theilzunehmen; niemand hats schwerer, als wer unhandelnd zurückbleibt: wird er überhaupt, die übernächste neue Zeit begreifen, die so anders sein wird? –
Nun sind Ihre unentschlossenen Pläne Ihnen durch ein entschlossenes allgemeines Schicksal abgenommen worden, ich kann mir vorstellen, daß dies eine unvergeßliche Freude ist, so mit einem in Einer Gewalt und in Einem Gefühl zu sein, besonders nach den vielwilligen Zeiten, die uns alle längst beirrt und ermüdet haben.
Ich bin in Geist und Herzen recht treu auf Ihrer Seite, Lieber –
                                                                          Ihr
                                                                          Rilke

[Beilage]

x

Zum ersten Mal seh ich Dich aufstehn
hörengesagter fernster unglaublicher Kriegs-Gott.
Wie so dicht zwischen die friedliche Frucht
furchtbares Handeln gesät war, plötzlich erwachsenes.
Gestern war es noch klein, bedurfte der Nahrung, mannshoch
steht es schon da: morgen
überwächst es den Mann. Denn der glühende Gott
reißt mit Einem das Wachsthum
aus dem wurzelnden Volk, und die Ernte beginnt.
Menschlich hebt sich das Feld ins Menschengewitter. Der Sommer
bleibt überholt zurück unter den Spielen der Flur.
Kinder bleiben, die spielenden, Greise, gedenkende,
und die vertrauenden Frauen. Blühender Linden
rührender Ruch durchströmt den gemeinsamen Abschied,
und für Jahre hinaus behält es Bedeutung
diesen zu athmen, diesen erfüllten Geruch.
Bräute gehen erwählter: als hätte nicht einer
sich zu ihnen entschlossen, sondern das ganze
Volk sie zu fühlen bestimmt. Mit langsam ermessendem Blick
umfangen die Knaben den Jüngling, der schon hineinwächst
in die gewagtere Zukunft; ihn, der noch eben
hundert Stimmen vernahm, unwissend, welche im Recht sei,
wie erleichtert ihn jetzt der einige Ruf; denn was
wäre nicht Willkür neben der frohen, neben der sicheren Noth?
Endlich ein Gott. Da wir den friedlichen oft
nicht mehr ergriffen, ergreift uns plötzlich der Schlacht-Gott,
schleudert den Brand: und über dem Herzen voll Heimath
schreit, den er donnernd bewohnt, sein röthlicher Himmel.

x x

II.

x

Heil mir, daß ich Ergriffene sehe. Schon lange
war uns das Schauspiel nicht wahr
und das erfundene Bild sprach nicht entscheidend uns an.
Geliebte, nun redet wie ein Seher die Zeit
blind, aus dem ältesten Geist.
Hört. Noch hörtet ihr's nie. Jetzt seid ihr die Bäume,
die die gewaltige Luft lauter und lauter durchrauscht;
über die ebenen Jahre stürmt sie herüber
aus der Väter Gefühl, aus höheren Thaten, vom hohen
Heldengebirg, das nächstens im Neuschnee
eures freudigen Ruhmes reiner, näher erglänzt.
Wie verwandelt sich nun die lebendige Landschaft: es wandert
würziger Jungwald dahin und ältere Stämme,
und das kürzliche Reis biegt sich den Ziehenden nach.
Einmal schon, da ihr gebart, empfandet ihr Trennung: Mütter:
empfindet auch wieder das Glück, daß ihr die Gebenden seid.
Gebt wie Unendliche, gebt. Seid diesen treibenden Tagen
eine reiche Natur. Segnet die Söhne hinaus.
Und ihr Mädchen gedenkt, daß sie euch lieben, in <u>solchen</u>
Herzen seid ihr gefühlt, so furchtbarer Andrang
ging, zur Milde verstellt, mit Euch, Blumigen, um.
Vorsicht hielt euch zurück, nun dürft ihr unendlicher lieben,
sagenhaft Liebende sein wie die Mädchen der Vorzeit,
daß euch die höhere Gluth die köstliche Thräne,
eh'r ihr sie weinet, verzehrt . . . .
. . . .

x x

23. MÜNCHHAUSEN AN RILKE

[Feldpostkarte]
20. VIII. 1914
Brulles in Belgien

Wie wenig dachten wir, vor wenigen Wochen in Göttingen, dass ich ganz bald der Cornet sein würde und durch Frankreich und Belgien reiten, welche Länder ich friedlich zu besuchen gehofft hatte. Nun werden wir uns nicht Ende September in Paris treffen, und wer weiß wohin Sie der Krieg gebracht hat! – Für die Verhältnisse geht es mir recht gut. Ich habe ein gutes Pferd für das ich sorge und bin froh im Feld zu sein, gleich von Anfang, und nicht auf deutschen Kasernenhöfen herumlaufen zu müssen. Mais on est bien fatigué, le soir, avec tout cela. Im übrigen tut man wohl am besten zu reiten und nichts zu überdenken, sonst könnten die Dinge doch zu schrecklich werden.

Viel gutes Gedenken Ihres

Thankmar

24. MÜNCHHAUSEN AN RILKE

[Aufdruck:] l'ABBÉ G. DUHAUT / Contrisson (Meuse), le –
St. Mard s.l. Mont. (Marne), 11. Sept. 1914

Wie es schön ist nach 5 Wochen Erwartung eines Nachts im Biwak beim Feuer die Post ausgeteilt zu bekommen die sich zusammen gefunden hat unterdessen und darunter einen Brief von Ihnen, und mit diesen Gedichten, zu finden, (den man nach der Adressenhandschrift in die Reihe der mütterlichen gelegt hatte und der darum beim Öffnen noch eine neue ganz neue Überraschung gab) oh so schönes gabs früher doch nicht! Auch ists sehr merkwürdig Gedichte nicht an einem Tisch zu lesen oder in einem Zimmer mit allem Zugehörigen, sondern nachts am Lagerfeuer, wenn man Stallwache hat und Obacht gibt daß die Pferde ruhig sind und sich nicht verhaspeln in den vielen Geschirren, die man ihnen so oft auch nachts nicht abnehmen darf, wegen des steten Bereitseins.

Und dann in dieser Nacht zu sehen daß die Dinge die uns fortreissen auch Dichter finden, dass plötzlich eine <u>Zeit</u> da ist, eine Epoche, eine Gemeinsamkeit, schliesslich ein Gott, kurz alles unter dessen

Fehlen wir alle viel gelitten haben – ja dem gegenüber ist doch wohl alles was jeder einzelne an sehr hässlichem und sonst nicht zu überstehendem durchmachen <u>muss</u> völlig nichtsig.

Verpel (Ardennes) 13 Sept 1914
Da gings plötzlich wieder fort und ganz weit fort 2 Tage lang nach Norden, niemand weiss warum, es regnete und man war deprimiert. Vor uns sollte, vorgestern, eine Entscheidung fallen die uns eine grosse französische Armee gefangen geben sollte, das scheint misslungen oder verschoben. Ziemlich schlimm ist die Ungewissheit ob dieser Ritt nach Norden ein Rückzug war oder eine vorgesehene Operation.
Lieber, ich bin sehr müde heute, kann nur noch sagen wie schön es ist, sich Ihres Gedenkens freuen zu dürfen.
Ihr
Thankmar

25. RILKE AN MÜNCHHAUSEN
[Aufdruck:] Pension / Landhaus Schönblick Irschenhausen
– Post Ebenhausen
Am 17. September 1914

Mein lieber Thankmar,
da ich, Ende August, Ihre Karte aus Belgien hier erhielt, war ein Brief an Sie mit ein paar Gedichten unterwegs – Ihre gute Mutter schreibt mir, daß Sie ihn nie bekommen haben. Ich überlegte, ob ich Ihnen die Gedichte nun noch einmal abschreiben soll und entschließe mich nicht dazu; denn sie waren aus den allererersten August-Tagen. (Wo sind die?) Damals stürzten wir alle in das plötzlich aufgerichtete und aufgethane gemeinsame Herz, – jetzt, wo wir auch sind jeder einzelne – haben wir wohl das Gegentheil zu überstehen und auszuhalten: den Rückschlag aus dem allgemeinen Herzen, in das aufgegebene in das verlassene namenlose eigene Herz. Ich bin erfüllt und erschüttert davon, Lieber, wie sehr unser aller Lage die gleiche sein mag, – Ihre, des rastlos Reitenden draußen, und unsere, rastlose, hier. Denn was ist die scheinbare äußere Sicherheit bei aller Lebens- und Todesnoth im innersten Dasein.

Verstehend hab ich noch niemand gesehen, außer Lou, in deren Brief, vorgestern, ein paar Zeilen ahnenden Einsehens standen, an denen ich nun versuche weiterzugehn, ach zu tasten.

Lieber, wir überstehens! Und dann ist eine Gewalt mehr in uns, und das Herz soll uns darüber mächtiger geworden sein und alles Fühlbare heiliger und reiner und verpflichtender.
Ich bin unsäglich im Geiste mit Ihnen, Thankmar.

Ihr alter Freund
Rilke

26. Münchhausen an Rilke

[Feldpostkarte]
Arlon 10 Okt 1914

Lieber, nur Dank und Nachricht daß Ihr lieber Brief vom 17ten mir kam. – Eben sind wir auf dem Bahnhof dieses kleinen lieben belgischen Städtchens, vor den Wagen in die wir verladen werden, ganz ungewiss wohin.

Immer in Dank und Gedenken
Ihr Thankmar

27. Münchhausen an Rilke

[Ansichtskarte:] Aachen, Kaiser-Dom-Inneres.
Teil der Kuppel im Octogon (VIII. Jahrh.) mit Mosaiken.
Aachen Neujahr 1915

Von einem wundersam schönen Neujahrsurlaub, mitten in all dem Krieg, die schönsten Grüße und die besten Wünsche

Ihres
Thankmar von Münchhausen
und seiner Mutter [Anna von Münchhausen]

28. RILKE AN MÜNCHHAUSEN

z. Zt. München, Finkenstr. 2^{IV}
am 6. März 1915

Mein lieber Thankmar,
lassen Sie uns einander, wenn es möglich ist, wieder ein Mal ein Zeichen geben; ich erfuhr Ihre Adresse Sonntag draußen in Sendling bei Hellingraths, wo ich auch einen guten Brief Ihrer Mutter las, die auch mir vor vierzehn Tagen in ihrer guten herzsteten Art geschrieben hat. Damals wurde der Cornet in Leipzig mit Musik aufgeführt, in melodramatischer Verwendung seines Textes, sie wollte dazu hinreisen, ich rieth nicht durchaus dazu, denn dieses Rezitieren neben der Musik ist ein Nebeneinanderherlaufen der einen neben der anderen Kunst, als käms darauf an, welche gewönne: und es gewinnt auch wirklich nur eine. Ich wünsche dem Herrn v. Pászthory, in diesem Fall, es möchte die seine sein, seine recht entschieden empfundene Musik, die den Leuten denn auch in Leipzig alles Vergnügen bereitet hat, das sie sich erwarten durften; einmal geschah der Versuch vor einer großen Menge, das andere Mal auf einem kleinen Schlößchen in der Nähe von Leipzig (Darstellende Kurt Stieler und Frau Magda v. Hattingberg), und nun soll die Unternehmung (wieder in wohlthätiger Absicht) in Wien wiederholt werden, wo der Fürst Franz Auersperg einen schönen Saal dafür zur Verfügung stellt. So komm ich, Lieber, ganz unversehens unter die Autoren dieses ausnahmsvollen Jahrs, meine Stimme von vor fünfzehn Jahren redet hinein ins Aufhorchen der seit Monaten geschreckten Menschen – –, meine? Die Stimme jener einer fernen Jugendnacht, in der ich den Cornet schrieb, aufgeregt dazu von Wolken, die in seltsamer Flucht hoch am Mond vorüberzogen...
Aber Sie können daran, daß man den Christoph Rilke so ans Heutige anwendet, immer wieder merken, wie stumm wir hier geworden sind. Ich bin sicher, jeder ist es im Innersten, wenn gleich einige sich selber hören müssen und an sich schlagen mit dem und jenem Gedanken, – es ist keiner, den die Luft, die durch ihn hinstreicht, zum Tönen brächte, nicht einmal zum klagen, – es ist eine Stille angehaltener, unterbrochener Herzen, ich bin gewiß, es liebt keiner in dieser Zeit, soviel ein oder das andere Herz jetzt auch leisten mag, es wirkt aus irgendwelchen allgemeinen Vorräthen menschlicher Gü-

te, Wärme, Willigkeit und Hingabe, es giebt nicht das Seine, sondern hinter jedem Handeln sind uralte Vorrathskammern der Menschennoth aufgethan, auch Ihr draußen handelt und ringt aus solchen Kräften, die aufgespeichert waren in irgendwelchen Scheunen der unwillkürlichen Gemeinsamkeit. Mich muthet es an, als ob unser Herz in jedem nur ein weitergebendes wäre, beschränkt darauf, den Vorrath anzustaunen, der durch seine Hände geht.

Was wir hier thun, soweit Lesen noch als Handeln gilt (denn wer faßte sich zur Beschaulichkeit?) lesen wir Hölderlin (: ihn immer wieder), ich für meinen Theil Strindberg, Montaigne, Flaubert, die Bibel. Die Weißen Blätter erscheinen wieder, es gibt wieder Gedichte von Werfel, man versuchts und steht doch anderswo und kann zum vorgestrigen Ton nicht zurück. Hellingrath, (der nun nächstens hinauskommt) hat uns am vorigen Sonnabend von Hölderlins Wahnsinn gesprochen (in einem kleinen Kreise der »Kriegshülfe für geistige Berufe«), herrlich erfüllt von seinen Einsichten in die Gesetze dieses schwebenden Geistes, seinen Zuhörern in einer großartig gebauten Figur der Rede die Wahl gebend, dem Dichter, wenn es möglich ist, ein anderes Schicksal zu wählen und ihnen zeigend, wie nur dieses eine das durchaus hölderlinische war: wie dieses Anstehn in der Stille des Wahnsinns eine Athmosphäre schuf über den zu entrückbaren Gedichten, wie die sanft schwere Gegenwart dieses Mannes, sein Dableiben, sie gleichsam eindrückte in die irdische Natur, wie die Verdunkelung seines nur=Verweilens die Nacht war, in der sie sich gewöhnten dazusein.

(Wer, wer ermißt, sagt ich mir, die Mitte jedes Schicksals, dieses Verhängnis war im Recht, hängt's nicht von jedem ab, seine Verhängnisse nicht bloßzustellen[,] rein in sie einzugehen: dann steigt er auch irgendwann einem künftigen Blick, rein hervor.)

Noch eines, Lieber. Im November hatte ich eine freundliche Begegnung in Frankfurt mit Oberleutnant v. Mosch von Ihrem Regiment; hat er Ihnen meine Grüße gebracht? Hier sind andere, herzlichste, zu allen die ich im Stillen oft oft für Sie fühle.

Ihr
Rilke

Noch einen Ihrer Bekannten sah ich hier kürzlich und wiedersehe ihn wahrscheinlich bald: Aretin. Montag kommt Lou nach München.

29. MÜNCHHAUSEN AN RILKE

Hamond (Limburg)
Lieber Freund, 18. III. 15
sehr haben Sie mich mit Ihrem guten Brief aus München erfreut; es scheint immer mehr dass unser aller Geschick augenblicklich ungemein gleich wird: wie das Getreide so hat das Vaterland – kommt es mir vor – auch alle Vorräte an Lebens[-] und Erlebensstoff und die sogenannte geistige Nahrung beschlagnahmt, und gibt nun an jeden aus, so sparsam dass auf Jahre das ganze Volk davon lebe ohne neue Zufuhr, und das ist gar wenig. Wobei wir vielleicht besonders schlecht wegkommen, die wir vielleicht gewohnt waren sorglos zu verschwenden und unsern Organismus fast trainiert hatten diese Stoffe zentnerweise zu bewältigen; während der Taglöhner, früher ohne Bedürfnis, nun dasteht mit den ihm zugeteilten 150 gramm und sie erstaunt ansieht, nicht wissend was damit tun: daher die 5000 patriotischen Gedichte täglich, in Deutschland.
Natürlich hat diese Nahrungsentziehung bei uns katastrophale Folgen; so war ich diese Monate so starr dass der kleinste Brief unmöglich war. Nun hab ich mir ein ruhiges Dasein eingerichtet mit regelmässigem Wechsel im Reiten Lesen Spazierengehn, und komme langsam wieder etwas in Ordnung. Das ist natürlich auch irgendwie falsch hier zu existieren wie einer der sich aus dem Leben zurückgezogen hat um allein zu sein: denn im Gegenteil, das Leben zwingt ja! aber es ist vielleicht erlaubt hier aus der Not die Tugend zu machen.
Denn wer könnte etwas andres durchhalten!
Vom Cornet in Leipzig las ich; ohne mir etwas dabei vorstellen zu können. Und von Musik weiss ich ja gar nichts. Weiss auch gar nicht wie der Cornet in einem Saale vor sich gehn soll. Aber vor vielen Monaten, im August, war auf vielen Ritten in Hellen Mondnächten in Frankreich der Cornet ganz wirklich da, war: der Krieg; aber das ist so unendlich lange her!

Von dem was in Deutschland geschrieben wird hör ich wenig: als bemerkenswertstes schrieb man mir von einem Buche Schelers. Ich hier las, das einzige was im kleinen Hasselt aufzutreiben war, Balzac: erst in den ganz geringen Quantitäten die das so entwöhnte Hirn aufnehmen wollte, nun mehr. Auch ein ganz klein wenig Flaubert. Hören Sie etwas was in Frankreich geschieht? Charles Péguy sei gefallen; sonst weiss ich nichts. Verhaeren scheint unernsthaft geworden zu sein im Krieg.

Von Hellingrath hör ich selten, und von Hölderlin und allem was ihn sehr angeht schweigt er mir ganz und speist mich mit Fussbrüchen und Munitionskolonnen ab. Aber es wird wohl so sein dass er sich auch dahinein rettet – denn wo soll man innen hin! Ich hätte gern Hölderlin und einige andre Dinge mit, aber solang man nicht Officier ist und keinen Koffer hat fehlts am Platz zum Mitnehmen. Obltnt. v. Mosch hab ich noch nicht gesehen – das Regiment liegt in der ganzen Provinz verstreut in zahllosen Dörfern – Ihre lieben Grüße hat er mir bestellen lassen. Ich kenn ihn gar nicht, da er an einem der ersten Kriegstage verwundet wurde und erst wiederkam als wir die Front verliessen und hierher kamen. Auch Aretin (Erwein oder Karl?) kenn ich nur sehr flüchtig, von einem Nachmittag in der Sternwarte über Wien.

Ihr
Thankmar

30. MÜNCHHAUSEN AN RILKE

[Postkarte mit Stempel:] Vereinslazarett vom Roten Kreuz,
Rittberg-Verein
19. Juni 1915

Lieber Freund,

so lange hörte ich nichts von Ihnen! Unterdessen ward ich etwas verwundet, und bin nun mit meiner Mutter in Berlin, im Lazarett ihrer Schwester; wohl noch auf 4 Wochen, dann wird die Wunde – im linken Oberarm – mir wohl wieder gestatten einen Zügel zu führen.

Wo sind Sie und wie geht es Ihnen? Sollte es einen Wiedersehnsmodus geben so wär ich sehr glücklich. Meine Mutter grüsst Sie herzlichst.

Stets Ihr
Thankmar

31. Rilke an Münchhausen

z. Zt. (höchst vorläufig)
Widenmayerstr. 32^{III}
am 28. Juny 1915

Guter Freund,
das war mir herzlich, nach der Karte zu greifen, auf der ich endlich wieder Ihre Schrift erkannte! Gott sei Dank, es geht Ihnen verhältnismäßig gut, der nicht zu eindringliche Eingriff des Schicksals hat Ihnen einige Ruhe und Wochen des Beisammenseins mit Ihrer Mutter gebracht, das wird Ihnen Beiden gütig und ergiebig geworden sein in diesen, man möchte denken, Arges und Gutes übertreibenden Zeiten.

Denn so Gutes, wie Wiedersehen, muß eine Süßigkeit haben, die man ihm sonst nie zuzuschreiben wüßte; das ungeheure Unheil schafft eine neue Skala des Empfindens, da es so tief herunterreicht, steigt es auch weiter an, ist es auch <u>mehr</u>, was man fühlt? Oder liest man nur einfach Fahrenheit'sche Lebensgrade ab, statt wie sonst Réaumur?

Unsereiner, Lieber, der so ganz Nichtkombattant geblieben ist, hat viel Zeit zu zweifeln: es ist wohl immer, sagt sich unsereiner, alles Elend da und alle Noth bis zur äußersten. Es ist immer die ganze Noth in Gebrauch unter den Menschen, soviel da ist, eine Konstante, wie es auch eine Glückskonstante giebt; nur die Vertheilungen wechseln. Wer nicht gewußt hätte, daß es soviel Noth giebt, an dem wärs jetzt, erschüttert zu sein. Aber wer, wahrhaft Lebendiger, hat das nicht gewußt? Wunderbar freilich ist die Sichtbarkeit des Ertragens, Hinnehmens, Leistens so großer Noth auf allen Seiten, bei Allen. Größe kommt an den Tag, Standhaftigkeit, Stärke, ein zumLebenstehen quand-même –, aber wieviel in solchem Verhalten ist Verbissenheit, ist Verzweiflung, ist (schon schon) Gewohnheit? Und kann, daß so Großes sich zeigt und bewährt, kann das irgend den Schmerz mindern, darüber, daß solches Wirrsal, solches Nichtausundeinwissen, die ganze trübe Menschenmache dieses heraufgereizten Schicksals, daß genau diese Nichts-als-Heillosigkeit nöthig war, um Beweise von Herzhaftigkeit, Hingabe, Großheit zu erzwingen? Während wir, die Künste, das Theater in eben denselben Menschen nichts hervorriefen, nichts zum Aufstieg brachten, keinen zu verwan-

deln vermochten. Was ist anderes unser Metier als Anlässe zur Veränderung rein und groß und frei hinzustellen, – haben wir das so schlecht, so halb, so wenig überzeugt und überzeugend gethan? Das ist die Frage, das ist Schmerz seit bald einem Jahr, und Aufgabe, daß mans gewaltiger thäte, unerbittlicher. Wie?!
Lieber Thankmar, so siehts bei mir aus, innen. Äußerlich rüst ich mich, aufs Land zu gehen, wenn sich ein kleines Landhaus findet, wie ich es, (für mich allein) suche; sitze vorläufig hier in der Wohnung von Bekannten (die aufs Land gegangen sind) mit dem schönsten Picasso (den »Saltimbanques«), in dem so viel Paris ist, daß ich, für Augenblicke, vergesse.
Schreiben Sie mir wieder und sagen Sie Ihrer guten Mutter alle meine Verehrung.

Ihr getreuer
Rilke

[an den Rand geschrieben:]
Italiens Aufbruch hat schließlich auch in das Schicksal der B^{nin} Nádherný näher eingegriffen. Mit dem Grafen Carlo Guiccardini in Rom verlobt, mußte sie flüchten, während ihr Verlobter zu seinem Regiment ging. Nun reist sie in der Schweiz.

32. MÜNCHHAUSEN AN RILKE

13. Juli 15 Berlin Schöneberg
Martinlutherstr. 51

Lieber,

sind Sie noch in München? Ich bin in ein paar Tagen gesund geschrieben und habe dann etwas Urlaub: da könnt ich von Sonntag dem 25 an etwa 3 Tage in München sein wo ich gern etwas Erinnerungen auffrischte. Und wie schön wärs Sie zu treffen in dieser Zeit. Könnten Sie mir ein Wort gleich geben obs dann bei Ihnen paßt? Ich glaub nicht daß ich mich zum Hinunterfahren zusammenhole wenn nicht in Aussicht auf Sie.

Herzlichst
Thankmar

33. RILKE AN MÜNCHHAUSEN

München, Widenmayerstr. 32^{III} b./König
am 15. July 1915

Lieber Thankmar,
den Entschluß würd ich mir herzlich loben, der Sie mir hier herüberbrächte und uns instandsetzte, über ein paar Erinnerungen heller und weiter aufzuleben. Übrigens wär ich ja nicht der einzige hier, der sich freuen würde, Lieber, neulich noch fragte Wolfskehl warm und lebhaft nach Ihnen. Auf dem Lande ist noch nichts gefunden, so ist es so gut wie sicher, daß ich um den 25.ten noch hier bin, unter dem schönen großen Picasso (der nicht wenig dazu beitragen würde, unsere Anknüpfungen an's Vorvorletzte zu unterstützen, in dem doch wohl immerhin noch einige Bedingungen des Übernächsten, wann Künftigen?, mein ich, verborgen sind.)
Nur Ihrer Mutter ruf ich Sie ungern ab, – sagen Sie ihr alles Liebe und Ergebene. Auf Wiedersehen, hoffentlich

Ihr
Rilke

34. MÜNCHHAUSEN AN RILKE

[Feld-Postkarte]
[Berlin] 20 Juli 15

Lieber,
ich komme; wann – hängt von Militärbehörden ab, ich hoff Sonntag oder Montag. Wie freu ich mich! Meine Mutter grüßt Sie sehr herzlich.

Ihr
Thankmar

35. RILKE AN MÜNCHHAUSEN

Widenmayerstr. 32 b./König.
Tel: 21 212
[München, 1. 8. 1915]

Lieber,
... und? Beruhigen Sie mich, bitte, über die Ursachen Ihres Ausbleibens. Ich habe Sie Sonntag erwartet, Montag und dann die ganze

Woche, ausdauernd. Nun aber fange ich an, zu zweifeln, ob Sie noch kommen. Nur, daß keine Absage da ist, läßt mich noch ein wenig hoffen. Schade wärs, wenn Sie die liebe Absicht ganz aufgegeben hätten; obgleich bei mir nichts zu holen ist, – aber Sie hätten mir viel gebracht. Schon wars vielfach ein Fragen nach Ihnen, so Lotte Pritzel zum Beispiel, und da und dort.
Ein Wort also, lieber Freund, der Beruhigung über Ihrer Mutter und Ihr Ergehen. Heut ist schon wieder Sonntag und erster August, aber was sollen Daten, Sonntage, was soll ein Sommer innerhalb dieser namenlosen Nothzeit? Ende, Ende!
Also noch ein wenig wartend gleichwohl,

Ihr herzlichster
Rilke

36. MÜNCHHAUSEN AN RILKE

[Berlin, 3. 8. 1915]

Eben komm ich aus Hellerau nach 2 Tagen dort und finde Ihren lieben Brief: ich wollte Sie nicht mit jedem einzelnen Aufschub langweilen, nachdem ich nun seit 2 Wochen die Abreise dauernd vertagen muß, aus Behördegründen. Nun fahr ich Ende dieser Woche nach Cassel (meiner Garnison) und hoffe von dort dann gleich auf Urlaub zu dürfen, aber sicher ist nichts. Jedenfalls melde ich mich zeitig bei Ihnen an, sowie ich Klares weiß.
Meine Mutter grüsst Sie sehr.

Ganz lieb Ihr
Thankmar

Nun bin ich übrigens Leutnant.

37. MÜNCHHAUSEN AN RILKE

[Cassel, 8. 8. 1915]

Ich glaube auf Wiedersehn am Dienstag rechnen zu dürfen.

Ihr
Thankmar

38. MÜNCHHAUSEN AN RILKE

[Postkarte]
[Aufdruck:] Königreich Bayern
[München, 9. 8. 1915]

Lieber,
eben angekommen bin ich müde in meine Pension gekrochen (Astoria, Neuhauserstr 21, T. 50547)
Vielleicht rufe ich Sie einmal an, oder ich erwisch Sie morgen früh am Telefon.

Ihr
Thankmar

39. RILKE AN MÜNCHHAUSEN

Widenmayerstr. 32^{III} . (Tel. 21212)
[München] 16. 8. 1915

Lieber
hat man Ihnen gestern mein Telephon ausgerichtet, daß Holdt Sie heute, Montag, von halb elf an erwarte? Waren Sie heute bei ihm? Ich rief Sie, mich zu vergewissern, diesen Morgen an, sollte, (antwortete man mir) nach zehn Minuten nochmals anrufen, unternahms, aber der Teufel (der weiß, daß ers mit mir im Telephon am leichtesten hat) schob mir fortwährend eine falsche Verbindung unter, obgleich ich immer wieder die richtige Nummer einstellte, die eben noch gewirkt hatte. Ich mußte mich beständig, wie eine Fliege, auf eine fremde Nase setzen, mich entschuldigen, und gleich (anrufend) kam ich wieder darauf zu sitzen. Nom d'un chien!
Also, da gab ichs auf; hoffe, Sie waren bei Holdt und sind nun konterfeit, hoffe, Sie haben es sonst gut und vergnüglich.
Melden Sie sich bald zu einer langen Plauderstunde, wenn ich Ihnen nicht zu verdrossen und verdrießlich bin; (denn ich bins, das ist nicht zu leugnen.) Aufs Land zu gehen oder auch nur aus –, spür ich wenig Lust, dagegen eine wahre Wuth zuhause zu sein, wo Sie mich also immer finden. Und bin ichs nicht, so machen Sie sich bequem und warten mich ab, nichtwahr?
Am Donnerstag, Lieber, wird Georg Büchner's »Wozzek« im Residenztheater gespielt (die Première war hier vor den Ferien). Das ist

etwas ganz ganz Wichtiges, sichern Sie sich Plätze, das <u>müssen</u> Sie sehn.
Mes hommages à Madame.
Und auf Wiedersehen

Ihr
Rilke

Hat Norbert geantwortet und was?

40. RILKE AN MÜNCHHAUSEN

[München] Freitag, am 3. September 1915

Lieber Thankmar,
mir geht Deine Lage nach, und sie macht mir, daß ich es nur sage, lauter Sorge. Ich frage mich immer wieder: ist das nicht ein Wink für Dich, noch eine Weile <u>ganz allein</u> zu sein? Später, auf einmal, wird es Dir fehlen, gerade dies nicht gehabt zu haben; Du wirst es nicht begreifen.

Weißt Du, was ich Dir verordne: <u>*Allein fort*</u>. Acht Tage Hellerau; dann, zum Termin genau: Cassel. Quand-même. Daß man Dich dort sähe und Dich, nach Maaßgabe Deiner Gesundheit, schone oder verwende. Aber <u>dort</u>, sur place. (Ich erschrak, Sonntag, als Du von Deiner Eingabe um Verlängerung des Urlaubs sprachst; mir scheint: <u>so</u> darf das nicht gemacht werden, wenn nicht allerhand Zweideutigkeit über Dich kommen soll. Du kennst die Sage vom Ritter, »der sich verliegt«, das geschah auch jedesmal zwischen den Fehden –, mir hats immer den größten Eindruck gemacht.)
Lieber, gieb der Stimme nach, die Dich vor München warnt. Genug. Geh nach Hellerau, sei ein paar Tage Sohn, oder ganz allein irgendwo; und dann Cassel. Übertreib ich? Ich bin so lange nicht mehr Soldat und wars mit Auflehnung[,] aber Du <u>bists</u> jetzt. Und wenn ich mich in Dich versetze, würd ich so handeln. Gleich morgen.
Bedenks. Und wenn Du willst, so besprechen wir alles Nähere. Ich schreib das vor der Hand auf, gesagt gehts vorüber, so <u>stehts</u> und ist einfach und stark nach meinem besten Wissen,

Dein alter Freund
Rainer

41. MÜNCHHAUSEN AN RILKE

Dresden Hellerau [12.] September [19]15

Lieber Rainer,
nun bin ich nach kurzem Cassel-Intermezzo hier bei der Mutter, wo[']s sehr schön und lieb ist; gestern kam ich und bleib nun vorläufig. – Ich bin ganz froh von München fort zu sein, dort fing wohl wirklich ein SichVerliegen an und es ist ja jetzt unmöglich Ruhe und Stille und Friedsamkeit anfassen zu wollen.
Was tun Deine Pläne? Vielleicht bist Du grad im Aufbrechen und wie wärs vor Berlin Kopenhagen noch ein paar Tage Hellerau einzuschieben; auf dem Weg liegts ja und wie gern stünde Dir hier ein Zimmer offen, ungestört neben dem kleinen lieben Alltag meiner Mutter, die Dich sehr grüssen und laden lässt. Überlegs doch mal.
Indes alles Liebe und Gute im Grüssen von meiner Mutter und
Thankmar

42. RILKE AN MÜNCHHAUSEN

[München, Montag 13. 9. 1915]

Lundi
Me diras-tu, mon Cher, un petit mot sur l'accueil que Cassel t'a fait et un autre sur les propositions que l'autorité guerrière vient de soumettre au consentement de votre Seigneurie?

Quelles seront tes décisions prochaines? J'y pense tant.

Tu étais à peine parti que j'ai reçu une longue et adorable lettre d'une de mes Amies de Paris –, c'est une toute jeune fille, une ouvrière que j'ai prise chez moi dans le temps –, ne t'ai-je jamais parlé d'elle? Son coeur sublime ne fait que grandir depuis que je la connaisse – il est arrivé à me surpasser de beaucoup, car elle passe ses jours au bord de la mer en lisant Saint-Augustin! Et moi, ici, je n'ose pas ouvrir le mien de peur de me trouver trop restreint en face de son inexorable grandeur.
Tu me manques souvent, mon ami, et je ne comprends pas pourquoi nous ne nous sommes point adonnés à des plus longs racontars? Si je ne t'ai pas attiré avec plus d'instance dans l'athmosphère confiante du

foyer, c'est que je n'en aie pas, et puis je craignais trop de te mêler à mes humeurs sombres qui se prêtent peu au bon plaisir que je t'ai souhaité.

Dure-t-il toujours? Jouis-en, mon vieux, mais n'oublie pas de te régaler d'un peu de solitude en te promenant dans »la Aue«, en philosophe et en amateur de nuages.

Car l'automne en a qui sont ravissants.

À toi, de coeur,
Rainer.

43. Münchhausen an Rilke

15 Dezember 1915 Wassjuny

Lieber Rainer

es ist ja wohl schändlich, dass ich so stumm gewesen bin immer (infolge Trottelei meinerseits kam ein Brief den ich Dir im September aus Hellerau schrieb einen Monat später nach mancherlei Irrfahrt wieder zu mir) aber ich erhoffte dann eben von Woche zu Woche den Schluss der immer böser werdenden Verliegerei in Deutschland, ewig wartete ich im geduldigen Cassel darauf daß ein Transport den ich herbringen sollte hinausgelassen würde und es zog sich qualvoll – nun endlich bin ich seit gestern hier beim Regiment, wo ich wenige der alten Kameraden mehr gefunden hab, auch Mosch den Du damals in Frankfurt sahst ist verwundet gefangen, vielleicht tot. Jetzt ist hier wenig Krieg, nur öde Schützengräben, trotzdem ists mir lieber hier nichts zu tun als in Deutschland, man kommt sich doch ein bischen besser vor.

Auf der Reise hierher war ich noch einmal in Berlin ganz flüchtig und unvorbereitet – vielleicht wärst Du zu treffen gewesen aber ich hatte kein Mittel Dich zu erreichen; dieser Brief muß nun wieder den Weg über den Verlag machen, sowenig weiss ich jetzt mehr von Dir! Oh wie war es schön dass es München gab in diesem Sommer, nur hätts danach einen schnellen Schluss geben sollen statt ewigem Hinziehen durch Dresden Cassel Cassel Cassel!

– Eben fährt jemand nach Deutschland, der mag dies mitnehmen, obs Dir noch zur Weihnacht kommt.
Alles Liebe und Herzliche stets im Gedenken

Deines
Thankmar

44. Münchhausen an Rilke

Wassjuny den 3. Januar 1916

Lieber,
aus Analogie muss ich jetzt annehmen dass ein Brief den ich vor ungefähr 3 Wochen abschickte, mit einem ganzen Postsack verloren gegangen ⟨bin⟩ ist: ich versuchte mich da zu exculpieren wegen der plötzlichen Schweigsamkeit nach all den schönen Münchner Stunden, ich bin jetzt vom Schützengraben zu mürbe um das zu wiederholen, und will nur sagen wie schön es wäre in all dies Elend hier hinein etwas von Dir zu hören.

Was könnte ich erzählen? Krieg zeigt hier wieder seine für mich allerschlimmste Seite: stumpfe Langeweile, seis nun hier in dem elenden kleinen Dörfchen voller geödeter Soldaten, bei Schach und Domino von früh bis spät, seis im feuchten Graben beim obligaten Ullsteinbuch, ich schaudere wohl, aber zu Gegenmaßregeln gegen dies Geistesfutter bin ich unfähig.

Meist auch zu Briefen, doch das wechselt manchmal für Stunden in eine Art Schreibwahn um – lauter Unerquicklichkeiten. Von niemandem hab ich Nachricht seit September; Hellingrath, die sonstigen Münchner Menschen – ich weiss kaum mehr die Adressen und wüsste ihnen ja auch nichts zu schreiben. Kannst Du mir einiges erzählen? Und kannst Du mir An[n]ette Kolbs Adresse geben? Ihr schrieb ich gern einmal.

Im Anfang März kann ich vielleicht wenn die Russen artig sind etwas Urlaub nach Dresden und Berlin haben. Obs Dich da gäbe?

Alles Liebe im Gedenken
Deines Thankmar

45. Münchhausen an Rilke

In Galizien 19. 8. 16

Lieber Rainer,
Nun jährt es sich dass wir in München zusammenwaren, und fast auch schon – daß wir nichts direktes von einand gehört haben. Es wär ja auch sinnlos gewesen, zu schreiben;
Nun aber hat sich dies begeben dass ich aus der schauerlichen littauischen Öde nach Galizien gekommen bin, zwischen Lemberg und Brody lieg ich, in einem Land wo, mir däucht [!], Milch und Honig fließt. Und da ich somit in oesterreichischem Gebiet und auch unter k k Kommando mich befinde, so sind wir uns irgendwie erreichbarer geworden; so möcht ich denn wissen wo Du eigentlich bist, denn es kann sich ja immer fügen dass vielleicht ich, auf Urlaub, über Wien komme, oder Du, dienstlich, in die Lemberger Gegend, und so könnt man sich vielleicht treffen. Nach Lemberg kann ich wohl immer kommen, und im September hoff ich 3 Wochen Urlaub nach Haus zu bekommen, das ging vielleicht über Wien einzurichten.

Also gib mir ein Wort wo Du bist.
Alles Liebe, grüßend,
Dein
Thankmar

Adr.
    2te preuss. Kav. Div.
    22te [preuss. Kav.] Brig
    preuss Hus Rgt 14

46. Rilke an Münchhausen

München, Keferstrasse 11
Villa Alberti
[Poststempel: 24. 8. 1916]

Lieber Thankmar,
heute würde ich an Deine gute Mutter geschrieben haben, um Nachrichten von Dir! Da kommt, wie ich mich ans Stehpult wende, Dein Brief, Lieber, das beweist, daß wir einander, über die gegebenen Zeichen hinaus, fühlbar sind.
Laß Dir nur rasch berichten: seit ungefähr vier Wochen bin ich wie-

der in München, »für unbestimmte Zeit«. Über meine wiener Tage ist nichts weiter Interessantes zu sagen, das Beste ist, daß sie vorüber sind. Nun versuch ich, über Alles und über fast sieben Monate hinüber, dort anzuschließen, wo ich abgerissen worden bin, das ist nicht leicht, denn die Dinge sind kalt geworden und ich auch, in jener langen Erziehung zur Apathie.

Hier wurde ich gleich sehr nach Dir ausgefragt, wußte nichts, hätte schon früher nach Hellerau geschrieben, trug aber drei Wochen wegen eines Abszesses die rechte Hand im Verband. Dr. Lichtenstein, Wolfskehl, Rapp und Hellingraths draußen: alle werden nun sehr froh sein, daß ein kleines Zeichen von Dir da ist. Hellingrath soll auch, nun im September, auf Urlaub kommen. – Aber dieses alles heute nur, um Dir zu sagen, daß ich nicht in Wien bin, ginge Dein Weg über München, so hätten wir einander viel zu erzählen. Freilich am Liebsten spräche ich, wie die ganz alten Leute, von den entlegendsten Dingen; hier hängen, bei Goltz, zwei Sachen von Marie Laurencin, Du glaubst nicht, wie einen das berührt, wie aus dem Jenseits.

Habs nach Möglichkeit gut, lieber Thankmar, und laß mich rechtzeitig wissen, wo Du bist oder wo Du gerade durchkommst. Hier ist alles eingerückt, sogar der durchsichtige Han[n]s Holdt ist durch eine Uniform opaque gemacht. Ich lebe nicht, sondern warte, – wie ich in Wien gewartet habe.

Herzlich
Dein
Rainer

47. MÜNCHHAUSEN AN RILKE

22 September 1916

Lieber Rainer,
wie froh bin ich dass die Verbindung wieder aufgenommen ist! Unterdessen hatte auch meine Mutter von Frau von Hellingrath gehört daß Du in München seist, Norbert und Imma sind jetzt vielleicht auch grad dort – da wärs gut man könnt mal etwas hinüberfliegen, aber das scheint noch nicht zu gehen, nur langsam kommt unser Urlaubsturnus wieder in Gang, und an mir ist die Reihe nicht vor Mitte

Oktober. Da ist dann natürlich in Berlin viel zu tun, und danach freu ich mich auf ruhige Tage im kleinen Hellerhäuschen. Sollte es aber ohne Gewalttat sich in die 3 Wochen einzwängen lassen so käm ich liebend gern etwas nach München hinunter, nicht richtig weisst Du, sondern nur so wie ein Traum, für 3 Tage und 2 Nächte wenns hoch kommt. Und dann könnte man ja etwas von ganz fern abliegenden Dingen reden, die einen angehen. Du kannst dir nicht denken wie mich das traf, in Deinem Briefe, die Bilder von Marie Laurencin. Nun, falls Pläne irgendwelche Gestalt gewinnen können, werd ich wieder hören lassen. Bis dahin behalt in gutem Gedenken

Deinen
Thankmar

48. MÜNCHHAUSEN AN RILKE

[Telegramm] [Baden-Baden 12. 10. 1916]
finde ich dich morgen münchen? Münchhausen / Baden Baden Hotel Messmer

49. RILKE AN MÜNCHHAUSEN

[Telegramm] [München 12. 10. 1916]
bin münchen wäre herzlich froh dich morgen zu sehen bitte drahte ankunft

Rainer

50. MÜNCHHAUSEN AN RILKE

Labacz-Sokolowka, 1916, 7. November

Lieber Rainer,
nun, nach zwei wunderschönen stillen Wochen in Hellerau wo ich ruhig und mit Freude Sebastian im Traum las, bin ich wieder »zu Hause«, denn so ist es ja im Gefühl, und kann nur sagen dass es mir gut geht so weit das überhaupt möglich ist. Ländliche und menschliche Umgebung ist gut und sympatisch, eben hat man – aber das nur für Tage – sogar sehr viel Ruhe und Alleinseinsmöglichkeit. Ich lese etwas Schnitzler.

Ja nun bin ich empfänglich für Bücher.
Wie ists bei Dir – wie war damals Herr Däubler, sprengte er das Zimmer? Und Du?, residierst Du am [Englischen] Garten oder irgendwo draußen?
Kannst Du (ohne Mühe, vielleicht via Hörschelmann) einmal feststellen was und wo Taube im Krieg war und ist? Hier sind Leute die ihn kennen, aus sehr alter Zeit, und dies interessiert.
Ach es wär lieb wenn Du soweit sowas möglich ist mich manchmal im Brief in Dein Zimmer nähmst – meins hier ist so sehr kahl, groß, und nur ein verlornes Bett und Waschtisch stehen irgendwo in einer Ecke.

Dein Thankmar

2te preuss Kav.Div.
2.Eska.Hus.Rgt.14

51. RILKE AN MÜNCHHAUSEN

München, Keferstrasse 11
am 13. November 1916

Mein lieber Thankmar,
das hast Du dem Zahnarzt zuzuschreiben, daß ich Dir noch keinen Gruß nachgeschickt habe: er hat mir, durch mehr als vierzehn Tage, alle meine Vormittage genommen; daher eine neue Rückständigkeit in allen meinen Sachen und nicht nur dies –, ein gewisses énervement, Stumpfheit und völlig verminderte Mittheilsamkeit.
Heute aber, auf Deinen guten Brief hin, hab ich mir gleich den deutlichsten Stoß gegeben: eine halbe Stunde später war ich bei Jaffé und nun steh ich an meinem Stehpult und melde Dir die Eröffnung Deines Conto's und sechs Bücher, die heute noch, einzeln, auf Dich zureisen. – Nämlich: Castell, Fieber, Novellen; die Novellen oder Geschichten von Arnold Zweig; Klabunds Moreau; Bruno Frank's neuestes, Die Treue Magd, Nansen, die Brüder Menthe und die eben herausgekommene Nummer der ›Fackel‹. Was Dir nicht paßt, bitte ich zurückzuschicken. Möglicherweise habe ich mich bei diesem ersten Versuch, Dich leicht und wohlschmeckend zu versorgen, ganz ungeschickt benommen, dann versprech ich mich zu bessern und ein nächstes Mal angepaßter zu sein. Die Aufnahme

dieser Sendung wird mir ja zeigen, womit ich am fehlsten gegangen bin; dort schlage ich dann nächstens ins Gegentheil aus.
Daß Du in Hellerau zwei wirklich stille Wochen gehabt hast, freut mich zu Herzen, Lieber. Wie gründlich diese Ruhe gewesen sein muß, ermeß ich an Deinem Umgang mit »Sebastian im Traum«; vor einer Woche hab ich's aufgeschlagen und mich überzeugt, daß ich mich erst wieder ziemlich hineinlesen müßte, wie in eine eigene absteigende Sprache, (die es ja ist). Gelingt mirs, so würde ich gern eines Tages einen Trakl-Abend geben für einige Menschen an dem runden Tisch der Stobbe'schen Bücherstube, selbst lesend oder wenigstens eine Einführung sprechend, wenn sich für das Lesen ein junges Mädchen geeignet zeigte. Unter den noch nicht vorgeführten Beständen der Kammer-Spiele soll es eine junge Schauspielerin geben, Gert Maurer, die mir jetzt oft zu solchem Unternehmen genannt worden ist. (Vielleicht kennst Du sie? Sie kam aus Heidelberg.)
Däubler. Ach ach. Sein Abend war acht Tage später und ist eines der dichtesten Ereignisse, deren ich mich entsinne. Der Eindruck seiner Gedichte noch einmal, dieselbe Verschüttung; wie wenn einem, beim Büchereinräumen, die obersten, schon aufgestellten Reihen über Kopf und Schultern herunterkommen, darunter ganz große Bände, Encyclopädien, und immer noch einer. Dabei geht das Unheil von einem sichtlich gutmüthigen und gutmächtigen Wesen aus; man hat Zuneigung für diesen Nichtanderskönnenden Berggott –, nur zu sagen hätt ich ihm nichts gewußt, so daß ichs vermied, ihn hernach kennenzulernen. Seltsam, daß er so gar kein Licht über seine Dinge wirft, sie nirgends durchscheinend macht, sondern nur noch einmal, persönlich, schwer. Heute ist ein Plakat ausgehängt worden bei Goltz, daß die ganze berliner »Neue Jugend«, ihn, Däubler, die Lasker-Schüler, Becher, George Grosz und Herzfelde anzeigt, die alle zusammen am 17. einen Abend an sich reißen. Dem bin ich, fürcht ich, nicht gewachsen.
Taube war als Kanonier ins Feld gegangen, ist jetzt seit einiger Zeit, als Leutnant, in Berlin, wenn ich nicht irre, dem großen Generalstab zugetheilt; ich werde Genaueres in Erfahrung bringen.
Für heute leb wohl und lies aus meinen viele hiesige Grüße heraus, Clara Rilke's, Ruths und so weiter, Dein
Rainer.

Heute macht Frl. Bierkowski vom Hoftheater hier einen Rilke-Abend, an dem ich natürlich nicht sein werde. Ja, noch eines: Lichtenstein ist eingezogen und Samstag nach Breslau abgegangen.

52. MÜNCHHAUSEN AN RILKE

21. Nov. 1916

Halt – Lieber, stoppe die Sendungen; denn so natürlich musste es kommen: nun wir uns hier recht heimisch für den Winter gemacht haben, kommt gestern der ganz plötzliche Befehl aufzubrechen, morgen werden wir verladen; nun schwankt wieder alles und es hat keinen Sinn sich irgend etwas einzurichten und vorzunehmen.
Man kann nicht recht froh dabei sein, die Aussicht Ende November in neue und ungewisse Zustände zu kommen ist zu peinlich als dass die Hoffnung auf eine Art richtigen Krieg jetzt grad trösten kann. Und ich bin besonders missvergnügt, da ich grad seit 6 Tagen eine sehr angenehme selbständige Stellung hatte, als Bauofficier, mit einer guten Tätigkeit in frischer Luft und sonst ganz freier Zeit und Alleinwohnen und viele Dinge die ich mir gewünscht hatte. Ja nun ist alles wieder sehr ungewiss – eben kam noch grad, wohl mit der letzten Post auf lange, Dein Brief, und die guten 6 Bücher werden wohl längere Zeit auf Bahnhöfen und Eisenbahnen umherirren, bis sie mich – wie? – finden!
Immerhin, nach und nach ist ja selbst die Feldpost ziemlich findig geworden, und es wäre ja grad recht spassig auf einer Höhe der Karpathen oder gar schon beim Vormarsch in der Walachei zu hören wie sich das Fräulein Bierkowski bewährte und ob Du Trakln in die Stobbestube bringen konntest. Wer ist George Gross [!] und Herzfelde – junge Hebräer aus Berlin?
– Und Du – bist Du dem Dentifex entronnen und kannst ein wenig aufatmen – geschehen irgend welche Dinge – gibt es den Inselalmanach mit den Winterversen? Bleibst Du am [Englischen] Garten oder wanderst Du in die Türme der Regina Ullmann? Ich bin so voller Neugierde und so ohne Kraft von mir etwas gegen zu leisten in dieser neuen Ungewissheit.

Nun – immer Dank und nimm Dich an Deines
Thankmars

In der Thronerstraße (heissts so?) bitte ich sehr zu grüßen.

53. Münchhausen an Rilke

Neujahr 1917
bei Kronstadt

Lieber Rainer,
das war eine eilige Unternehmung – schnell fuhren wir nach Petroseny durch ganz Ungarn, schnell ritten wir über den Szurdukpaß und weiter in Richtung auf Bukarest, bogen davor nach Norden ab und ritten bis über Buzau – wurden dort zurückgerufen und eilig gings über den Tömöser Paß an Sinaia und dem zerstörten Predeal vorbei nach Kronstadt – und jetzt liegen wir ganz ruhig in einem saubern Dorf siebenbürger Sachsen und warten dass man uns wieder verlädt, keiner weiss wohin, abfahren sollen wir am 6ten.
Diese 5 Wochen waren nicht die schönste doch sicher die netteste Zeit die wir draussen hatten – schöne Ritte erträgliche oft gute Quartiere wenig Verluste allerlei militärischen Erfolg, dazu in einem Land das wenig gekannt ist und reich an kennenswerten Merkwürdigkeiten, und, (im erfreulichen Gegensatz zu Rußland und Polen) mit dessen Bevölkerung man sich durch Lateinisch und Italiänisch einigermassen verständigen konnte. Also summa gings uns gut und wir waren des froh.
Die Jaffé Sendung hat auf dem Bagagewagen die Reise durch Rumänien – etwas langsamer – mitgemacht und wird dort verbleiben bis ruhige Zeit kommt – das wird ja leider ziemlich bald sein. Sowie definitives bekannt ist sag ichs Dir.

Alles Gute
Thankmar

54. Münchhausen an Rilke

Post Loschwitz bei Dresden
Sanatorium am Königspark
Wachwitz
27. I. 17

Lieber Rainer,
die Geschicke des Soldaten werden immer wetterwendischer: Von Kronstadt aus (ich glaube Dir von dort geschrieben zu haben) musste ich wegen schlimmer Anfälle von Luftröhrenkatarrh das Regiment

verlassen, war etwas in Arztfingern in Berlin und sitze nun hier in ganz angenehmen Umständen »zur Erholung«. Hier kann ich nach Herzenslust allein sein, wonach ich mich sehr sehnte – Frau Dr. Riess, die Dir vom grossen Hellerauer Pensionshaus wohl eine Erinnerung ist, hat das Sanatorium eingerichtet und leitet es jetzt und lässt mich in freundlichster Weise nach meiner Façon leben ohne ärztliche Beunruhigung.

Nach Hellerau ist in dieser autolosen Zeit etwas unbequem – man muss erst nach Dresden hinunter und wieder hinauf – immerhin ist man sich gegenseitig erreichbar und hat noch au surplus das Telefon. 4 Wochen soll ich hier bleiben, dann wirds wohl so weit sein dass ich zum Regiment zurück kann, das unterdes an die belgisch holländische Grenze gereist ist.

Und Du? Du empfindest nicht grad das unabweisliche Bedürfnis einen Aufenthalt in Dresden oder Umgebung – Hellerau – Loschwitz – zu nehmen? Sag mir etwas von Deinen Tagen. – Die gute Büchersendung ist erst jetzt ausgepackt worden – nachdem sie von München nach Galizien, durch halb Rumänien – wieder zurück über Berlin bis Dresden gereist ist.

Gute Grüsse
Thankmars

55. RILKE AN MÜNCHHAUSEN

München, Keferstrasse 11
am 14. Februar 1917

Mein lieber Thankmar,

das war buchstäblich die Kälte, die mich verhindert hat, Dir zu schreiben; in den letzten vierzehn Tagen haben es meine Hände nur ganz selten zu jener Biegsamkeit gebracht, die die Voraussetzung einer einigermaßen menschlichen Federarbeit ist; und nicht dies allein: ich war (bin es noch) aus meiner Wohnung ausgetrieben, – geplatzte Wasserrohre haben das etwas zu sommerliche Haus mit Gerinseln eiskalten Wassers überströmt, es war nirgends zu sein, und die extreme Vorsicht im Kohlenverbrauch macht es nicht recht möglich, nun, da Wettermilderung herrscht, den Wasserschaden durch einige Tage leibhaftiger Heizung auszugleichen. Wenn ich schon ohnehin jetzt unter argen Hemmungen stehe, so kannst Du Dir vorstellen, daß so widerwärtige Umstände meinen inneren Zustand noch verstockter, anstehender und verdrießlicher gemacht haben (selbstverständlich ist die dazugehörige Erkältung nicht ausgeblieben) – hier hast Du mein Lieber, die Gründe, wieso eine so frohe Überraschung, wie Deine Nähe in angenehm erholenden Verhältnissen, ohne ein rasches Wort der Theilnehmung und des Willkommens von mir geblieben ist. Ich war erstarrt und ganz unfähig zur kleinsten Mittheilung, nur innen empfand ich Dich und dachte hinter allen Widerständen und Gemüthsrinden im Innersten oft zu Dir hinüber. Wär ich beweglicher, weniger bedenklich und schwerfühlig, so wäre ja der Moment gut wahrzunehmen gewesen, um die hiesige unfreiwillige Obdachlosigkeit zu einer Reise nach Dresden zu verwenden. Aber ich bin schwer und das Reisen ist jetzt eine unabsehliche Komplikation, obendrein für einen Oesterreicher.

Daß Du's gut hast für einige Wochen bei Frau Dr. Riess war mir ein Aufathmen, hoffentlich bleibst Du noch eine Weile in behaglicher Ruhe und hast Zeit, Deinen Hals gründlich auszukurieren und auch sonst manchen Ausgleich in Dir zu schaffen. Daß dahinter ein nun wieder ganz entsetzlich zusammengezogner Hintergrund steht, muß Dich weniger beeindrucken, da Du Dich ja lange davor gerührt und getummelt und betheiligt benommen hast, während es ganz und gar gräßlich ist, die eigene Immobilität auf so fürchterlichen Fond immer wieder neu aufgezogen zu bekommen. Du stellst wenigstens ein Dir selber fremdartiges Leben davor, aber denk, meines, mein eigenes, auf arglose Natur angewiesenes Leben immer wieder vor dieser Welt ertragen zu müssen. Ach, Lieber, mir gehts schlecht, ungeduldig schlecht, kann ich Dir sagen; ich habe auch nicht mehr die Sammlung und Sicherheit in mir, über einem Buch zu bleiben, von Arbeit gar nicht zu reden.

Jensen's, Johannes V. Jensens Bücher bereiten mir jetzt manchmal Stunden stärkerer Beschäftigung. Diese unerhört starke Madame d'Ora, ein ganz ungeheuer gekonntes Buch und einzelne Sache in seinem letzten Novellenband »Olivia Marianne«. Ich weiß nicht mehr, ob der unter den Büchern war, die Dich nun doch passend errreicht haben? Er hätte darunter sein müssen. Madame D'Ora wirst Du von früher kennen, vermut ich.

Wenn Du nach Hellerau hinüberkommst, bring mich bei Deiner
verehrten guten Mutter in Erinnerung, Liebster und leg mirs nicht
unfreundlich aus, daß ich Dir so spät geschrieben habe.

Ich grüß Dich von Herzen.

Rainer

Clara und Ruth grüßen mit mir.

56. MÜNCHHAUSEN AN RILKE

Dresden Loschwitz
Sanatorium am Königspark
4 März [19]17

Lieber Rainer,
verdenk mir nicht mein Stummsein, es ist ja in erster Linie doch der
Tod Hellingraths der mich sprachlos macht und ratlos. Ich weiss
nicht ob es angezeigt wäre nach München zu fahren (das liesse sich
für 2-3 Tage vielleicht tun) – sahst Du etwas von Hellingraths und ist
die Imma Ehrenfels wohl noch dort?
Ich bin im übrigen zu allem unfähig und weiß nicht mal ob es mir
hier und jetzt eigentlich gut oder schlecht geht; ich werd wohl noch
3 Wochen hier bleiben.
Alles Gute, auf bessere Momente! Wenn Du kannst, schenk mir ein
paar Worte.

Dein
Thankmar

57. RILKE AN MÜNCHHAUSEN

München, Keferstrasse 11
Villa Alberti,
am 10. März 1917

Lieber Thankmar,
Dienstag kam Dein Brief, Mittwoch Nachmittag war ich ein paar
Stunden bei Hellingraths zum ersten Mal seit Norberts Tod. Sie haben sich, die drei Frauen, [als Fußnote angefügt:] (die alte Fürstin
habe ich noch nicht gesehen.) mit außerordentlicher Haltung in die-

sem Schwersten, das ihnen widerfahren konnte, orientiert; jede steht unbeschreiblich trauernd da, aber jede in ihrer Art entschlossen, im Schmerzhaftesten nicht nur leidend zu sein, sondern es als Leistung auf sich zu nehmen. An Imma besonders ist diese Verfassung erschütternd; diese Kühnheit im Schmerz ist ihr der Weg ins Geistige, in ein geistiges Überstehen. Vielleicht ist es ein wenig leichter, jetzt innerhalb des Schmerzes leistend zu sein, da doch alles Menschliche eigentlich nur noch in ihm zusammenkommt, überall sonst verleugnet ist und durch Geschehnisse und Unternehmungen täglich widerlegt.

Wenn Du mit der Zeit ein paar Worte aufbringst, wirst Du den Frauen damit wohlthun. Imma Ehrenfels wollte mit Elisabeth für ein paar Tage weiter hinaus aufs Land, in die Gegend von Schliersee, wenn ich nicht irre; aber es erreicht sie natürlich alles über die hellingrathsche Adresse: Wolfrathshauserstr. 34[a].

Du kannst Dir denken, um wievieles diese Nachricht auch mir das allgemeine Schicksal wieder drückender und düsterer gemacht hat und mit einem Ruck noch; wie unrecht hat man, von ihm abzusehen und doch ist, es nicht immer zu gewahren und zu wissen, schon beinahe Bedingung der inneren Existenz. Und so hält man sich, so oder so, am Rande des Unmöglichen.

Mein Lieber, ich kann, erstarrt wie ich bin, auch nicht recht entscheiden, ob München Dir jetzt etwas zu bieten hat; daß es nur zwei, drei Tage sein könnten, spricht, bei der Unbehaglichkeit und Ungenauigkeit des Reisens, eher dagegen. Mein Wunsch, Dich wiederzusehen, darf nicht entscheidend sein; denn ich selbst bin stumpf und undurchsichtig –, es müßte dann schon anderes mir beistehen, Dirs hier mehr als eben nur herzlich zu machen.

Immer
Dein
Rainer

58. Münchhausen an Rilke

Hellerau, 30 März 17

Lieber Rainer,
entschuldige meine große Schweigsamkeit, all die Zeit war so sehr unklar bei mir und schwankend zwischen allerlei Reiseplänen, die ich

in diese Kur einzwängen wollte und die ich schließlich doch alle gelassen habe. Mit dem Sanatorium bin ich fertig seit vorgestern, war noch 2 ersparte Tage hier bei der Mutter und fahre nun über Berlin nach Cassel wo ich mich am 1ten zu melden habe. Hoffentlich lassen sie mich von dort zum Regiment, das nördlich Gent liegt und es sehr gut zu haben scheint; aber es ist aus Etat- und allerlei merkwürdigen Militärgründen möglich dass ich noch etwas in Cassel, dieser trübesten der Mittelstädte, gehalten werde. Dann würd ich versuchen noch etwas freizukommen für eine Woche München und ein paar Tage Badenbaden (wohin die Mutter wohl Mitte April gehen wird), und da könnte man vielleicht einige schöne Frühlingstage mitsammen haben. Auch säh ich so gern (und könnts dann vielleicht besser als in den vergangenen Wochen) Hellingraths, – denn ihnen zu schreiben, soweit fand ich mich noch nicht versammelt.
Hörtest Du in München vom Prinzen Friedrich Leopold (Sohn) von Preussen? Er war dort lang 1915 und 1916, und jetzt sitzt er im Sanatorium, wo wir an den 8 Tagen, die wir zusammen dort waren, allerhand Berührungspunkte fanden. Er interessiert sich sehr für Alastair (in diese Art schlägt er selbst, etwas malend, etwas singend, ein wenig tanzend und mit sehr vielem kokettierend) und bat mich ihm dessen augenblicklichen Aufenthalt und vielleicht Adresse irgendwie zu verschaffen – ich wüßte nicht wie ichs machen sollte – kann nur Dich bitten ob Du sie vielleicht hast oder Dir ohne Mühe kannst sagen lassen. –
– Von Cassel (Hotel Fürstenhof) weiteres, heut alle guten Grüße Deines
               Thankmar

59. MÜNCHHAUSEN AN RILKE

[Postkarte] Cassel, 2. IV. 17
Lieber Rainer,
Cassel hat sich sehr schnell erledigt, und am 10ten fahr ich nach Gent und komme ganz im Fluge Freitag oder Samstag durch München.
              Auf Wiedersehn
               Thankmar
Vielleicht ist die Mutter zu bewegen mit nach München zu fahren.

60. Münchhausen an Rilke

[Telegramm
Hellerau 7. 4. 1917 / 9.46]

kann leider doch nicht hinkommen –
thankmar

61. Münchhausen an Rilke

Postkarte 7. April 17. Dresden Hellerau

Lieber Rainer,
ich habs nun doch aufgeben müssen noch hinunter zu fahren; Cassel zog sich noch einen Tag länger hin, und am Montag muss ich schon nach Gent – so lohnts nicht mehr, zumals mir vor jeder augenblicklichen Eisenbahnunternehmung graut.
Da siehst Du was für ein unklarer und hin und hergeworfener Mensch ich in mir bin, ich schäme mich einigermassen.
Von draussen laß ich dann hören.

Thankmar

62. Rilke an Münchhausen

[Telegramm Hellerau 7. 4. 1917]

Schade, sehr schade, habe Dich gestern und heute in der Hoffnung auch Deine gute Mutter zu begrüßen, herzlich erwartet alles Liebe und Gute schicke mir Deine neue Feldadresse Ostergrüße

Rainer

63. Münchhausen an Rilke

bei Hirson in Frankreich, 19 April 17

Lieber Rainer,
So, nun bin ich wieder beim Regiment und hab, soweit mans jetzt überhaupt haben kann, ziemlich klar das Gefühl nach Hause gekommen zu sein und doch hierher eher hinzugehören wie zu irgendetwas andrem in dieser Zeit. Wie fahrig und zerfahren war ich in Deutschland und gar nicht mehr in der Lage mit Widerständen wie ungeheizte und überfüllte Eisenbahnen irgendwie fertig zuwerden. Dein

Telegramm nach Hellerau ist mir noch nachgewandert – ich war noch die beiden letzten Tage in Berlin, dann in Brüssel und Gent auf der Suche nach meinem Regiment, das ich dann am 15. hier fand, fern von den Fronten ruhig und beschaulich Eisenbahnen im französischen Etappengebiet bewachend. France douce terre, die wir mit der Seele suchen, ist dies hier gar nicht, gar nicht wie die Seinegegend, sondern recht scheussliches Vorgelände von Wallonischen Industriebezirken, ziemlich ärmliche hässlich gebaute Dörfer mit entsetzlich dégueulierenden Einwohnern. Immerhin sind die Quartiere für aus Littauen kommende unverwöhnte Leute recht angenehm, nur leider eng, so dass man auch wieder nicht viel Möglichkeit haben wird zu sich zu kommen. Ein paar Bücher hab ich noch mir mitgebracht, wenn die aufgegessen sind darf ich Dich wieder um einen Besuch bei Herrn Jaffé zwecks weiterer Versorgung bitten.

Von Klabund hab ich, auf den Moreau hin, von dem ich grad aus dem rumänischen Dreinschlagekrieg kommend sehr viel hatte, ein paar Novellen (wenn mans so nennen kann) bändchen gelesen in denen ich aber nicht viel wiederfand, und »Die Krankheit«, die mir grad im Sanatorium Liegendem wiederum sehr schön und richtig geschrieben vorkam. Sonst weiß ich wenig.

Alles Liebe in guter Erinnerung
Thankmar

64. Rilke an Münchhausen

München, Keferstr. 11
am 4. May 1917

Mein lieber Thankmar,
Du hast es gut, daß Du irgendwo wenigstens so ankommen und Dich einrichten kannst; wie sehr ist unsereiner »nirgends«, denn Dasein und Gemüt sind irgendwie enteignet, mag die äußere Stelle noch so still und scheinbar wohlwollend sein. Die meine ist mir immer schwerer; wie einem Kranken sein Bett, so ist mir ganz München, ich habe mich darin wundgelegen.

Schreibstimme keine, daher nur das Wenigste heute:
nach der Adresse Alastair's habe ich mich eifrigst umgesehen. Er hat Brücke und Boot hinter sich verbrannt, so sieht es aus, niemand

hörte mehr von ihm seit Jahresfrist, immerhin sende ich Dir zwei Adressen, die mir eine mir unbekannte Dame, Fräulein Laumen, überlassen hat, über diese ist er zuletzt nicht als Alastair, sondern als Herr von Voigt, zu erreichen gewesen, vielleicht funktioniert die oder andere noch, aber es ist höchst ungewiß, das müßtest Du dem Prinzen (– von dem ich hier manchmal habe reden hören –) versichern.

Lugano, Hôtel Bristol
oder Zürich, Grand Hôtel Polder (D?older)
(Fräulein Laumen schreibt sehr undeutlich.) Eine dritte Möglichkeit wäre das Sekretariat des Schweizer Schriftstellervereins, Herr Guido Zeller, Advokat in Bern. –
Klabund soll, in Davos, viel leidender geworden sein und gilt, wie ich hier höre, als aufgegeben. Seinen Band »Krankheit« hab ich noch nicht gesehen, daß Dir der Moreau recht sein würde sah ich voraus. Aber wir haben einen neuen wichtigen, wer weiß, ob nicht »großen« Dramatiker: Georg Kaiser. Ein Mann, der als Kaufmann in Amerika gelebt hat, dort soviel Erlebnis eingenommen hat, daß er innen voll Figur nach Europa zurückgekommen ist, wo er, ohne daß jemand Aufhebens davon machte, nach und nach, bei Fischer, fünf Dramen veröffentlicht hat. Nun kommt das Aufheben nach. Frankfurt hat seine »Bürger von Calais« aufgeführt, die Kammerspiele haben letzten Samstag mit seinem anderen Stück »Von Morgen bis Mitternacht« experimentiert und gegen viel Unverstand einen ausdrücklichen Erfolg durchgesetzt. Und so wird es nun, trotz Zensur, weitergehen; dabei schreibt der Mann unermüdlich, so voller Gegenstand wie er nun einmal ist, ist er nicht aufzuhalten. Er ist der erste gegenwärtige Dramatiker, der über den »Stoff« wirklich hinausgelangt; an ihm, wenn ich nicht irre, macht die Bühne endlich das Problem »Spargelbund oder Madonna« durch, das in der Malerei schon lange überstanden ist. Weil er endlich, mehr als die Wedekind, Sternheim u. s. w. im bühnischen Geschehen nicht mehr Gegenstand, sondern pure Gleichung giebt, aus dem Gleichsetzen von Handlungen entsteht erst die Ebene seines freien schwebenden Dialogs, der mit einer höheren Spannung ausgerüstet ist, als nur der von Rede und Gegenrede. Kaiser, der in »Morgen bis Mitternacht« die tragendste Leistung hat, hat sich gut gehalten, es ist das erste Gelin-

gen der Kammerspiele in dieser Saison, es geht einen an. Wenn Du das Signal giebst für die nächste Büchersendung, so werden einige Kaiser'sche Sachen dabei sein.

Leb wohl für heute, es ist im Handumdrehen Sommer, glücklich macht auch das jetzt keinen, aber es ist einfacher und wohlwollender als die verspätete Kälte.
Alles herzlich Liebe
Rainer

65. MÜNCHHAUSEN AN RILKE
10 Mai 1917

Lieber Rainer,
schönen Dank für Deinen lieben Brief mit den Alastairadressen, die ich weitergebe. Und nun bitt ich auch wieder um Bücher, und freu mich auf Herrn Kaiser, der mir neu ist. Ich las mit viel Freude eben Olivia Marianne, und wenn Dir grad irgend ein andrer Johannes V. unter die Hand kommt so schick ihn bitte mit; denn es sind wohl 6 Jahre daß ich Mme d'Ora und den Gletscher gelesen habe, nichts sonst, und Erinnerung ist sehr verwischt. Lesen kann ich eben viel, ich habs, für diese Zeit, recht gut, hab wieder ein kleines selbständiges Kommando (als Streckenwärter), wohne unter angenehmen Umständen allein in einer ehemals wohl eleganten, jetzt verlassenen Villa, bin tagsüber allein, reite abends ¾ Stunden zu den Kameraden und bin mit Pferden und Wagen gut dran, gewiss ja, man sollte ja wohl froh sein, wenn mans so hat, aber ich brings nicht fertig und hab in den ödesten unbequemsten Frontzeiten doch nicht so das Gefühl des völlig nutzlosen Einhersitzens gehabt wie jetzt hier in der Etappe. Da blüht der Frühling rings um einen und es ist schönes warmes Wetter und bei alledem kommt man aus der Erstarrung nicht heraus. Und das schlimme ist, irgend eine Remedur kann man sich gar nicht mehr vorstellen, in Deutschland zum Beispiel ists ja noch entsetzlicher zu sein als hier, und ich fürchte dass der schliesslich ja wohl irgendwann mal bevorstehende Friede auch nur Enttäuschungen bringen wird.
So, da hab ich ja mal wieder was zusammen gejammert. Ich hab im-

mer das Gefühl dass man irgendetwas tun müsste, etwas ein wenig
Gewalttätiges, die Zeit verlangt das wohl. Aber man ist ja gefesselt.
Laß Dichs nicht verdriessen mir Nachricht zu geben von Dir und
den Ereignissen Deutschlands; an allem nehm ich einen sehnsüchtigen stummen Anteil.

Sehr herzlich
Thankmar

[Von Rilke mit Bleistift an das Ende des Bogens geschrieben:]
Jensen,
1 Exotische Novellen
2 Die Welt ist tief
3 Jagden und Mythen
4 Kaiser, Bürger [von Calais]
5 [Von] Morgen bis Mitternacht
6 Kornfeld Verführung
7 Kayserling [!] Fürstinnen
8 Program[m]

66. MÜNCHHAUSEN AN RILKE

[Feldpostkarte] 1 Juni 1917

Lieber Rainer,
es kamen 3 Jensens, alles Novellen, und ein Kaiser und ein Keyserling[k], schönen Dank! Bitte laß weiter schicken; ich habe viel Einsamkeit, und große Hitze fesselt ans Zimmer, so les ich gerne. – Wir sind eine Kleinigkeit gerückt, aber es ist nach wie vor die selbe Un-Beschäftigung; nur landschaftlich sind wir viel mehr in France douce terre, da gibt's viel Schönes. – Bitte mehr Kaiser, wenn zu bekommen; sonst wüsst ich keine bestimmten Wünsche; Jaffé nimmt doch wohl zurück falls ich zufällig mal etwas schon haben sollte?

Herzlich Lieber! Thankmar

67. Thankmar von Münchhausen an Rilke

(Palace Hotel Bruxelles)   8. Juni 17

Lieber Rainer,
bitte stoppe die Bücher: ich bin eben auf dem Wege nach Spandau bei Berlin, wo in einem mehrwöchentlichen Kursus versucht werden soll mich über die Eigenheiten der verschiedenen Maschinengewehre aufzuklären; wie lange man dazu brauchen wird steht noch nicht ganz fest.

Auf der Durchreise heute ein schöner Tag in Brüssel – freilich so heiss dass man nur sehr wenig sich bewegen kann; immerhin macht diese Imitation von Paris – Cafés vor denen man apéritift, französische Speisekarten in entzückenden Lokälchen, vertraute Aufschriften wie: ici on consulte le Bottin – doch ein wenig glücklich.

Das Regiment ist wieder gewandert, zurück in die Gegend von Gent.

Ad[d]io – alles Gute
Thankmar

68. Münchhausen an Rilke

26 August 17

Lieber Rainer,
recht lang hab ich nichts von Dir gehört und war auch selbst stumm, da die Umgebung mich zu nichts kommen liess; jetzt hab ich mich endlich wieder mit etwas Selbständigkeit und Möglichkeit zum Alleinsein einrichten können, und nun hab ich auch wieder Bücherbedürfnisse. Ich fand auf einer Soldatenbücherei zufällig einen Band Novellen »Abenteuer und Magie« von Karl Federn; es scheint der zweite Band einer Serie zu sein, so es mehr davon gibt hätt ich sie gerne, vielleicht sagst Dus Herrn Jaffé; die Novellen gefielen mir. (Erschienen bei Georg Müller) Wer ist Herr Federn? In Geschichte und Geschichten scheint er wohl bewandert zu sein.

Etwas Gelegenheit hatte ich in Belgien umherzufahren, aber hinter die Städte kommt man ja nicht jetzt wo alles feldgrau übertüncht ist, so hab ich mich ans Meer gehalten, zweimal war ich in Ostende und Blanckenberghe ein paar schöne ruhige Sommertage. Leider passt mir das Klima hier wenig, in der stets schweren feuchtwarmen dikken Luft glaubt man noch ein paar At⟨h⟩mosphären mehr tragen zu müssen als sonst schon.

Und Du? Bist Du unbeweglich in München gesessen? ich schreib auf gut Glück an die alte Adresse am [Englischen] Garten, es wird Dich schon finden.

Alles Gute
Thankmar

69. RILKE AN MÜNCHHAUSEN

z. Zt. Gut Böckel bei Bieren
Kreis Herford, Westphalen
am 3. September 1917

Mein lieber Thankmar,
seit ich von München fort bin, – was ungefähr sechs Wochen macht –, war es oft meine Beunruhigung, Du möchtest inzwischen nach München gekommen sein oder gar hier irgendwo an mir vorüberfahren; verfolgt von dieser Befürchtung schrieb ich schließlich an Deine gute Mutter, gab ihr meine Adresse, nach der Deinen fragend –, aber nun kam (gestern) Dein kleiner Brief und machte dieser Sorge ein Ende.

Du bist in einem schweren feuchten Klima, das, zu allem hinzu, noch At⟨h⟩mosphären zu tragen giebt –, das war auch meine Klage in den letzten Wochen, ich bin im Westphälischen, Du weißt, wie hier die alten Gutshöfe liegen, sozusagen im Souterrain der Landschaft, an ihren niedrigsten muldigsten Stellen, ganz unter dem Gewicht des Luftdrucks und der Niederschläge, – so auch Böckel, das Frau Hertha Koenig gehört, derselben in deren Stadtwohnung Du mich vor zwei Jahren im September gefunden hast. Ohne den Ruf einer bestimmten Gastfreundschaft, hätte ich den Entschluß zu einer Veränderung nicht aufgebracht, so müde ich der münchner Verhältnisse bin, es ist jetzt schwer irgendetwas zu thun, wozu Phantasie und Unternehmung gehört, da einem doch alle diese Triebe verkürzt und abgeschnitten sind. Nun trotz der Last des Klimas bin ich's zufrieden hierher gekommen zu sein, in übrigens, wenn ich nicht irre, fast münchhausensches Land, wenn nicht Euere Gegend mehr in der Umgebung von Minden zu suchen ist. Hier sind sogut wie keine

Nachbarsgüter und die schönen alten Bauernkirchen sind alle bis zur Unkenntlichkeit protestantisch aufgeräumt, so daß die Epitaphien fehlen, auf denen, bild ich mir ein, auch der »Mönnig« wenigstens in Allianzwappen vorkommen müßte.
Böckel, das Frau Koenigs Großvater für ihren Vater gekauft hat, zeichnet sich durch eine schöne Auffahrt aus, die durch die Wirtschaftshöfe hin, über die alten Wassergräben hinüber, den Weg durch einen schönen Thorbau des 17ten Jahrhunderts nimmt, hinter dem einem, im letzten Hofe, die Front des zweithürmigen Herrenhauses, ebenso noch in der Form des 17. Jahrhunderts, recht erfreulich gegenübersteht. Um die schönen, mit grauen Schindeln gedeckten Thurmhelme (die die berühmteste Eulenzuflucht der ganzen Gegend sind) vorzuführen, leg ich ein Kartenbild bei, auf dem Du die dem Park zugewendete Schmalseite des alten Baues aufgenommen siehst. Leider ist dieser ganze Trakt mit seinen ernsthaften, tieffenstrigen Gelassen zu Kornspeichern degradiert, nur mir sind im andern Eckthurm ein Schlafzimmer und zwei anliegende alte Räume eingerichtet, was ich als große Bevorzugung genieße; denn der neue diesem alten rechtwinklig angebaute Flügel des Herrenhauses stammt aus den schlimmsten achtziger Jahren und das malheur seiner Anlage läßt sich selbst durch viele innere Veränderungen nicht völlig überwinden.
Aber ich muß noch auf Deine Bücherwünsche zu sprechen kommen. Ich schreibe an Jaffé wegen anderer Bändchen aus jener Serie, in der das mir nicht bekannte Buch von Carl Federn erschienen ist, da meine Bestellung aber, von hier ausgehend, die Jaffé'sche Langsamkeit verspätet in Bewegung setzen wird, schick ich Dir gleich von hier aus meinem Vorrathe drei Bände Flake und den merkwürdigen nachgelassenen Roman von Gustav Sack: »Ein verbummelter Student«. –
Was die Familie Federn angeht, so steckt sie voll litterarischer Ambition; die der Mutter ist es, (in Wien) Litteraten in ihrem Hause zu sehen, ein Sohn ist Arzt und Psychoanalytiker; Dr. Carl Federn, dessen Bändchen Du gelesen hast, hat, wenn ich nicht irre, Dante's Vita nuova übertragen und sich in den verschiedensten Litteraturen orientiert gezeigt, eine frauenrechtlerische Schwester endlich, die in Berlin wohnt, übersetzt aus dem Dänischen (Andersen Ausgabe bei Die-

derichs) und Schwedischen und hat sich überdies, mit einem nicht sehr gut geschriebenen Buch, der Christiane Vulpius gegen ihre Schmäher angenommen.

Mehr weiß ich nicht, mein Lieber. Le monde va mal und ein entsetzlicher Winter steht vor allen Thüren. Lang über den 15ten Sept[ember] werd ich kaum hierbleiben, aber auf dem Rückwege nach München mehrere Tage in Berlin sein, voraussichtlich. Leb wohl, habs so gut als sichs machen und denken läßt.

Rainer

70. MÜNCHHAUSEN AN RILKE

Hellerau 30. IX. 17

Lieber Rainer,
Es ist wieder bunt zugegangen in diesem Monat September: wir kamen von Flandern nach Wolhynien, und dort, ziemlich bald, meldeten sich bei mir die alten Asthmabeschwerden wieder, und man hat mich weggeschickt. Die alte Kur: Abwechslung und Vergnügen: erweist sich wieder probat; schon gehts mir sehr viel besser. Einige Tage denk ich hier und in der Nähe auf dem Lande zu bleiben, und von Mitte Oktober an wäre ich einem Ausflug nach München nur allzu sehr geneigt. Möchte nur dies herrliche Herbstwetter dauern! Sag mir bitte, hierher, möglichst bald ein paar Worte ob Du dort zu finden bist; ob der schöne Herbst Dich noch in Westfalen festgehalten hat?
Alles herzlich Liebe, auch von der Mutter

Dein Thankmar

71. MÜNCHHAUSEN AN RILKE

Hellerau 7. X. 17

Lieber Rainer,
ich bin wieder in Deutschland und würde so gern Verbindung mit Dir bekommen: vor einer Woche schrieb ich in die Keferstr., und ein Telegramm nach Böckel kam unbestellbar zurück – wo magst Du sein?

Ich führe gern in dieser Woche nach München. Wahrscheinlich bin ich 10–12 in Berlin (Hotel Fürstenhof am Potsdamerpl) jedenfalls telegrafisch immer über Hellerau zu erreichen.   Herzlich Liebes
Thankmar

72. RILKE AN MÜNCHHAUSEN

Berlin W. Hotel Esplanade
am 8. Okt. 1917

Mein lieber Thankmar,
ich bin es schon gewohnt, daß Dein Im-Lande-sein jedesmal als Überraschung eintrifft, staune also auch gar nicht mehr sehr, freue mich nur, daß die leidenden Zustände, die Deinen Urlaub bedingt haben, schon aufhören, Dir lästig zu sein und Du mit einiger Behaglichkeit aufnehmen kannst, was die heimathlichen Wochen bringen wollen. Aber rasch nur Einiges von mir: ich bin, auf dem Rückweg von Westphalen, in Berlin, im üblichen Gedräng der Verabredungen, und meinem Hiersein ist insofern eine bestimmte Grenze gesetzt, als in Hannover am 14. d. M. die Ausstellung der nachgelassenen Werke von Paula Modersohn (die erste umfassende, die, zehn Jahre nach ihrem Tode zustandegekommen ist) schließt, und ich noch mindestens zwei Tage dafür möchte gehabt haben. Im Anschluß daran, muß ich vielleicht noch einmal nach Berlin zurück, vielleicht auch begleit ich Clara und Ruth nach Fischerhude bei Bremen, wo sie diesen Winter in großmütterlicher Ernährung ganz zu bleiben gedenken. Dann folgt endlich die Rückreise nach München, – könnte ich etwas Geographie, so wärs mir leichter, Dir zu sagen, wo ich noch unterwegs mich aufhalten möchte, – es stand auch Dresden auf dem Programm: dort hätte ich Frau Hedwig Jaenichen-Woermann gerne wiedergesehen, dieselbe die augenblicklich ihre merkwürdigen Porträts bei Richter ausgestellt hat. Es kann aber sein, daß der Trieb nach München und der Wunsch, den leidigen Winter dort irgendwie zu beginnen, überwiegt, so daß ich ganz durchreise. Von der Verschiebung und Wendung dieser Dinge werd ich Dich, Lieber, unterrichtet halten.
Laß es dir gut gehen, pflege und erfreue Dich nach Kräften und empfiehl mich Deiner verehrten Mutter.   Dein
Rainer

P.S. Vier Bücher sind im Ganzen an Dich abgegangen, die letzten zwei erst vor einer Woche, noch ab Böckel.

73. MÜNCHHAUSEN AN RILKE

[Hotel Esplanade, Berlin] 10. X. 17

Lieber Rainer,
eben höre ich dass Du hier bist, solltest Du eben kommen so findst Du mich Mittag essend hier oder in der Halle; ich wohne im Fürstenhof und bin dort zu ertelefonen vormittags bis gegen 11 Uhr.

Auf Wiedersehn   Thankmar

74. RILKE AN MÜNCHHAUSEN

Berlin W. Hotel Esplanade,
am 14. Okt. 1917

Mein lieber Thankmar,
mein Unwohlsein ist so anhaltend, weder ärger noch besser, daß ich die Reise nach Hannover aufgegeben habe und heute einen Arzt konsultieren mußte, der etwas wie eine därmliche Influenza in diesem malaise zu erkennen glaubt. Ich werde nun sehen, wie sich die Sache gestaltet, wahrscheinlich reise schließlich ich von hier, ohne alle Umwege, nach München, doch dürfte das kaum vor dem 22ten sein. Veränderungen schreib ich Dir noch. Es wäre schön, Dich noch, etwas ruhiger, in München wiederzusehen, allerdings nehm ich Dich vielleicht gleich mit auf Wohnungssuche, denn das wird dort mein erstes und dringendstes sein. Aber ruhige Abende giebt es ja trotzdem.

Mittwoch abend ist hier die Première von Hauptmann's Winterballade; ich zweifle, ob ich noch einen Platz bekomme. Man sagt, es handle sich um eine Dramatisierung von Herrn Arne's Schatz, der Erzählung von Selma Lagerlöf.

Laß es dir gut ergehen, zuhause, und empfiehl mich Deiner verehrten Mutter. Grüße.

Rainer

75. MÜNCHHAUSEN AN RILKE

[Berlin, um den 15. 10. 1917]

Lieber Rainer,
ich bin wieder hier, Fürstenhof, hab Dich heut am Telefon nicht erreichen können; eben, 6^h sitz ich unten im Esplanade und trinke Thee. Morgen Abend muss ich in verändertem Schicksal nach Cassel. Gern säh ich Dich davor da München sehr ungewiss geworden ist.

Thankmar

76. MÜNCHHAUSEN AN RILKE

Postkarte. Cassel, 20. X. 17

L R, hier scheint sich alles schneller zu erledigen als gehofft, ich bin wahrscheinlich schon Dienstag oder Mittwoch früh wieder in Berlin. Hoffentlich find ich Dich noch!

Liebes
Thankmar

77. MÜNCHHAUSEN AN RILKE

Dienstag abend [24. 10. 1917]

Lieber Rainer,
ich bin wieder da, nach vier Tagen entsetzlichen Frierens. Morgen früh werd ich Dich anzurufen suchen.

Thankmar

78. MÜNCHHAUSEN AN RILKE

[Berlin] 27. X. 17

Lieber Rainer,
also es bleibt dabei: heut abend um 7 Uhr im Adlon mit Anna Münchhausen. Ich freu mich recht drauf.

Thankmar

79. RILKE AN MÜNCHHAUSEN

Montag [5. Nov. 1917]

Lieber, Kessler, infolge der Verwechslung der Tage, muß schon bei morgen, Dienstag, bleiben ½2, da er sich inzwischen für heute anders verabredet hat.
Aber wir? Mir wärs am behaglichsten wir äßen wieder gegen halb zwei heute zu dritt zusammen im Adlon.
Hoffentlich hast Du eine bessere Nacht gehabt.

Rainer

80. RILKE AN MÜNCHHAUSEN

Freitag [9. 11. 1917]

Lieber Thankmar,
ich habe vorher noch einen Weg und komme erst etwas nach elf Dich im Fürstenhof abholen.   R.

81. RILKE AN MÜNCHHAUSEN

Visitenkarte [10. 11. 1917]

Lieber Thankmar,
Frau Feist bat mich, Dich heute Abend gleich zum Essen mitzubringen. Donc unser Zug geht 6 Uhr 45 ab Wannseebahnhof. Am Besten (da ich nicht weiß, wie lang ich nachmittag bei Kessler bleibe) treffen wir uns an der Bahn zur Abfahrtszeit!   R.

82. RILKE AN MÜNCHHAUSEN

Visitenkarte [16. 11. 1917]

Lieber Thankmar,
hast Du angerufen? Ich war den ganzen Morgen im Schreibzimmer, werde auch morgen vormittag am Schreiben bleiben müssen. Was thust Du heute weiter, ich frühstücke bei Titi Taxis, hernach ist wieder Führung zu Renée Sintenis, wie gewöhnlich. – Deine Angelegenheit hab ich nach Bernstorff's Rath eingeleitet. Darüber mündlich   Rainer
(¾1 Uhr.)

83. Rilke an Münchhausen
>[Aufdruck:] Hotel »Der Fürstenhof«, Berlin W.
>am Potsdamer Platz
>28. XI. 17

Lieber Thankmar,
trifft es sich, daß Du mir ein paar Fleischmarken abtreten könntest, so schick sie mir, wenn's auch nur einige Antheile wären, morgen durch einen Pagen hinüber; meine, aus München, sind wieder verspätet.
Wie war's bei Herzog – und weiter?
Ich komme betrübt aus einem wirklich verheerenden Sturm-Abend, aber es ist wenigstens nicht spät, ich gehe rasch darüber schlafen. –
Gute Reise, empfiehl mich noch herzlich Deiner guten Mutter und habt schöne Tage zusammen. Auf bald. Dein
Rainer.

84. Münchhausen an Rilke
>Hellerau, 29. XI. 17

Lieber Rainer,
Dein petit mot von gestern abend gab man mir als ich heut früh in grösster Eile vom Hotel zum Bahnhof strebte; so konnte ich nichts mehr schicken, hoffentlich kommt dies noch für Samstag – Sonntag hin.
Der Letzte Berlin-Tag war sehr gehetzt – Mittags war mir schon nicht sehr freundlich zu Mut gewesen, und abends bei Seeckts packten mich Schüttelfröste und derlei, so dass ich fürchtete, zumal die Nacht bei etlichem Fieber scheusslich war, nicht reisen zu können aber es ging und besser als gehofft; und nun hier im warmen lieben Zimmer gehts mir wieder ganz gut.
Eine Woche werd ich nun doch wohl mindestens hier sitzen in Ruhe und Wohlbehagen. Solltest Du wider Erwarten inzwischen abfahren so brauchst Du nur der Oberin zu telefonieren, Lützow 43 dann lässt sie Mantel und Dokument abholen durch Soldaten aus ihrem Lazarett.

>Weiter alles herzlich Gute
>Thankmar

85. Rilke an Münchhausen

[Aufdruck:] Berlin W.
Hotel Esplanade
Bellevuestrasse
am 2. Dezember 1917

Mein lieber Thankmar,
Dank für Dein kleines Wort; da inzwischen meine Fleischkarten eingetroffen sind, beeil ich mich, Dir Deine gütig geborgten, ehe sie ablaufen, zurückzuschicken, wenigstens die vier bis zum 9ten gültigen bleiben noch brauchbar. Laß Dir das Heimatliche und Häusliche wohlthun; gleichwohl ist anzunehmen, Du findest mich noch hier, wenn Du nicht zu lange ausbleibst. Weißt Du, mit wem ich gestern gefrühstückt habe (d. h. ich setzte mich zu ihnen), mit Inga Woellwarth und dem Grafen Schulenburg, dem Mann der Gfn. Freda, den seine Frau ablösen fuhr. Sonst geht mein hiesiges Leben, wie Dus kennst, von Vereinbarung zu Vereinbarung.

Herzliches und Verehrungsvolles für Deine Mutter und Dir viel Liebes.

Rainer

86. Münchhausen an Rilke

[Telegramm] Hellerau 7. Dez. 1917
eintreffe samstag 11 uhr anhalterbhf tagueber adlon abends cassel
thankmar

87. Münchhausen an Rilke

Berlin-Schöneberg
Martin Lutherstr. 51
9 Januar 1918

Lieber Rainer
wirklich vier, 4, Wochen hat es diesmal gedauert, bis ich nach schwer-schweren Mühen von Cassel losgelassen wurde; und es war nötig dass ich mich von neuem lazarettkrank meldete und meine Tante Else von hier aus meine Überweisung in ihr Lazarett bean-

tragte und durchsetzte, sonst hätte ich dort ruhig meinen Tod abwarten können. Nicht einmal Urlaub über die Weihnachtstage war zu bekommen, so dass die gute Mutter sich entschloss, trotz Kälte und aller Widerwärtigkeit hinzufahren und mit mir auszuharren bis, endlich, der herrschende böse Stern abtrat. Von Tag zu Tag meinte man übermorgen, spätestens am dritten Tage abzureisen, und durch diese Ungewissheit verschob ich das Schreiben auch von Tag zu Tag; so ists jetzt ein voller Monat, seit wir uns trennten und wie magst Du wohl leben. Hier traf ich (da natürlich der erste Gang ins Ausw Amt war) als ersten Menschen Bernstorff, accipierte das Omen und hörte von ihm Du sässest noch im Continental. Ja dann ist vielleicht eine Aussicht, Dich wenn Schuler nicht mehr fesselt wieder hier zu sehn. Denn wenn schon Hotel – warum dann nicht Esplanade?
Meine Sachen sind jetzt so dass das A[uswärtige] A[mt] mich (mit einigen andren Herrn) vom Militärcabinet angefordert hat; die Antwort des Militärcabinets steht in einer gewissen Frist zu erwarten. Da der gute Wedel mich über diesen freundlichen Verlauf ganz ohne Nachricht gelassen hatte, saß ich in Cassel doppelt in Ungewißheit und Verzweiflungsnöten.
Laß bald etwas hören, Lieber! Herzlichst

Thankmar

Dies skur[r]ile Briefpapier fand ich in einem verborgensten Schub in Göttingen, es stammt aus Baden Baden.

88. MÜNCHHAUSEN AN RILKE

1918. 1 Februar
Berlin-Schöneberg
Martin Lutherstr 51

Lieber Rainer,
nach und nach festigt sich mir die Meinung dass mit vielen andren auch ein Brief an Dich, vor 3 Wochen ungefähr, verloren gegangen ist. Darin erzählte ich Dir von 4 bösen Wochen in Cassel, und dass ich schliesslich nach viel Mühe hierher, dem Lazarett meiner Tante überwiesen wurde.
Meine Schicksale sind noch immer unklar; das Ausw[ärtige] Amt hat mich artig und freundlich angefordert, das Militär hat diese Anfor-

derung unartig und unfreundlich abgeschlagen, mit der Begründung <u>aktive</u> Officiere dürften augenblicklich nicht ins Ausw Amt kommandiert werden. Nun ist ein Gesuch unterwegs um Überführung zu den Reserveofficieren. Gut ist es dass ich in diesem Tanten Lazarett einen geruhigen Hafen habe, von dem aus ich alle Entwikkelungen vorläufig geruhig absehe.

Menschen sehe ich wenig, d. h. für Berliner Begriffe, sitze viel ruhig in meinem ganz erträglichen Zimmer. Vor mir steht die schöne Figur von Renée Sintnis, die den rechten Arm über den Leib winkelt; die gute Mutter hat sie mir zu Weihnachten geschenkt und vor ein paar Tagen hab ich sie bekommen.

Und wie ists bei Dir? in meinem vorigen Brief sprach ich sehr dafür hierher zu kommen, wenn Du schon mal eine Hotel Existenz führst (denn Herzog und Bernstorff sagen mir dass Du noch im continental wohnst). Nun aber kann ich Dir mit ganz gutem Gewissen eigentlich nicht dazu raten, wenigstens nicht solange man über die Streikdinge nicht ganz klar sieht. augenblicklich ist nur grosse Unordnung und Unklarheit auf allen Seiten.

Die Aufführung der Koralle in den Kammerspielen, mit Wegener und dem neu aus Dresden geholten Herrn Deutsch, war das Einzige, was ich gesehn habe, mit viel Beeindruckung, mehr vom Stück als von der Art wie es den Berlinern mundgerecht gemacht wurde; sowas spielt man wohl richtiger in München bei Kalserlein [?].

Madame Edhem bey, die häufig nach Dir fragt, Freda Schulenburg und Hessels sind die einzigen Menschen zu denen ich regelmässig und gern gehe; sonst bin ich sehr faul und nehme die weite Fahrt in dem überfüllten Métro oder Tram zum Vorwand dieser Faulheit viel nachzugeben.

Leb recht wohl!

Alles Gute Dein
Thankmar

89. RILKE AN MÜNCHHAUSEN

München, Hôtel Continental
am 3. Februar 1918
(Sonntag)

Mein lieber Thankmar,
nein, Du thust der Post unrecht und mußt mir strenges Recht thun, indem Du es für unverzeihlich erklärst, daß ich Dir auf Deinen ersten Graubrief nicht geantwortet habe; denn er ist angekommen. Nur, ich war unbrauchbar zu jedem Wort und bin es noch, – der Druck des Augenblicks nimmt mir das bißchen Athem, das noch in meinem Gemüthe war, – ich lese täglich fünf Zeitungen und gräme mich zu Tode. Es ist so entsetzlich und widersinnig in der Welt –, ach, laß uns nicht davon reden. Aber das Schlimmste ist, daß ich doch nichts anderes hören und lesen mag, als was nun geschieht, und damit für mich selber, meine Dinge, meine Maße, meine gute einstige Welt unfähig bleibe. Et le temps passe et on va mourir comme ça dans cette distraction vague et infernale –
Genug. Du hast Widerwärtiges durchzumachen gehabt, Lieber, dieses infame Cassel –, gut daß das tantliche Lazaret [!] Dir unter Deiner Schwebe eine erträgliche Unterlage schafft und Du die weiteren Entscheidungen mit immer wieder angestückter Geduld wirst abwarten können. Bitte empfiehl mich herzlichst und ehrerbietigst Deiner Frau Oberin, leg mich Madame Edhem-bey zu Füßen, sooft ich an Berlin denke, ists mir ein empfindlicher Verlust, daß ich keine Stunde bei ihr zugebracht habe. Bei der Gräfin Schulenburg und bei Hessels entschuldige mich, ich bin nach beiden Seiten Briefe schuldig und werde die Schuld abtragen, sowie meine Verfassung eine Spur beweglicher ist; augenblicklich sind alle Worte, nach denen ich greife, Immobilien; sie gebrauchen, hieße mit Häusern und Grundstücken handeln: dazu fehlen mir die Mittel.
Daß Du die andere stehende Figur von Renée Sintenis hast, die schöne, schmale, glatte mit dem quergelegten Arm, freut mich für Dein dortiges Provisorium, wie mein hiesiges durch die »Indianerin« einen Zug wenigstens von Eigenmächtigkeit und persönlicher Ansiedlung bekommt. Sie steht auf einem etwa nur brusthohen Schubladschrank, bei Büchern, und was Eigenes kommt, setzt sich in dieser Gegend an.

Nein, Continental und Esplanade sind doch nicht durch ein = zu verbinden. Hier bring ichs immerhin zu einer gewissen Klausur, seit vierzehn Tagen hab ich buchstäblich niemanden gesehen, auf telephonische Ansprüche reagiere ich nicht und, diesen Eigensinn einmal festgehalten, ist ein Abstand gegen die münchner Zufälle geschaffen, die ja im Ganzen recht monoton sind und voller Wiederholung. Gerade wenn ich an Madame Edhem-bey denke, – dieses wirklich Andere, Ferne, fehlt hier ganz: sie ist ein schöner, ein verzauberter Garten mit einer Gazelle in Mitten und einem dunkeln (Garten-) Spiegel im Gazellen-Aug, – da _ist_ sie, hier aber sind die Frauen, als hätte sie einer so gemalt, wie sie heute sind, und als malte sie morgen, bestenfalls, ein anderer. Und im Übrigen das Karussell Lotte Pritzel, bei dem die Theilnehmer herumfahren bis sie schwindlich [!] werden, jeder auf seinem Dromedar oder seinem bescheidenen Hopp-Hopp. Und die anderen ähnlichen Karusselle. Und Gott weiß, wie alt der Schimmel ist, der ein jedes dreht.

Lotte Pritzel hat im Dezember aber sehr viele neue schöne Puppen bei Caspari ausgestellt gehabt, – die gleichen und doch entwandelt und aus den Händen weiter weggewachsen. Am ersten Abend meines Hierseins sah ich gerade noch die letzte Aufführung der »Koralle«; sie war sehr schlecht. Und seither war ich nicht in den Kammerspielen (die ein schlechtes Jahr haben).

Leb herzlich wohl.

Dein alter
Rainer.

90. Rilke an Münchhausen

München, Hôtel Continental,
am 7. Februar 1918

Mein lieber Thankmar,

die paar Worte, die ich Dir heute zu schreiben gedachte, treten zunächst zurück vor einigen herzlichsten, die mir ein Blick in die Morgenzeitung diktiert: da lese ich den Tod Maria von Keudell's, im achzigsten Jahr. Über dieser Zahl ist mir erst klar geworden, wie schwer ihr, was Malerei angeht, die Orientierung in unserer kuriosen Umwelt mag geworden sein. Dir und ganz besonders Deiner verehrten

Mutter und Deiner Tante die Versicherung der aufrichtigsten Theilnahme. Das große Alter mildert jeden Hingang und doch werdet Ihr und werden mehrere Freunde im Abschied von dieser Frau, etwas von dem völligen Abschied zu leisten haben, der immer auf dem ganzen Leben liegt: denn es geht eine ausführliche, vielfach verbundene Vergangenheit noch einmal in ihr vorüber.

Was ich Dir zu schreiben hatte, gehört nun nicht recht in diesen Augenblick; trotzdem will ichs nicht aufschieben. Ich hoffte, das am 16. d. M. stattfindende Konzert von Fräulein Auguste Hartmann unter Deine Protektion zu stellen. Sei so gut interessiere Freunde dafür, die Gräfin Schulenburg z. B. wird nicht ungern dort gewesen sein.

Fräulein H. ist eine Freundin der Frau Koenig. Bei ihr hab ich sie mehrere Male singen hören und kenne nahezu dieses ganze sehr bemerkenswerte Programm. Der erste, älteste Theil, bringt, in der Bearbeitung Georg Stolzenberg's, sehr starke und großartige alte Musik und Auguste Hartmann ist gerade für <u>diese</u> Dinge eine unübertreffliche Vermittlerin; keine Frau, von der man charme und Bezauberung erwarten dürfte, aber eine bewegte Künstlerin von weiter menschlicher Spannung, und die auch zu bewegen weiß. Also sprich einigen ernsteren Menschen von diesem Abend und rath ihnen dazu.

Beiliegend einige Programme.

Und sei mir herzlichst gegrüßt.

Dein
Rainer

P.S.: Ganz besondere Beachtung verdient das Bettlerlied (das letzte im ersten Abschnitt) von Breughel'schem Ausdruck, voller Gestalt und reifer Figur.

91. MÜNCHHAUSEN AN RILKE

Schöneberg, 14. II. 18

Lieber Rainer,

Es trifft sich dass am Tage des Konzertes von Frl Hartmann Gussie Römer ein großes Fest gibt (die Berliner gehen jetzt dazu über, ihren Jammer durch Fest auf Fest feste zu übertönen) und alle Menschen bei denen ich anklopfe sagen mir dass sie festen müßten; so werde ich, der des Lazarettzwangs wegen derlei nicht mitmachen kann, dort wohl

nur die Grfn Schulenburg treffen, außer vielleicht einigen Schwestern des tantlichen Vereins.
Die Mutter ist hier, und wir stecken noch in all diesen Verwickelungen die der Aufbruch eines Menschen nach sich zieht; in diesen Zeiten sind all die Dinge natürlich besonders mühsam und erschwert. So wird die Mutter wohl noch ein wenig hierbleiben, zum Sommer denkt sie nach Baden Baden zu gehn.
Militär und Auswärtiges Amt, wie sie sich auch sonst nicht vertragen, sind noch zu keiner Verständigung mich ansehend gelangt, wo soll ich nur immer noch die Geduld hernehmen zum immer weiter Anstückeln!
August 1914 schriebst Du mir, nach Frankreich: Wir überstehns! Das war der Mutter und mir oft ein Trost und Leitwort.
Überstehn wirs? Ach daß sich alles gut wende in dieser schlimmen Zeit!

Lieber! alles Gute!
Thankmar

92. RILKE AN MÜNCHHAUSEN

München, Hôtel Continental,
am 5. März 1918

Lieber Thankmar,
auf die Frage am Schluß Deines letzten Briefes mit irgend Hoffnungen zu erwidern, wäre leichtsinnig, mir schien, was die letzten Tage geschehen ist, in keiner Weise zu einer größeren Zukunft zu führen, es ist alles von einer obstinaten Rückständigkeit und zwischen den Worten und den Handlungen ist die Kluft, in die voraussichtlich noch Jahre stürzen werden.
Aber heute wollte ich Dir nur melden: Frau Hedwig Jaenichen-Woermann, Schwester von Irma Woermann-Rosen kommt nächster Tage nach Berlin; vielleicht freuts Dich, sich ihrer gelegentlich etwas anzunehmen?
Du bist, wenn Du Dich besinnst, orientiert über sie. Ich rekapituliere. Mit ihrem Mann und zwei adoptierten Kindern in Sceaux bei Paris wohnend (als Bildhauerin) floh sie August 1914 mit den Ihrigen. In Dresden, wo ihr Mann gleich einrückte, gründete sie einen

Kriegsmittagstisch, um sich über so viel schwere und jähe Veränderungen durch eine handgreifliche Aktivität fortzuhelfen. Aber über dem Umgang mit so vielen Leuten entstand ihr plötzlich eine eigene Thätigkeit: sie begann zu malen, Du wirst Dich erinnern, Photos von solchen Porträts bei mir in der Keferstraße gesehen zu haben, – es giebt nun hunderte, seien sie nun Kunst oder eben Dokumente einer eigenthümlichen Ergriffenheit zu den Menschen, sie gehen so stark und leidenschaftlich aus dem Erleben dieser Frau hervor, daß man sie muß gewähren lassen. Sie kommt nun von München, ich habe, trotz meiner Verstimmung und Hemmung, gute Stunden mit ihr gehabt, und auch Dir wird sie erfreulich sein. Ihren Schwager Rosen kennt sie noch wenig, – so denk ich kannst Du ihr manches Sympathische von ihm erzählen.
Ich schreibe ihr Deine Adresse.
Wie schien Dir der Hartmann-Abend? ich höre von mehreren Seiten Gutes darüber. Verzeih diesen eiligen ungestalten Brief, bald einen besseren!

Dein
Rainer

93. MÜNCHHAUSEN AN RILKE

[Berlin-Schöneberg] 7. März 18

Lieber Rainer
Frau Jaenichen-Woermann zu sehn wird mir eine recht freundliche Unterbrechung meiner mehr und mehr monotonen Existenz sein; auch Roosens [!] erwarte ich demnächst. Bilder von Frau J. sah ich übrigens im Herbst in Dresden und trage davon eine sehr deutliche Erinnerung. Ihre Pariser Schicksale dagegen waren mir neu.
Renée Sintenis, hier wieder eingetroffen, scheint sich sehr nach einer Nachricht von Dir zu sehnen.
Von mir immer noch nichts definitives; es sind harte Geduldsproben; jedenfalls werd ich Ende dieses Monats wies auch komme das Lazarett verlassen.

Auf bessre Zeiten, Lieber!
Thankmar

94. Münchhausen an Rilke

Langensalza 8. 4. 18
Hotel zum Mohren

Lieber Rainer

Nun ist allerlei zu berichten seit ich durch Frau Jaenichen-Woermann die letzte Nachricht von Dir hatte; zunächst gleich: Das Hohe Militär in Cassel hat also meine Auswärtig Amt Anforderung definitiv abgelehnt, zur staunenden Entrüstung dieses Amts, das aber leider machtlos ist. Viel Gutes war ja von Cassel nie zu erwarten, aber auf dieses Mass von chikanösem Eigensinn war ich doch nicht gefasst. Ich habe also Ende März ins geliebte Cassel zurückkehren müssen und warte; vorläufig bin ich zu der Ers[atz] Eskadron eines Pferde-Jäger R[e]g[imen]ts kommandiert, in dies freundliche Städtchen Thüringens. Eine Anforderung einer rein militärischen Stelle, der Dolmetscher Schule in Berlin, ist unterwegs, aber selbst dieser scheinen vom Cassler Generalkommando Schwierigkeiten gemacht zu werden, damit nur ja vermieden werde daß ein junger Cavallerist auf einen Posten komme wo er was leisten könnte. Immerhin besteht doch einige Hoffnung daß ich mal an diese Behörde komme. Wäre nicht diese Unsicherheit, so würde ich den Frühlingsaufenthalt recht herzlich geniessen; Städtchen und Menschen sind nett und gewiss genau so wie vor 60 Jahren als mein Vater als junger Leutnant hier stand; man lebt in einer angenehmen Art im kleinen Kreise ohne zuviel Zwang im Kasino, reitet morgens etwas aus und hat übrigens recht viel Zeit in seinem saubren großen Provinzhotelzimmer zu lesen oder zu schreiben. Leider freilich hats Langensalza zu einer Buchhandlung mit andren Dingen als Ullstein und Marlitt noch nicht gebracht.

In Berlin sah ich in letzter Zeit noch Renée Sintenis nach ihrer Rückkehr einigemale; neu gibt es ein Zicklein, und eine knieende Frau; beide noch nicht gegossen. Und sehr schön war die Daphne, in Silber von einer ganz wunderbaren Tönung. Auch gibt es als Ergebnis des Winters einige Radierungen (mit der kalten Nadel) die mir sehr schön scheinen. –

Sonst sah ich, für Berlin, recht wenig Menschen; die kleine Frau Dietzel (früher »Der Neue Kunstsalon« in München) entdeckte ich durch einen Zufall, fand sie in einer entzückend unberlinischen Wohnung in der Fasanenstraße zwischen viel Schönem, auch eini-

gen unbenannten Sachen von Marie Laurencin aus 1913-14. Im übrigen war bis zuletzt viel Zeit beansprucht durch Formalitäten hinter meiner verstorbenen Tante und derlei quälendem Geschäftskram.
Nun wüsst ich gern mal wieder von Dir; 8-14 Tage mag dies hier mindestens dauern, sonst kann die Martin Lutherstr 51 als Daueradresse gelten.
Lass es Dir recht gut ergehn und vergiss nicht ganz   Deinen
    Thankmar

95. MÜNCHHAUSEN AN RILKE

Langensalza
Hotel zum Mohren 17. Juli 1918

Lieber Rainer,
so lange weiss ich nichts von Dir, nun höre ich durch einen Brief der Mutter Norberts an die Meine, Du hättest Dich mis dans tes meubles. So scheinst Du entschlossen weiter dem Gang der Dinge von München aus zuzusehen.
Ich – ach wo soll ich anfangen zu sagen wie grauenhafte Monate ich hinter mir und wohl auch vor mir habe; alles von richtigem Krieg draussen war ja so spielend leicht erträglich gegen die dauernde Garnisonexistenz; es ist nicht zu sagen wie gräulich es, in jeder Beziehung, hier ist, und das hoffnungslose ist, dass wegen der militärischen Verhältnisse keine Aussicht ist hier fortzukommen.
Ach Rainer, ich fürchte, mir kommt so vor, als ob mein kleiner Jubelbaum mir hier von den Militaristen abgehackt wird, oh es ist unsagbar, ich kann nichts mehr als gradaus schreien. Wie ist das Klagelied schön (in der »Dichtung« von Herrn Przygode), ich kannte es nicht; es verlässt mich gar nicht mehr.
– Sei lieb und schreib mir mal; ich bin zu allem verdorben.
    Thankmar

96. Rilke an Münchhausen

München, Ainmillerstr. 34^{IV}
am 5. August 1918

Ach, ich vertraue ja immer, daß, wo einmal gewisse Verbindungen etabliert sind, Alles, auch das bloß Gedachte und Empfundene sich mittheile –, sonst müßte ich mir ja täglich vorwerfen, Dich so lange ohne Nachricht gelassen zu haben. (Und ich werf es mir ja auch zur Genüge vor, laß michs nur zugeben).

Lieber, Guter, Du quälst Dich und leidest unter dem ausdauernden Unsinn Deiner äußeren Verhältnisse, und mir (dem die äußeren ja Wahl und Freiheit bis zu einem gewissen Grade zu gewähren scheinen) mir ist das Innre, Innerste vergält [!], da ich's nicht genügend vor der Vordringlichkeit der allgemeinen Zustände zu schützen vermag. Nein, vergält ist kein Ausdruck dafür: ich bin in der innersten Mitte erstarrt, mein sonst im Capillaren aufgezweigtes und vertheiltes Wesen ist aus allen seinen Röhrchen zurückgesunken und bildet etwas wie einen Block tief drinnen: wo ich sonst tausend Mal Pflanze und Erdreich, Luft, Thier, Fisch, Vogel, Welle und Himmel im Inneren war, da bin ich, Gott helf mir, ein Stein, und mich mit mir beschäftigen, ist pure Geologie, ja, bedeutet, die verschiedenen Dichtigkeiten feststellen, die ich von Außen nach Innen aufweise, denn drinnen bin ich am Härtesten! Genau dort, wo ich am Beweglichsten war bin ich die Immobilität selbst, vom Rande schlag ich mir mit dem nächstbesten Hammer was ab, wenns sein muß in jenem jetzt so aussichtslosen Betrieb, den wir, weil wir eben noch die alten Namen für alles gebrauchen, »menschlichen Umgang« nennen, solange bis dafür die zeitgemäßere Bezeichnung M-U-G, sprich »Mug«, wird eingeführt sein. Denn Zusammenkommen, Zusammensetzen bei Thee-Ersatz und Kuchen aus Papier mâché, ach, das ist nur noch »Mug« hier in München, und anderswo wird's nicht besser sein. Also, um dem »Mug« besser zu entgehen, hab ich mich, wie Du schon vernommen hast, dans mes meubles gesetzt, cela veut dire, dans quelques meubles à peu près miens, aber dieses mühsame und risquante Unternehmen hat nicht viel verändern können an dem unheilbaren Provisorium, das in Allem steckt, was man jetzt thut; es müßte schon jeder Stuhl kleine Flügel an den vier Beinen haben, um in diesem Bodenlosen eine Einrichtung darzustellen und

dann blieben immer noch wir übrig, denen die Flügel abgesprochen und untersagt sind, und der traurige Mann wäre nicht heiterer, gebunden wie er wäre an sein taumelig flatterndes Stühlchen.
Ich habe die Wohnung unseres Consuls Baron Ramberg, der geheirathet hat, ja ich habe sogar seine oesterreichische Köchin übernommen, bon, aber welche Ironie, jetzt eine ausgezeichnete Köchin zu haben, wo die Ingredenzien so sind, daß ein Tischlerjunge, der Leim und Späne à fond kennt, der angemessenste Küchenchef wäre. Außerdem hat die Wohnung so und so viel Übelstände und ich selbst habe alle übrigen, so daß uns wirklich nichts abgeht.
Die Leute haben sich mir bei dieser Realisierung meiner Umwelt sehr lieb und beiständig erwiesen, – stell Dir vor, Helen Hessel hat mir das Blatt aus dem Skizzenbuch der Marie Laurencin geschenkt, das wir dort in ihrer Mappe bewundert haben, so ist mehreres Gute auf die neugegebene Stelle gekommen, aber ich war nicht auf der Höhe eines Anfangs –, wer wäre es jetzt? Fragte mich jemand, ich könnte nur noch sagen: <u>Ich kann nicht mehr</u>, aber es fragt ja niemand so, daß man antworten dürfte, alle Fragen werden weitergegeben, von einem zum anderen ins Nichts hinaus, auf das wir uns alle die sicherste Anwartschaft erwerben von Tag zu Tag. Meine Installation heißt keineswegs, daß ich meine Ansiedlung in München damit definitiv machte, nein, ich meinte, im Gegentheil, mit dem bischen neuen Eigenthums besser befähigt zu sein, gelegentlich einen anderen Ort aufzusuchen, oder sammt Haushälterin und Zubehör in ein Landhaus zu ziehen, wovon ich mir die meiste Zuflucht verspräche. Aber das Alles steht im Zeichen der Wage, auf die sich ein Verhängnis häuft, das nächstens durch kein eigenes Glück oder Müssen mehr wird aufzuwiegen sein. Schon denkt man an 1917 zurück, als an eine Zeit der leichteren Aussichten und Möglichkeiten, und 1919 werden uns wahrscheinlich die Zustände, die wir jetzt aushalten, beneidenswerthe und zuversichtliche scheinen. Denn die Welt begeht Selbstmord und wir werden alle Verwesungszustände dieses selbstgefälligen Selbstmörders bis zu den übelriechendsten mitzumachen haben.
Wo ist, wo ist ein einziger guter Gedanke, der nicht unzeitgemäß wäre, wo eine liebe Erinnerung, die man nicht zugleich aufgeben müßte, indem man sich mit ihr beschäftigt, so sehr zu schlecht ist man schon für sie.

Ich sende Dir etwas Lektüre nächster Tage, ein Prosa-Buch von Albrecht Schaeffer, Gespenstergeschichten, von einem Herzlosen erlebt und von einem Chinesen erzählt, wohinter nur ein außerordentlich kühler und berechnender Autor stehen kann. Der Versuch ist gemacht, die <u>ganze</u> Melodie des Grausens zu geben, indem es durch einen erlebt und erinnert wird, der es bis zu Ende kommen ließ in allen seinen Konsequenzen, und manche dieser Konsequenzen sind nicht uninteressant und machen, neben seiner gepflegten Prosa, das Buch beachtenswerth. Derselbe Schaeffer hat leider die Geschmacklosigkeit gehabt (mit Ludwig Strauss zusammen) George's Fünfzigsten Geburtstag zu feiern, indem er in einigen Machwerken Stefan George parodierte und diese Verhöhnung des (wie er vorgab) Äußerlichen in Begleitung zweier Huldigungsgedichte erscheinen ließ. Auch dieses Buch schick ich Dir hinüber, ob es gleich Dein Mißfallen ebenso sicher hat, wie das Meine, es ist, auf seine Art, auch ein »Zeichen der Zeit«. (Dieses muß ich dann zurückerbitten).
Genug.
Das »Klagegedicht«, das Dir nachgeht, ist 1914, im Juny, glaub ich, geschrieben: ich muß damals doch schon Einiges, einiges Unausweichliche vorausgewußt haben. Ich hielt sie damals für gültig, diese Klage, aber ja, nun ist sie's endlos, grenzenlos und unaufhörlich.

Es läutet, ich bekomme Besuch, muß schließen. Leb wohl, der Brief soll diesen Abend fort, Du hast lange genug gewartet.
Rainer

97. Münchhausen an Rilke

Baden Baden Werderstr. 11
22. 10. 18

Lieber Rainer,
wirklich, ich bin der Undankbarsten Einer: so schnell und geschwätzig ich bei der Hand war, aus meinem Langensalzer Jammertal bewegliche Klagelieder Dir vorzugreinen, so faul und langsam bin ich jetzt da es mir gut geht. Denn, soweit das heute nur überhaupt möglich ist, es geht mir gut: seit ca. 5 Wochen, schon, bin ich auf Grund vieler langatmiger Kommissionsuntersuchungen meiner Asthmasachen

wegen vom Militär völlig gehen gelassen; Du magst Dir vorstellen wie beglückend diese Befreiung war, gerade nach dem irrsinnigen Unsinn meiner Langensalzer Existenz.

Nun bin ich etwas herumgefahren und sitze vorläufig ganz ruhig bei der Mutter im kleinen Häuschen. Leider sind die Bronchen nach wie vor rebellisch und quälen mich etwas. Das muss sich erst beruhigen, ehe man daran gehen kann irgendwelche weiteren Pläne zu machen – und dieser abgelegene ruhige Ort ist ganz freundlich geeignet abwartend von ferne dem Ablauf dieser schlimmsten Zeit zuzusehen. So bleib ich gern hier bis sich die Weltdinge ein wenig geklärt haben.

Vorteil der Langensalzer Krankheitsruhe, der einzige, war dass ich zu einigen Büchern Zeit fand. Dann noch für Josef Montfort, der mir sehr gelegen kam als ich im Bett lag und mich langweilte. Viel Freude und Trost sind mir, immer noch mehr, die Louise Labé Sonette, und je unaktueller die Dinge sind, desto eher hat man eine Möglichkeit sich mit ihnen abzugeben. Hier hab ich mich freilich, durch einige Dinge von Max Weber in Heidelberg beeindruckt, der Sociologie in die Arme geworfen, bin auch wieder, aus Zärtlichkeit für frühere Zeit, in Heidelberg immatriculiert und umgebe mich mit dortigen Bibliotheksbüchern, sehe aus wie ein artiges Tintenbüblein.

Vielleicht bist Du in diesem Lande und kommst hier vorbei; vielleicht auch fahr ich mal, meine Freiheit geniessend, sowie sich die Grippegefahr mindert, nach München; jedenfalls, hoff ich, gibts bald eine Seh- und Sprechmöglichkeit!

Bis dahin alles Liebe und Gute!
Thankmar

98. MÜNCHHAUSEN AN RILKE

Baden-Baden
Werderstr. 11
13. 12. 18

Lieber Rainer,

es fügt sich mir so, dass ich in einigen Tagen gern etwas nach München käme, wohl für den 20-23ten; hier habe ich ruhige eingezogene gute Monate gehabt und hätte nun gern einige Bewegung;

nach welcher Richtung nun, mache ich im wesentlichen davon abhängig ob ich Dich in München finde – willst Du so lieb sein und mir ein schnelles Wörtlein darüber zukommen lassen?

Es grüssen Dich sehr die Mutter und
Thankmar

99. MÜNCHHAUSEN AN RILKE

Telegramm [Baden-Baden, 16. 12. 1918]

finde ich dich freitag bis montag in muenchen
thankmar werderstr 11

100. MÜNCHHAUSEN AN RILKE

Baden-Baden 1. Januar 1919

Lieber Rainer,
schnell ein paar gute Worte für das kommende Jahr; ich hoffe wir mögen uns allerhand Besserung davon versprechen dürfen.
Gibt es Herrn Han[n]s Holdt noch? Und machts Dir nicht zu sehr Mühe seine Adresse zu finden und auf den mitgesandten Brief zu schreiben; meine Mutter möchte noch eine Copie von einem der damaligen Bilder haben. Wieder nutze ich Deine Güte in schamloser Weise aus.

So sehr lieb waren die Tage in München mit Dir; war unser Weg im fallenden Schnee nicht schön? Nun fahr ich morgen, ungern genug, nach Berlin, zu sehen wie man dort tobt, und ob irgendwo ein wenig Luft zu spüren oder gar etwas Menschliches zu sehn ist in all dem Wust.

Sehr lieb
Thankmar

die Mutter grüßt bestens!

101. MÜNCHHAUSEN AN RILKE

Baden-Baden
17. Mai 1919

Lieber Rainer,
ist das wirklich schon bald wieder ein halbes Jahr dass ich in München bei Dir war – trotz dem vielen was innen und außen vorgegangen ist. Seitdem scheints mir doch erst eben gewesen zu sein dass wir aus dem Odeonkasino in die schöne Schneenacht traten. Also von mir zu berichten – ich war in Berlin von Januar bis April und als ich mich vor den Ostertagen nach München zu in Bewegung setzte ging schon kein Zug mehr – schade – eigentlich hätte ich ja diese Karikatur einer Revolution ganz gern etwas näher gesehen, – oder wars plustôt [!] langweilig oder scheusslich? So bin ich nun direkt nach Heidelberg gesiedelt und habe durch Glück ein nett klein Wohnungchen gefunden, spinne mich ein und kann, in kleiner Art, einen freundlich bescheidnen Sommer erwarten. Gundolf erzählt viermal in der Woche wichtige Dinge über die Romantik, Alfred Weber hat ein mir wichtiges volkswirtschaftliches Kolleg – sonst seh und hör ich bisher nichts und versuche fleissig zu sein, woran mich bisher das schöne Wetter gehindert hat – indem es zu verlockend am Neckar hinauf oder in die Berge zu laufen.

Merkst daß ich mich bemühe Heidelberg anziehend zu schildern – nicht ohne egoisten [!] NebenGedanken – sag – denkst Du noch vielleicht dran für den Sommer Dich irgendwohin umzusehen? Zu sagen ist daß in Heidelberg <u>selbst</u> Zimmer oder Wohnung zu finden augenblicklich kaum möglich ist, auch die Verpflegung in der Stadt ist nicht am besten – ist man aber nicht mit der Universität unbedingt verheiratet und kann irgendwo draussen wohnen, so hat mans recht gut glaub ich, von Neckargemünd, was schön ist, weiß ich dass man anständiges, einfaches freilich wohl, aber doch zureichendes Zimmer mit reichlicher Landverpflegung für 2° M Pension am Tage haben kann und derlei dürfte sich mehr finden lassen.
Für den sonnabendlichen Ausflug nach Baden Baden geht ein D. Zug vormittags – Montag früh pflege ich zurück zu fahren.
So, nun wirst Du natürlich längst schon irgendwo friedlich auf dem Lande sitzen und ich habe meinen Prospect umsonst losgelassen. –

Aber es wär so nett – ich glaub Du hättest angenehme Ruhe irgendwo im Neckartal mit guten Streifen in Wald und Berg – es könnt schön sein – und Fahrten in die freundlichen verschlafnen Städtchen.

Sag bald ein Wörtchen

Heidelberg
am Markt 5

Thankmarn

102. MÜNCHHAUSEN AN RILKE
Heidelberg Marktplatz 5   Baden-Baden   Werderstr. 11
28. 6. [19]19

Lieber Rainer,
um Pfingsten traf ich in Heidelberg Herrn Rapp der mir berichtete Du habest nach mir gefragt – so vermute ich, dass ein Brief der vor ca 6 Wochen an Dich ging noch in den Nachwehen der Münchner Unruhen untergegangen ist – was noch Wahrscheinlichkeit gewinnt, da auch ein gleichzeitiger Brief an Frau von Hellingrath keine Antwort gefunden hat.

Also ich sitze seit Anfang Mai hier unten, in der Woche in Heidelberg, Samstag-Sonntag im Badenhäuschen, und eigentlich hatte ich ja durchaus gehofft zumindestens in Heidelberg irgendwann einmal Dich herumführen zu können. Es war für mich ein durchaus schönes und gutes Semester, mit ruhiger Arbeitsmöglichkeit und teils freundlichen teils erträglichen äusseren – Wohn und Ess – Verhältnissen und ich könnte mir eigentlich denken dass auch Du, zumindest für ein paar Tage, wohl auf Deine Kosten kommen könntest. Gundolf hält ein schönes Kolleg über die Romantik, für mich ist noch wichtiger Alfred Weber, Max Webers jüngerer Bruder, wie mir scheint ein außerordentlich visionärer, das Wichtige zusammenschauender Mensch, und ein Lehrer wie wohl die Humanisten waren.

Nun ja; sag, soll ich mich irgendwo im Neckartal nach einer ruhigen guten Bleibe umtun, oder darf ich Dich wenigstens mal für ein paar Tage erwarten daß Du siehest ob hier ein Boden für Dich sein könnte. Die Bernusse sind jetzt ja wohl auch auf dem Stift.

Alles Herzliche und Liebe Dein
Thankmar

103. RILKE AN MÜNCHHAUSEN

Soglio im Bergell (Graubünden) Schweiz /
am 4. August (1919)

Mein lieber guter Thankmar,
nein: es ist kein Brief verloren gegangen, beide Deine Nachrichten haben mich erreicht, aber die zweite, die vom 28. Juny, : sieh nur: Wo. Daß ich die erste nicht gleich beantwortete, lag schon an der bevorstehenden Reise, die, nach so langer Immobilität und zuletzt nach allem in München Durchgemachten und Erfahrenen, ein Ereignis für mich war: das wichtigste, das mir kommen konnte. Und als dann Dein zweiter Brief, der nachgeschickt werden mußte, mich erreichte, war ich in den Städten, wars Bern oder Zürich, hatte Menschen über Menschen und keine Ruhe. Erst hier: Soglio im Bergell, eine Stunde kaum von der italiänischen Grenze, wo ein altes Stammhaus der Salis (mit denen Ihr ja auch verwandt seid) als Hôtellerie eingerichtet ist, sammt alten Möbeln, Boiserien, Stucs und den repräsentativen Säulenbetten des Settecento, – einen alten französischen Terrassengarten mit beschnittenem Buchs nicht zu vergessen –: erst hier also hoff ich mir einige Ruhe zu schaffen und auf die Besinnung zuzutreiben, die, über den cauchemar der letzten Jahre hinaus, einen ins freie Eigene emportrüge. Wie lang ich bleibe? Unbestimmt. Das Ende wird sein, was den Anfang bildete: Nyon am Genfersee, eine schöne Gastlichkeit bei einer Gfn. Dobrženský. Aber dann: der Winter? Ob ich dann nach Heidelberg sollte? Offengestanden, stell ich mir nichts vor unter dem Namen »mein nächster Winter«. Er soll, er muß arbeitsam werden. Aber: wo? wo? / Ich freu mich, daß Du Dich befriedigt vernehmen läßt. Gundolf's Kolleg ist sicher werthvoll und mittheilend und, was Du von Alfred Weber schreibst, scheint mir noch mehr. Leb wohl, mein Lieber, laß Dich wieder lesen, bald.

Rainer

Deiner Mutter Liebes und Anhängliches. / Eh ich von München fortging, war Lou einige Wochen bei mir.

104. Münchhausen an Rilke

22. August 1919 Heidebrink auf Wollin (Ostsee)

Lieber Rainer,

so es mir leid tut Dich wenn ich mal über München komme dort nicht zu finden, so glaube ich doch viel mehr mich freuen zu sollen, daß Du endlich die Möglichkeit hast die Welt von einem Punkt außerhalb unserer Zuchthausmauern anzuschauen. Mir scheint Du magst nicht wieder nach München zurück, und nichts würde ich richtiger und begrüssenswerter finden – Du kennst meine Abneigung gegen diese Stadt die durch all ihre Freundlichkeiten und Reize sterilisiert. Freilich, wo bleiben? Was Heidelberg angeht so besteht das mir Wichtige daran zu einem massgebenden Anteil im Zusammenklang von dem was Menschliches: Stadt und Universität: gibt mit der Landschaft, die ich im Winter nicht kenne deren Art und Aufbau aber sicher mehr auf Frühling und Sommer und Herbst eingerichtet ist, so dass ich zum Winter dort, trotzdem er durchaus alle Chancen hat gut zu werden, nicht mit dem gleichen Elan zuzureden wage wie zum Sommer. Schön wird sicher Gundolfs Kolleg über die Dichtung des deutschen Barock. Alfred Weber ist vorhanden, und für sog. Anregung sorgt eventuell auch die Familie Gothein.

Quand à moi, so ist auch mir der Winter absolut undeutlich. Den September und Oktober denke ich in Heidelberg zu sein, dann, ach wie gern, möcht ich in die Schweiz, aber die Valutaschweinerei wirds mir wohl nicht gestatten. Eben bin ich an der Ostsee, seit 14 und noch für 8 Tage, mit Hessels die Dich freundlich grüßen. Mit meinem Sommer kann ich wohl recht zufrieden sein; sähe man nur irgend ein Lichtlein des Weiterlebens, irgendwo.

Lieber, bitte, sag mir in nicht zu langen Intervallen wo Du bist: Du weißt nicht wie beruhigend mir oft das blosse Bewußtsein ist ich könne zu Dir fahren und mich mit Dir bereden. Kommst Du am Rückweg aus der Schweiz über Basel und den Rhein herunter so denk ans Badener Häuschen.

Leb wohl! Alles Gute und Herzliche!
Thankmar

105. Münchhausen an Rilke

38 Ingrimgasse
Heidelberg
[16. 10. 1919]

Lieber Rainer,
Dein letzter Brief, der mich dort oben am Meere traf, liess doch so etwas wie eine Möglichkeit offen Heidelberg könne für Deinen Winter in Betracht kommen. Nun bin ich jetzt seit kurzem wieder hier und kann ungefähr dies sagen: nicht mehr kommt diese unsägliche Lieblichkeit süddeutscher umgebender Natur dem Städtchen so zu Hilfe wie im Frühling und Frühsommer, es ist mehr auf sich angewiesen; aber, ich finde, es besteht gut, es hält sich wacker; ich könnte nicht sagen warum, aber mir scheints dass die entsetzliche Scheusslichkeit Deutschlands und der Deutschen, sonst wohl die selbe von Königsberg bis Freiburg, hier durch irgend etwas gesänftet ist, weiss der Himmel wodurch, vielleicht durch die Günderode die vor hundertzwanzig Jahren hier umherging und liebte.
So scheints mir, wenn man in Deutschland sein muss, auch jetzt noch, winterlich, ein bewohnbarer Ort; ohne dass man verwöhnt oder verzärtelt wird, bei Leibe nicht, aber man wird etwas weniger gestört und zerstreut.
 Lieber;
mir ist geschehn in diesem Sommer, magnum dico.
Nun habe ich, zwischen Gedichten, den Malte Laurids Brigge gelesen, zum ach wievielten, zum ersten Male wie mir scheint; ich müsste nun fragen, nicht wahr; ich glaube ich bin nun einer der fragen könnte, von langsamer Entwicklung wie ich bin scheint mir das schon etwas heissen zu wollen. Aber wie soll ich wissen ob ich der bin der <u>Dich</u> so fragen könnte dass Du antwortetest?
 Wie war das nur, unfasslich scheint mir das jetzt, dass Du mir damals in Berlin so viel Zeit schenktest und ich auch nicht einen Versuch machte zu einem Gespräch, war denn diese Uniform eine solche Behexung? Wie kam das nur? War ich denn so gefälscht all die Jahre lang. –
Ich bin allein hier, nun ja, ich bin ja nie anders als allein gewesen unter all den Menschen, aber ich bin alleiner jetzt, mein Alleinsein ist von etwas besserer Qualität.

1. Th. v. Münchhausen und seine Mutter Anna v. Münchhausen. Berlin-Lichterfelde, 1901. Privatbesitz
2. Th. v. Münchhausen und sein Vater Thankmar v. Münchhausen, sen. 1908. Privatbesitz.

3. Th. v. Münchhausen und seine Mutter.
Brogyán, 1913. Privatbesitz.

4. Rilke während seines Aufenthalts in der Villa Sommerberg.
Bad Rippoldsau, 1913. Deutsches Literaturarchiv, Marbach.

5. Lou Andreas-Salomé. 1897.
Sammlung Ernst Pfeiffer, Göttingen.

6. Rilkes Frau und Tochter: Clara und Ruth.
Rilke-Archiv Gernsbach.

7. Th. v. Münchhausen. Göttingen, 1914. Privatbesitz.
8. Th. v. Münchhausen. Göttingen, 1914. Privatbesitz.

9. Th. v. Münchhausen in Husarenuniform. München, 1915. Privatbesitz.

10. Rilke nach der Einberufung in Wien. 1916. Deutsches Literaturarchiv, Marbach.

11. Th. v. Münchhausen und Marie Laurencin.
Heidelberg, 1920. Privatbesitz.

12. Rilke in Sierre. Schweizerisches Literaturarchiv, Bern.
13. Rilke im Jahr 1923. Schweizerisches Literaturarchiv, Bern.

14. Th. v. Münchhausen und seine Frau Isa,
geb. v. Schalscha-Zieten. Smolitz, 1930. Privatbesitz.

Ich spräche Dich gerne Rainer, ich kanns nicht verhalten das auszusagen, es ist ja sonst kein Mensch da und ich habe noch nie mit einem Menschen gesprochen, da ich ja auch noch in keiner Weise erwachsen bin wie die Erwachsenen.

Leb wohl, Lieber.
Thankmar

106. MÜNCHHAUSEN AN RILKE

Heidelberg 15. 11. 19

Lieber Rainer,
könnte ich dich, falls ich im Dezember oder Januar in die Schweiz kommen sollte irgendwie sehen und wo?

Alle lieben Grüsse
Thankmar

107. RILKE AN MÜNCHHAUSEN

[Aufdruck:] Bellevue Palace
Berne,
am 25. Nov. 1919

Mein lieber Thankmar,
Geduld, noch eine Weile! Dann schreibe ich. Dein lieber, wacher, (erwachter) Brief hat mich nicht unempfindlich gefunden, sondern froh und dankbar. Und hat mich Dir, wenn das noch nöthig gewesen wäre, mit dem ganzen Herzen zugekehrt. Ich hätte das gleich sagen müssen. Aber mit Soglio, das ich am 21. September verlassen habe, ist wieder einmal aller Boden unter mir weggezogen. Des hôtels, des changements continuels, dans ces circonstances, je suis incapable d'écrire; d'autant plus que je me trouve depuis un mois dans une tournée de conférence, de ville en ville! Imagine que cela me fait des dépenses immédiates; il ne reste rien pour les lettres.
Très incertain de mon futur et tout disposé de me tenir encore en Suisse (pour une partie du moins de l'hiver –) j'ai provoqué une invitation au Tessin, chez des personnes que je ne connais pas personellement, mais qui on(t) juré de me cacher à tout venant.
Si tu viendrais en Suisse en Décembre, tu m'y trouverais sans faute,

pour Janvier je ne saurais encore rien assurer, seulement je te tiendrai au courant.

Tout m'arrive entre temps par l'Hôtel Baur au Lac, Zürich, ou par le »Lesezirkel Hottingen« à Zürich également, qui me font suivre régulièrement mon courrier.

Je te salue, mon cher et t'embrasse

Rainer

108. Rilke an Münchhausen

Locarno (Tessin)
Pension Villa Muralto,
am 15. Januar 1920

Lieber Thankmar,

wüßte gerne, wie's um Dich steht; aus Deinem in-die-Schweiz-Kommen ist wohl nichts geworden? Trotzdem scheinst Du nicht eben auf einer Stelle zu sitzen, Marie Laurencin schreibt mir »qu'il change de place tous les cinq minutes« et qu'on ne sait pas où lui écrire . . . Eh bien – und das in diesem anstehenden Deutschland, wo doch, wie es scheint, fast keine Züge gehen. Lieber, comment faites-vous? J'éspère tout de même que vous ne soyez pas à Berlin . . . (Marie L. wird Dir geschrieben haben, wie gut wir einander in Zürich begegnet sind; nun ist sie in dem, scheints, wunderschönen Haus ihrer Schwiegermutter, Frau von Wätjen (geb. Vautier) Hompeschstraße 14, ein bißchen außerhalb Düsseldorfs, aber auch, cela se comprend, ein bißchen außerhalb von allem, – das macht sich ihr natürlich fühlbar, dieser exklusive Zustand, den's für eine Pariserin⟨nen⟩ in ihrer Athmosphäre [!] nie geben kann. Darüber hilft alle Lieblichkeit und alle theilnehmende Empfindung des Intérieurs nicht weg. Trotzdem bleibt man, paraît[-]il, den Winter über dort, man denkt an München, verspricht sich etwas davon, aber Marie Laurencin und München, vous voyez cela? Pour un tout petit moment peut-être, mais on ne pourrai jamais admettre qu'elle y habite . . .

Au fond il n'y a que Paris pour elle, – mais ce Paris ne veut pas d'elle, et puis c'est un Paris défiguré qui ne lui donnerait point du tout ce qu'elle pouvait demander autrefois. Il me semble, qu'elle serait contente de causer avec vous. Elle a, il est vrai, son beau-frère Fridberg, le

musicien, qui lui est très-sympathique, mais entre vous ce serait autre chose encore.
Que travaillez-vous, mon cher?; moi, je ne trouve plus ici l'entourage qu'il me faudrait, et la Suisse commence à se faire étroite comme tout autre pays, où on ne se trouve que par hasard. Toutefois je crains de rentrer et de me soumettre de nouveau à toutes ces difficultés supportées pendant tant d'années de malheur. Je voudrais m'y tenir jusqu'au printemps, si cela réussit. Une hospitalité à la Campagne près de Bâle qui me promet une retraite absolue, m'aidra peut-être, mais je n'y irai qu'au mois de Février. Si vous me donnez signe de vie, envoyez-le encore ici, et parlez-moi de tout ce qui vous touche un peu de près –
Hast Du schöne Bücher gesehen?
Weihnachten ging ins Land, Neujahr –, mein Lieber, sei's Dir ein herzliches, dieses: 1920!

Rainer

Deiner guten Mutter mein Wünschen und verehrendes Gedenken!

109. RILKE AN MÜNCHHAUSEN

[Telegramm. Locarno, 14. 2. 1920]

falls du gleich reisest müsstest du meine dispositionen in zürich abwarten da ich selber wahrscheinlich nur noch wenige tage Locarno bleibe tue nach deinem ermessen freue mich dich zu sehen jetzt oder später

rainer.

110. MÜNCHHAUSEN AN RILKE

Baden Baden
Werderstr. 11
16. Februar [1920]

Lieber,
nein, wenn Du eben unterwegs bist oder im Begriff Dich auf zumachen, so ists dann wohl für uns beide gelegener ich verschiebe mich um ein kleines; es wäre ja schön gewesen Dich noch dort unten zu finden wos sicher jetzt eben, was die Natur angeht, herrlich ist und wo ich ausserdem durch den seit Jahren nun in Ascona hausenden

Freund Kauders wohl eine relativ billige Existenzmöglichkeit gefunden hätte, denn an Sachen wie Baur au Lac kann ich natürlich nicht denken. Nun sei gut und schreib mir wann und wo Du mich für ein paar ruhige stille Tage haben magst, am liebsten so um den ersten März, eher etwas früher; ich bleibe vorerst hier in B[aden] B[aden].

Von Maria Laurencin kommen ziemlich trostlose Briefe: Düsseldorf entre toutes les villes est prodigieusement moche; n'y mets jamais les pieds: schreibt sie. Ich würde sie so gerne sehen; im Moment scheint sie Aussicht zu haben für eine kleine Zeit nach Paris zu dürfen. Mais où la loger en Allemagne? Munich – ça ira peut[-]être pour 3 à quatre semaines, et encore je ne vois pas qu'elle trouvera ce qu'il lui faut, als Athmosphäre [!]. Es geschieht ihr ja ganz recht, was hat sie auch einen boche zu heiraten, bemerke ich nicht ohne rancune.

Schrieb ich Dir eigentlich dass ich mir den hohen philosophischen Doktorgrad erworben habe? Es ist ausserordentlich ridicule. – Dies ist das einzige Ereignis meines äußeren Lebens, ridiculusmus, sonsten lebe ich, innen in mich zusammengenommen soweit es gehn mag, bald hier bald dort.

Von Büchern wüsste ich nichts zu sagen; unter der sogenannten akademischen Jugend richtet das Buch des Herrn Spengler nicht unbeträchtliche Verwirrung an. Kein Mensch dagegen hat Kassners Zahl und Gesicht beachtet, was doch weiss Gott wichtigere Dinge enthält.

Leb gut, Lieber, gib bald ein Tönchen Deinem

                                                       Thankmar

111. Rilke an Münchhausen

                             [Telegramm] Basel. 3. 3. [1920]
eben installiert gut schönenberg bei pratteln baselland würde es dir ebenso recht sein später etwa ende märz herzukommen? brief folgt grüsse

                                                        Rainer

112. Rilke an Münchhausen

Gut Schönenberg bei Pratteln,
Baselland,
am 6. März 1920

Du wirst, mein Lieber, aus meinen Telegrammen nicht recht klug geworden sein –, kein Wunder: sie gingen aus einem höchst ungenauen Zustande hervor, über den mir selber die Übersicht fehlt. Ich kam auf den Schönen-Berg in Verhältnisse, die mir noch ganz unbekannt waren, als Gast auf ein Gut, dessen Eigenthümer bis zum May in ihrem Stadthause bleiben, so daß ich draußen, in dem Hause des Pächters, ein stilles ländliches Alleinsein antreten sollte. <u>Wie</u> dieses näher beschaffen sein würde, daß mußte eben nach und nach aus meinem Einwohn-Versuche hervorgehen. Da ich den nun, Mittwoch, begann, schien mir, als ob das Alleinsein eine wesentliche Bedingung meiner Orientirung und Auffassung des neuen Ortes sein würde, – dies umso mehr, als ich in Locarno eine fortwährende, sehr erschöpfende Ausgabe zu leisten hatte und überhaupt in der Schweiz noch so selten allein war, ob dies gleich, gerade <u>dieses</u>: Allein-zu-sein, den rechten Unterschied zu München ausmachen sollte. Der Schönenberg wurde mir als ein solches refuge angeboten, das ich umso eindeutiger in diesem Sinne auszunutzen mich bereithalten mußte, als meine Schweizer Erlaubnis am 30. März abläuft; es schwebt nun noch, ob wir eine neue Prolongation, etwa bis May, erreichen können. Meine Langsamkeit ist so groß, daß ich mir die hiesige Abgeschlossenheit kaum recht ergiebig zu machen verstünde, wenn sie auf die Märzwochen beschränkt bliebe, deren erste eben schon vorüber ist.

Dieses, Lieber, waren ungefähr die Umstände, aus denen heraus ich Dich fragte, ob Du ebenso leicht gegen März-<u>Ende</u> kommen könntest. Noch bin ich ohne Antwort. Seit ich aber nun hier wohne, scheint es mir so:

daß Du doch <u>jeden Augenblick</u> kommen könntest, wenn es Dir <u>jetzt</u> am Besten paßt, <u>*sofort*</u>, vielleicht hilfst Du mir sogar, in ein paar Tagen Deiner Gegenwart, den Schönenberg rascher an-wohnen. <u>Thu's</u>, wenn Du so fühlst, und Deine Verhältnisse Dir gerade jetzt die Reise passend machen. Du würdest hier mit mir einige Tage Gast meiner Gastfreunde sein können, à ton aise, ja Du hast, wie sich herausgestellt hat, alles Anrecht darauf, ein älteres selbst, als ich: die

Eigenthümerin des Schönenberges ist Frau Helene Burckhardt-Schazmann, die Mutter Carl Burckhardts, Deines Freundes von Göttingen her, des jetzigen Attaché an der Gesandtschaft in Wien. In meinem »Pächterhause« wohnen sommers die jungen Leute, Burckhardts Schwester, Frau v. d. Mühll mit ihrem Manne: alle kennen Dich, erinnern sich Deiner –, und mir scheint nun, auf diese besondere Fügung hin darf ich Dich gar nicht aufschieben, sondern schreibe einfach, komm, sobald es Dir recht ist. Du hast, wie wir feststellten, eine Reise von höchstens drei Stunden. Also nach Deinem Ermessen –; von der Mühlls werden allerdings ab Dienstag für acht Tage nach Paris gehen, aber Frau B. träfest Du auch jetzt an, in dem schönen Ritterhofe in Basel.

Vos décisions, s'il vous plait.
Rainer

113. MÜNCHHAUSEN AN RILKE

Baden Baden 9. März 1920

Gut, lieber Rainer, das ist schön so; gern komm ich nach dem Schönenberg. Nun muss ich allerdings morgen noch einmal nach Heidelberg, für einige Besprechungen; am Freitag, denke ich, kann die Fahrt dann losgehen, Ankunft in Pratteln – eventuell am Samstag, da ich vielleicht ein wenig in Basel bleibe – melde ich rechtzeitig. Dieses trifft sich ja sehr konform dass Du im Hause Burckhardt bist; sag doch, so Du sie sehen solltest, der gnädigen Frau alles Ergebne de ma part.

Also auf bald!
Thankmar

114. MÜNCHHAUSEN AN RILKE

[Postkarte. Baden-Baden, 12. 3. 1920]

Lieber, ich werde noch ein wenig hier festgehalten, und da am Sonntag keine Züge fahren, so mag es wohl Montag werden bis ich loskomme. Sollte indessen sich schon voreilige Post dort einfinden so heb sie mir bitte gütig auf.

Freitag.   Alles Liebe!   Thankmar

115. MÜNCHHAUSEN AN RILKE
[Telegramm. Baden-Baden, 12. 3. 1920]
Eintreffe hoffentlich morgen Samstag spätestens Montag
Thankmar

116. MÜNCHHAUSEN AN RILKE
[Telegramm. Baden-Baden, 13. 3. 1920]
Eintreffe Pratteln Montag wahrscheinlich.   Thankmar

117. MÜNCHHAUSEN AN RILKE
Dornburg-Saale, 14. 4. 1920
Altes Schloß
Lieber Rainer,
ich bin ein nichtswürdiger Mensch dass ich auch nicht ein Wörtlein des Danks, weder an Dich noch an die guten Basler Gastfreunde, herausgebracht habe, und ich kann als Entschuldigung nicht aber doch als Erklärung nur die ausserordentliche Unruhe anbringen, die bislang mit mir gemacht hat was sie wollte und mich schon wieder durch allerlei Teile Deutschlands gehetzt hat ohne dass ich irgend so viel Atem geschöpft hätte als not tut einen Brief hinzuschreiben. Dies hier ist nun der erste Punkt der auch als Umgebung so freundlich ist dass mans wagen kann sich der Schönenberger und Basler Tage zu erinnern, ich bin jedesmal von neu erstaunt wie schön diese alte Dornburg ist und wie herrlich noch speziell Sophiens Wohnung darin, sie hat das wirklich äusserst glücklich getroffen und es ist so schön dass in ihrem sonst etwas traurigen übriggebliebenem Leben wenigstens alle äusseren Dinge sich bemühen sich so reich und gut zu benehmen als sie nur können.

Aber diese Dornburg ist wirklich auch das einzige was man in einem Atem mit Schweiz nennen kann, und was dazwischen war – nein. Ich muss Dir raten Deine Erwartungen auf die deutschen Dinge so tief anzusetzen wie es nur irgend möglich ist. Für Freiburg konnten Freyholds mir nur sehr geringe Hoffnungen machen – irgend etwas nettes wird sich kaum finden lassen, möblierte Studentenzimmer sind, vor allem ausserhalb der Stadt, wohl immer genug zu haben aber wie weit die über die Notdurft hinausgehen ist fraglich. Jedenfalls stehen Dir Freyholds mit jedem Rat zur Verfügung, er hat ja sehr viel Zeit da er kaum malt und kennt in und um Freiburg alles aus vielen Jahren. Die Adresse: Freiburg-Zähringen, Pochgasse. Übrigens war Freyhold im Januar in Winterthur und denkt im Sommer in den Tessin zu gehen.

Und sonst – Wertheim ist nichts, Helen Hessel die einen Monatlang die ganze Ostsee Küste und deren Hinterland abgesucht hat konnte weder für sich noch für uns irgendetwas finden; ich höre von einem Gutshause in der Göttinger Gegend, das ein Herr von Schnehen dem dort mehrere Güter gehören vermieten muss – aber alles in allem ist so geringe Aussicht irgendetwas nettes zu finden, und alle Sachen sonst haben sich in Deutschland in dem Jahr das Du draussen warst so ungeheuer scheusslich entwickelt dass ich doch nicht weiss wie weit man Dir mit gutem Gewissen raten darf herzukommen solange Du andre Möglichkeiten hast – Böhmen oder Schweiz.

Empfiehl mich doch sehr im Hause Burckhardt-von der Mühll, es ist mir bisher nicht gelungen einen präsentablen Brief nach Basel zusammenzubringen, ich denke dass es in diesen ruhigen Tagen mir besser glücken wird. Ich bin vorläufig hier, bitte zeig mir doch hierher an wenn in Deiner Biographie sich Änderungen einstellen in denen ich vorkomme. Alles Liebe, und Dank,

Thankmar

Marie Laurencin, augenblicklich in Paris, chez Mme Groult, 29 rue d'Anjou. Fragt nach Deiner Adresse.

118. Rilke an Münchhausen

Gut Schönenberg bei Pratteln
Basel-Land,
am 29. April 1920

Mein lieber Thankmar,
niemand hier hat Dein Schweigen unmoralisch gefunden, nach Deutschland zurückzukehren ist keine kleine Anstrengung, das absorbiert; außerdem hast Du (osterhaasig) in der R. M. R.-Sammlung von Frau v[on] d[er] Mühll einige Beiträge zurückgelassen, die für einen ausbleibenden Brief entschädigen konnten.

Dabei hätten wir allerdings gerne gewußt, wie es Dir ergeht und sind nie zusammengekommen, ohne uns gegenseitig nach Dir auszufragen.

Inzwischen war hier nicht alles zum Besten: kurz vor jenem letzten Termin, den die ménage v[on] d[er] M[ühll] sich für die pariser Reise, – die unaufhörlich aufgeschobene –, gesetzt hatte, erkrankte er an einem neuen Anfall der Grippe, der den früheren an Heftigkeit und Langwierigkeit übertraf; so wie er nur einigermaßen darüber fort war, schwach und ziemlich abgemagert, (was, ihm recht anschaulich darzustellen, die baseler Verwandtschaft sich nicht genugthun konnte), so reisten sie – nun aber nicht nach Paris, sondern an den Comer-See, in der stillen Hoffnung, von dort aus weiter zu gelangen. Augenblicklich sind sie in Venedig, – ich habe gestern hin geschrieben.

Im Vorderhause des Ritterhofs ist alles unverändert, ich habe mehrmals dort gefrühstückt, bin überhaupt die letzte Zeit öfters in der Stadt gewesen, was weniger einem Bedürfnis nach ihr zuzuschreiben ist, als der Unruhe, mit der die Unsicherheit alles Übernächsten in mich hineinwirkt.

Was Du schreibst überrascht mich nicht. Ach, ich bliebe gern fort oder ginge nach Italien, aber die Valuta ist dem allen gleichmäßig im Wege. Dazu schreibt mir Rosa, athemlos, die Ausweisung aller nach dem 1. August [19]14 nach München Zugezogenen beträfe auch mich, ganz und gar, – man sagte es ihr auf der Polizei; Ausnahmen würden keine gemacht; auch hätte ich, nach dieser Verfügung, schon kein Recht mehr auf meine Wohnung. Sie könne jeden Tag belegt werden. Voilà des circonstances absurdes: ich werde demnach um die Mitte May zwischen zwei Ausweisungen stehen.

Laß Dir nun die Erleichterung der Dornburg zu einem Aufathmen gedeihen und mach Dir schöne Ferien daraus. Es drückt mich immer noch sehr, daß ich so ganz unfähig war, Dir die Baseler und schönenberger Tage erfreulich auszufüllen. Wie gern will ich das einmal gutmachen, wenn ich es erst wieder zu einem Ausruhen und zu einer innerlichen Fortsetzung meiner selbst werde gebracht haben.

Ich rechne sehr auf Deinen Beistand bei meiner Rückreise, sei es,

daß wir uns in Freiburg treffen oder sonst irgendwo, jedenfalls, wenn Du's irgend einrichten kannst, sei dann doppelt rechts und links von mir, pour adoucir les secousses de ce robuste désespoir qu'est »le Reich« actuel –
Bring mich bei Sophie von Bülow in die alte Erinnerung-, und sonst, Lieber wo Du's für gut hältst und sei umarmt und gegrüßt.

Rainer

P.S. Die Taschentücher bring ich mit. Es ist so umständlich, sie zu verschicken.

119. Münchhausen an Rilke

Bockstadt bei Eisfeld
Thüringen
7. V. 20

Lieber,
Dank für guten Brief vom 23ten der mir hierher nach kam, mit all den dortigen Nachrichten davon zu hören erfreut. Nun fahre ich am 11ten nach B[aden] Baden und bin dann zu Deiner Verfügung; las mich nur zeitig hören wo ich mich einstellen soll damit ich mich darauf richte, ich werde ein wenig in BB zu tun haben dadurch dass der Mann dem meine Mutter das Häuschen während ihrer Abwesenheit vermietet hat sich jetzt [ge]weigert wieder herauszugehn. Auch will Wolde mit mir in Heidelberg sein. – Von Marie Laurencin, die wohl dieser Tage aus Paris zurückkommt, immer viel Frage nach Dir; sie besteht auf einem Zusammensein zu dritt im Sommer. Auf Wiedersehn,
alles Ergebne dem Hause B.-v. d. M.

Thankmar

120. Rilke an Münchhausen

Gut Schönenberg bei Pratteln, Basel-Land,
am 13. Mai 1920
Himmelfahrts-Tage

Lieber, Deine Karte erreichte mich gestern, ich danke Dir für Deine in ihr ausgesprochene liebe Bereitschaft. Ich war gerade gestern in

Liesthal, man hat mich dort wiederum bis 10. Juny verlängert (der 11te ist der Jahrestag meiner Einreise) und nun soll ich, mittels eines Gesuches nach Bern, eine noch weitere Frist verlangen. Ich thu es für alle Fälle, nur weil ich noch nicht weiß, ob man mich nach München zurückläßt oder wohin ich mich sonst, in dieser Konfusion, wenden soll. Mehr, um ein ruhiges Abwarten zu haben: denn ein längeres In-der-Schweiz-bleiben würde ja, trotz aller Erlaubnisse, materiell unmöglich sein. Du wirst immer gleich vernehmen, wie meine Beschlüsse aussehen. / Aus dem Ritterhof grüßt man sehr. Gestern ist Deine Uhr eingetroffen, man zögert, sie zu senden, meint, Du solltest sie eines Tages holen kommen. Du bist immer erwartet und willkommen im Haus v. d. M.-B.!
Leb wohl, bald mehr. Gute Tage!

Rainer

121. MÜNCHHAUSEN AN RILKE

[Postkarte] 15. V. 20 Baden Baden

Lieber,
wie stehts? Bist Du in diesen Tagen in Freiburg zu erwarten und willst mich irgendwie dazu haben? Bei Freiburg ist ein wohl sehr schönes Schlösschen zu verpachten, aber es wird wohl ausserhalb aller Möglichkeiten sein. Doch würde es mir auf alle Fälle lohnen hinzufahren und es anzuschaun.

Auf Wiedersehn
Thankmar

122. MÜNCHHAUSEN AN RILKE

23 Juli 1920
Baden Baden,
Werderstraße 11

Lieber Rainer,
seit einer Ewigkeit weiss ich nichts von Dir, und durch meine Schuld: ich war stets so sehr unterwegs und über das jeweilige Morgen so ungewiss dass sich nie ein beruhigter Punkt für Schreibtisch fand. Aber nun ist etwas Ordnung eingetreten, und zwar durch Ma-

rie Laurencin: vor einer Woche habe ich sie in Düsseldorf abgeholt, und seit gestern sind wir hier bei der Mutter, wohl für einige Zeit. Nun kommen wir beide und fragen nach Dir: solltest Du nämlich en route sein, sowieso in Bewegung und ohne Eingezogenheit, so wäre es herrlich[,] Du kämest ein wenig her, en compagnie légère et spirituelle wie Marie sagt. Unser Pariser Freund Roché kommt in diesen Tagen, und Marie erwartet den Besuch von Gaston Gal[l]imard (de la Nouvelle Revue Française); sie meint es würde vielleicht Dich irgendwie freuen diesen zu sehen. Wie sehr ich froh wäre wenn Du mal hier wärst! Und es wär doch wohl kaum zu fürchten dass Du immer und zu viel mit Menschen encombrieret würdest; denn, uns à part, ists hier wirklich die tiefste Einsiedelei die man sich denken kann.

Nun, dies ist eben ein Vorschlag, falls Du nicht grad in Deiner richtigen Existenzart drin sein solltest; in diesem Falle wollen wir Deiner mit immer mehr Liebe gedenken und uns freuen dass es Dich irgendwo gibt.

Ja bist Du denn überhaupt noch im Baselländischen? Wenn, so sag dem Haus Burckhardt-von der Mühll alles Gute und Dankbare von mir, und wenn von der Mühll so gut sein will meine Uhr deren Eintreffen Du mir vor nun bereits zwei Monaten vermeldetest, aufzuheben, so ist mir das irgendwie eine liebe Versicherung, in nicht allzu ferner Zeit das schöne Basel und die Gastfreunde wiederzusehen.

   Auf Wiedersehn! Wir drei, Mutter Freundin Sohn, grüßen Dich auf das Herzlichste!

Thankmar

[Pferdezeichnung von Marie Laurencin] cet animal / vous / salue.
Cher Rainer
Venez nous voir
Oui venez nous voir
   Marie Laurencin

123. Münchhausen an Rilke

5 August 1920 Weissach (Tegernsee),
Gasthof Bachmair

Lieber Rainer,
nichts weiss ich von Dir,
aber in München nimmt man an dass Du hier bevorstehst.
Wir sind von Baden Baden vor 3 Tagen abgefahren (Das Ehepaar Wätjen und ich), dachten hier am Tegernsee einige ruhige Wochen zu sein, aber es ist hier vieles so unerfreulich dass wir unentschieden sind ob wir nicht sehr bald (wenigstens Marie und ich) nach Baden zurückgehen. Es wär ja nun schade Dich hier oder dort zu verfehlen. Wenn es Dir irgendwie in Deine Route passt über Baden zu kommen so lass es doch wissen (Du hast von Baden nach München einen Tageszug ohne umsteigen)
Ich fahre am 10ten nach München, bin am elften dort; könntest Du mich vielleicht dorthin, eventuell telegrafisch, benachrichtigen, ob Du in unsere Pläne aufzunehmen bist; ich muss am 13-14 in Wiesbaden sein, und es würde dann von Deinem Bescheid abhängen, ob ich von Wiesbaden wieder herkomme wo Marie so lange bleiben würde oder ob wir gleich nach Baden gehen. Nachricht würde mich treffen am 10 und elften bei Hörschelmann, Salon Caspari, Briennerstrasse, am zwölften in Baden-Baden Werderstrasse 11 am dreizehnten in Wiesbaden, Luisenstrasse 13, bei Präsident Momm.
Marie grüsst, sie superstituiert, dass wenn sie ein mot ajoutierte, dies Dein Herkommen benachteiligen könne.

Lieber, auf Wiedersehn
Thankmar

124. Rilke an Münchhausen

Telegramm. Genève 11. 8. [1920] 10.40
[nach Baden-Baden]

retour à munich à peu près dans quinze jours pour moment encore à genève nouvelles plus précises du schönenberg mille messages à marie laurencin et au revoir bientôt

rainer.

125. MÜNCHHAUSEN AN RILKE

19. VIII. 20.
Baden Baden
11 Werderstraße

Lieber Rainer,
wir sind wieder in Baden, und danken Dir für Dein Telegramm. Hier sieht es so aus: Wätjen ist am Tegernsee geblieben und kommt nicht her, Marie bleibt auf alle Fälle bis zum ersten September hier, eventuell etwas länger, sie fährt dann von hier nach Paris, wahrscheinlich. Wie wäre es wenn Du von Basel Deine Reise nach München über Baden legtest? Du hast von Basel direkten Zug hierher und direkten ohne Umsteigen von hier nach München. Und es ist angenhm hier, ich freue mich dass Marie mir darin beistimmt dass es sich hier leichter lebt als irgend sonst in Deutschland.
In München waren wir einige Tage, ziemlich unfroh. Es ist doch eine furchtbare Stadt, mit all diesen Leuten die sich beständig gegenseitig an der Seele feilen. Die einzige Erholung, der einzige menschliche Mensch den wir sahen: Kemes.
Also komm ein wenig her: wenn Dir München bevorsteht so magst Du Dich hier ein wenig stärken.

Alles Liebe
Thankmar

126. MÜNCHHAUSEN AN RILKE

Altenrode, Post Gielde
Kreis Goslar a/Harz
6. 10. 20

Lieber Rainer,
vor einiger Zeit wirst Du, so es Dich erreicht haben sollte, ein völlig unverständliches und verrückt anmutendes Telegramm von mir bekommen haben, in dem ich Dir, zu Deinem Erstaunen, mitteilte, leider keinen Brief von Dir erhalten zu haben. Dies erklärt sich so: Bei meiner Mutter in Baden Baden kam ein Telegramm mit völlig verstümmelter Unterschrift aus München an, in dem ein Wesen dessen im übrigen nicht zu enträtselnder Name mit Ri anfing Antwort auf seinen letzten Brief erbat; woraufhin die gute Mutter mir nach Ber-

lin telegrafierte: Rilke erwartet Antwort auf Brief; worauf ich nichts zu tun wusste als Dir telegrafisch mitzuteilen dass ich mich schuldenfrei fühlte. Und zu dem allen habe ich ja nicht die geringste Ahnung ob Du überhaupt in München bist.
Hierzu nun eine Bitte: Für meinen kleinen Verlag, von dem ich Dir auf dem schönen Berge sprach, wäre es von der grössten Wichtigkeit, mit dem grossen Nachbar Insel in Leipzig in einer gut-nachbarlichen Beziehung zu sein. Nun komme ich in der zweiten Hälfte dieses Monats nach Leipzig und Jena und würde dabei gern Herrn oder Frau Kippenberg einen Besuch machen. Könntest Du mich ihnen irgendwie legitimieren?
Sind Dir die Gedichte einer jungen Baltin, Veronica Erdmann, vorgekommen? ich muss sagen dass sie mich außerordentlich bewegt und sich sehr bei mir festgesetzt haben; aber da ich sie nicht selber gelesen sondern nur habe vortragen hören so bin ich vielleicht durch die sehr enthusiastische Art wie sie mir vermittelt wurden in meinem Urteil trüb.
Lieber ich weiss gar nichts von Dir; Du bist ein wenig hart mit mir. Ich habe diese schönen Herbsttage auf dem Wätjenschen Gute, in einem grossen Zimmer oben mit Blick zum Brocken hin; im übrigen viel gut allein. So Du mir schreiben willst, (tus doch), ist die sicherste Adresse jetzt: Jena, Hinter der Kirche 1, Lichtenstein-Verlag.

Herzlich alles Liebe und Gute Deines
Thankmar

127. Rilke an Münchhausen

Schloß Berg am Irchel
Kanton Zürich / Schweiz
am 13. Dezember 1920

Du Lieber,
dieses arglose Ungeheuer, die Rosa, – was soll ich Dir sagen? – schickt mir Deinen Brief (des Datums 6. Oktober!) mit zwanzig anderen, die zum Theil aus dem seeligen September stammen, vor drei Tagen nach! nämlich so, daß ich ihn eben, eben, diesen Augenblick bekomme und lese. Lieber: ich bin zer-kn-irscht, voila ce que je suis, – nicht, daß ich Dir nicht geantwortet habe, das konnte ich ja

nicht, – aber daß ich das unleitende Schweigen [!] zwischen uns habe so lang und so ungangbar werden lassen. Das lag aber an meiner extremen Ungewißheit, eine Lage, die schon über einige Tage hinüber recht unbehaglich werden kann, die aber die Nerven wirklich annagt, wenn sie über Monate ausgebreitet ist: das war mein Fall.
Zwischen dem Schönenberg, wo dicht vor dem ersten August, als voreiliges Höhenfeuer die Scheune niederbrannte, und Genf (schließlich auch dem wunderbar pittoresken, spanisch-provençalisch anmuthenden) Valais hin- und herreisend, war ich doch nur beschäftigt, mich über die Unausweichlichkeit meiner Rückkehr nach München zu täuschen und, wohin ich auch trieb, die Grenze, um mich im Style des 17ten Jahrhunderts zu benehmen, der ja Deinem Verlags-Compagnon in innerster Gelehrsamkeit vertraut ist, – die Grenze stank hinter mir her.
Da ich Mitte Oktober, unstet, wieder einmal nach Basel kam, (man war schon nicht mehr auf dem Schönenberge) hatte ich die eindringliche Freude, Carl Burckhardt vorzufinden, einen Bezauberer! und mich sehr ihm zuzufreunden. Später soll auch Herr von Pilar dort gewesen sein, – damals aber war ich (weißt Du's schon?) – – – in Paris! Lieber, das war unaussprechlich beglückend! Nichts (im idealen Sinne, – handgreiflich, besitzlich – alles –) nichts ist verloren, alles so vollkommen schwingend, strahlend, übervoll, wie nur je, und mein Anschluß vom ersten Momente an, ja mein Anheilen an alle Bruchstellen so vollständig, so prickelnd sanft, so versöhnt, daß ich hätte nach der ersten Stunde, comblé de bonheur et d'assurance, – wieder abreisen können; aber dann wurdens sechs Tage, sechs unbeschreibliche Herbsttage. Menschen hab ich keine gesehen außer, durch einen Zufall, die liebenswürdige Duchesse de Clermont-Tonnerre, die ein reizendes Buch über »les bonnes choses de France« geschrieben hat, – niemanden sonst, – meine starke Beziehung zu den Dingen erspart mir ja die Leitung übers Menschliche gerade in den intensivsten Augenblicken.
Und dann, mein Bester, als hätte diesmal ein »Glück« die ambition, »selten allein zu kommen«, kam wirklich das andere Glück, das zweite, jenes pariserische zum heilsten und rundesten Zustande ergänzend. Die Zuflucht bot sich, die seit Jahren so sehnsüchtig und nun schon bald verzweifelt gesuchte, die vollkommene, entlegene,

unerreichbare, en dehors de la plupart des hasard[s], ein anderes continentaleres »Duino« –: Schloß Berg (siehe Karte), d'où je vous écris, mon très-cher. Félicitez-moi, car c'est parfait, cette fois. Der Schönenberg war nur wie eine kleine, vague Voraussage. Welches Glück, daß ich mich obstinat in der Schweiz gehalten habe, immer noch einen Monat, denk, ich wäre jetzt draußen und Schloß Berg vereitelt und unerkannt hinter mir.

Kurz: ich habe Stille und Arbeit, keinen Menschen für Monate hinaus, ein wilder Bart stürzt mir aus Kinn und Wangen und ent-stellt mich, nicht anders, als die heilige Kümmernus einst durch dergleichen verpatzt wurde, für den Fall daß der »Bräutigam Welt« doch einmal hereinsähe: er müßte sich, von oben bis unten gerümpft, von mir abkehren, vor meiner brüsquen intraitablen sauvagerie.

Voilà pour moi.

Et vous, eh bien, votre »Maison« elle y est, elle fleurit, elle prospère? Dites? – Die Freund-Nachbarlichkeit zum Insel-Verlag hat sich inzwischen wohl schon aufs Natürlichste ergeben, – sag nur, Du wärst mein Freund depuis toujours, übrigens weiß Kippenberg das ganz gut. Er wird wahrscheinlich der einzige Gast sein, den ich hier (im Januar voraussichtlich) aufnehme, zu lange ist schon keine Aussprache zwischen uns gewesen, il en faut –, für alle Anderen bin ich unzugänglich, ce qui est très facile maintenant, car mon petit Château est loin de toute gare et pour l'isoler encore davantage la Fièvre aphteuse fait des ravages parmi le bétail, ce qui fait que toutes les routes se trouvent barrées, – moi-même, je n'ai pas la permission de sortir de mon parc (que la carte vous laisse deviner); jamais prisonnier n'était plus reconnaissant de sa reclusion.

Die Druckbogen der Gedichte von Veronica Erdmann kamen mit dieser selben Post. Es wird mir wohl kaum gelingen, wozu Dr. Lichtenstein mich anregen ließ, – etwas buchhändlerisch Verwendliches jetzt dazu zu sagen, aber die Gedichte stehen mir in genauer Erinnerung und haben nie verfehlt, mir einen Eindruck zu machen, der weitaus größer war, als ich die junge Verfasserin mochte erkennen lassen. Ihr bringt da etwas Schönes –, und was sonst? Halt mich auf dem Laufenden Eurer Unternehmungen, deren es gewiß schon mehrere giebt, die dem Weihnachtsfest entgegenwachsen.

Oh, daß Ihr mir doch einmal beistehen könntet! Aber der Fall ist der

Schwierigste. Ich habe in Basel eine Bekannte, die Hungers und Leidens stirbt, und dabei mit immerwieder aufflackernden Kräften ein Buch weiter und (hoffentlich!) zu Ende schreibt, das die Erscheinungen der Neger-Skulpturen in einem so großen und durchgreifenden religiösen Geiste aufzufassen weiß und bei ihrem Anlaß zu Formulierungen des unmittelbar aus der Wurzel treibenden Kunstwesens gelangt, die (irr ich nicht aus Theilnehmung und Besorgnis) zu den Bedeutendsten und Endgültigsten gehören werden, was je einem solchen Thema an seinem großmüthigsten Punkte abzugewinnen ist.
Ich habe alles gethan, der seltenen Frau einen Gönner zu gewinnen, – umsonst, die Schweiz ist der Fremden erschöpft und will nicht mehr. So weiß ich nicht mehr, was thun, und fürchte, sie geht mir in Schulden und Bedrängnissen ein, zumal da ihre Gesundheit längst zerstört ist und vielleicht nur noch ein starker Faden Grundgewebs sie mit dem Dasein verbindet, eben weil diese innerlich aufgetragene Arbeit, ihn, aller physischen Brüchigkeit zum Trotz, haltbar macht. Wenn ich sie nur aus der Schweiz hinausbekäme! Sie kam nach Basel, weil das dortige ethnographische Museum sehr bedeutend ist und sie die Erlaubnis erreichen wollte, dortige Idole in ihrem Buche abzubilden, – die ist längst ertheilt, – sie könnte fort, möchte [zweimal unterstrichen. A. d.Hg.] es sogar, um irgendwo ganz im Stillen mit der Arbeit fertig zu werden. Ob sie bei Euch jemand aufnähme? – Ob sie in Baden wohnen könnte? An Deine treffliche Mutter wage ich kaum zu denken, mindestens auszusprechen wag ichs nicht. Das Schicksal dieser besonderen Frau, war seit Kindheit das seltsamste, verlorenste, von einer unbeschreiblichen, durch ein Jahrzehnt immerfort superlativen Härte, – daher ihr Zu-ende-sein, – daher aber auch ihr »Wissen«. Wenn das »Werk« zu ende wäre, stürbe sie wohl, aber daß sie vorher sterben soll, mag ihr, bei aller längst letzten Ergebenheit, nicht einleuchten.
Sprich mit Deinem Freunde, Lieber, erzähl ihm, – vielleicht hab ich Dir auf dem Schönenberge etwas von der Geschichte jenes heimgesuchten Lebens erzählt –? Und bedenks. Ich habe mir solche Mühe gegeben zu helfen, es ging immer wieder seit vorigem Winter, nun gehts nicht mehr, – auch kann ich nicht mehr so antheilig dabei sein, es ist zu wichtig für mich, jetzt von allem draußen ab- und in mich hinein zu sehen, – ja mehr, recht eigentlich »hineingeworfen« zu

werden in mich selbst, wie Goethe so herrlich im Grabmal der Tänzerin sagt.
Lieber, das ist ein Brief, wenigstens. Jetzt bist Du au courant, und bleiben wirs einander. Wo mag Marie Laurencin sein, der ich auch ganz undankbar und abspenstig erscheinen mußte durch so viel Nicht-Erwidern? Ob sie in Paris ist –? Ach, das wünsch ich ihr!
De cœur, mon cher

ton
Rainer.

P.S.: Verzeih die Überstürzung der Schrift. Unsere Post, infolge aller »Sperren« geht nur <u>einmal</u> am Tage ab, und ich wollte durchaus, daß es nicht <u>noch</u> später würde, bis zur Poststunde dieses nachholende Missive abgeschlossen haben.
Wie lebt es sich in Jena?

Grüß mir Dr. Lichtenstein; ich muß nicht sagen, daß ich mich seiner gut und gerne erinnere; ach, unser letzter trauriger Abend bei ihm, der Abschieds-Abend zu dritt mit Rolf Hoerschelmann, je nous vois encore –, heureusement qu'on peut l'oublier maintenant comme tout le reste des années terribles.

128. MÜNCHHAUSEN AN RILKE

1. Februar 21
Schloß Brodany
Post Velke-Bielice,
TschechoSlovakie

Lieber Rainer,
Dein Brief, der liebe, zufriedene, zum ersten Mal seit 1914, ja seit 1913, beglückte, glückliche Brief aus Schloss Berg hat alle möglichen Wege hinter mir her gemacht, und mich hier gefunden, schon vor einigen Wochen, aber ich bin in einer nicht schreibenden Epoche eben und will nur, weil so viel positives zu sagen ist das Schweigen, so gut es gehn mag, unterbrechen. Ich bin ja so froh dass Du etwas gefunden hast, dass Du geborgen bist, dass es Dir gut geht, denn das scheint es nach Deinem Brief doch wirklich, endlich, endlich! Mög es dauern!

Unterdessen bin ich, nachdem das Jahr 1920 in Trubel und unablässigen Reisen sich geendet hat (die Sylvesternacht fuhr ich von Baden nach Berlin), hier, ehedem Ungarn, angeht Slovakien, in meinem alten Kinderparadies, endlich zu etwas Atemschöpfen gekommen. Pferde für den Vormittag, Bücher für den Rest des Tages sind abundant vorhanden, also ist herrlich für mich gesorgt, und mit der Mutter, die bereits seit Oktober hier ist, freue ich mich an der grosszügigen Natur.

Ja, die »maison« nach der Du so freundlich fragst, lebt und entwickelt sich trotz tausenderlei Schwierigkeiten ganz erfreulich, viel kann man, bei dem kleinen Mass das vorerst das unsere ist, natürlich noch weder sehen noch sagen. Immerhin gibt es schon eine Reihe von Bücherchen. Sie sollen Dir einen Prospectus schicken. Augenblicklich freilich habe ich mir Ferie[n] gemacht und am liebsten hörte ich ein Zeitchen lang von all diesen Dingen gar nichts. Aber von einer Sache will ich Dir schnell ein Wort sagen: von einer Dame aus München namens Margarete Jantzen haben wir ein Manuscript: Übersetzungen der Gaspara Stampa. Ich kenne die Originale nicht und kann sie mir auch eben nicht beschaffen, und selbst wenn ich sie bekäme, mein Italiänisch hat so gelitten dass ichs mir nicht mehr zutrauen könnte die Übersetzung zu beurteilen. Auch von der Übersetzerin weiss ich nichts als den Namen. Würdest Du, der Du doch wohl in den Sonetten Dich eher auskennst als irgend sonst wer, vielleicht ein paar Probestücke dieser Übersetzung Dir ansehen mögen, wie sie sind? Wenn sie nämlich gut sind so wärs ja etwas sehr Schönes, und man würde sich alle Mühe geben sie zu verlegen, schon um dem Vorwurf zu entgehen man hätte der Gaspara Stampa nicht genügend gedacht.

Gern, gern, Lieber werde ich für das Buch Deiner Freundin, wenn es soweit ist, zu tun versuchen was möglich ist. Für einen schnellen Erfolg wäre ja wohl die Publicierung in einem bekannten Verlag wichtiger als bei uns die sich erst bekannt machen müssen. Darüber aber wird sich jedenfalls ein Rat finden lassen. Aber für das momentane Unterbringen bin ich ganz ratlos. Der Haushalt der Mutter in Baden der durch die Verhältnisse, vor allem durch den täglichen Ärger mit dem jeden Raum confiscierenden Wohnungsamt, kaum mehr aufrechtzuerhalten war, ruht vorläufig, das Häuschen ist, zunächst für diesen Winter, einer geflüchteten Familie Lieven vermie-

tet, was im Sommer werden soll ist noch ganz ungewiss. Das Unangenehme[,] grad für einen so ganz auf Gastlichkeit denkenden Menschen wie die Mutter ⟨ist⟩ Unmögliche, ist[,] dass einem eben wirklich nur der allernotwendigste Raum belassen wird, also selbst falls die Mutter wieder dort wohnen sollte im Sommer ists wahrscheinlich daß sie niemanden mehr wird bei sich aufnehmen dürfen. Und alles Suchen nach einem uns homogeneren Gehäuse als dies badener Zufallshüttchen ist bisher vergeblich gewesen.
Erinnerst Du Dich an Baron Rolf Ungern Sternberg, einen Freund Taubes? Er war bis 1917 bei der russischen Botschaft in Paris und hat Dich vor Jahren einmal in Paris gesehen. Jetzt benutzt er in Berlin (in der Woldeschen Wohnung) seine Musse, Gedichte Jean Moréas' zu übertragen, recht gut wie mir scheinen will. Er bittet mich Dich darauf vorzubereiten, dass er sehr gerne diese seine Übertragung Dir, wenn fertiggestellt, einsenden möchte, und Deine bienveillante attention dafür zu sollicitieren. Ich war im Dezember in Berlin viel mit ihm, mit vieler Freude für mich.
Marie Laurencin war im Herbst in Paris, ist jetzt in Düsseldorf; diese étrange Creatur hat sich dort (in Paris) äusserst wenig à son aise gefühlt, aber das liegt wohl daran dass man sie zu sehr fetiert, einen zu grossen Cas von ihr gemacht hat. Augenblicklich ist sie mit Düsseldorf völlig ausgesöhnt.
Von Hessel ist ein klein zart Büchlein erschienen, heisst »Pariser Romance« (bei Rowohlt); ich liebs sehr, bin aber völlig unobjektiv, kennend jede Strassenecke ebenso wie jede Episode und ziemlich jedes gesagte Wort. Mir aber ists eben lieb dass ers unternommen hat ein Bild, ein Bildchen, zu geben von dem Paris in dem ich 18jähriger mit so aufgelöster Glückseligkeit existierte.
Ob Du mich wohl bald etwas von Dir lesen läßt. Ach ich hoffe so sehr dass dieses Bergschloss Dir hält was es zu versprechen schien. –
Gibt es wohl Neues zum Thema Urgeräusch?
Ich denke noch bis in den März hier zu sein, wenn es die Pass[-]stellen gestatten. Dies Land macht übrigens in manchem (Eisenbahnen) einen recht wohlgeordneten Eindruck.
Alles sehr Gute, Lieber, auch von der Mutter

                                        Thankmar

129. Rilke an Münchhausen

Schloß Berg am Irchel
Kanton Zürich Schweiz
am 7. Februar 1921

Mein lieber Thankmar,
ich will den guten Moment, der mir Deinen Brief (vom 1.: sieben Tage!) bringt, auf der Stelle beim Wort nehmen –, wie sehr freut es mich, auch Deine verehrte Mutter und Dich freundlich und »schlößlich« aufgehoben zu wissen. Bleibt nur solang als möglich dabei –, es freut mich – nebenbei –, daß Du einige Ordnung in Cechoslovakien konstatierst –, eine alte Sympathie für Masarýk hat mich verleitet, dem tschechischen Gesandten in Bern, der mir immer aufmerksam, ja auszeichnend, gewesen ist, einen, wie ich Dir nicht beschwören muß, ganz unpolitischen Neujahrswunsch zu senden; als welcher aber, sofort in prager Blättern auftauchend, nicht verfehlt hat, das böse Blut in den Deutschböhmen – scheint es, mächtig aufzuhitzen. Auch sonst mußte ich konstatieren, daß die Mißgünstigkeit des Schicksals, der ich doch ausgiebig meinte in den letzten Jahren geopfert zu haben, keineswegs an mir gesättigt ist; kaum hatte ich den näheren Freunden die Botschaft meines endlich Geborgenseins ausgegeben, so rissen mich dringende Sorgen von der geschützten Stelle; ich durfte zurückkehren –, aber ich will nun recht angehalten sein und mich des Günstigen mit keiner Sylbe rühmen. Ich glaube nicht mehr an die Kugelrundigkeit der Welt –, sie ist (fürcht ich) ein Kegel geworden und steht auf der Spitze.
Lieber, verzeih mir, daß ich Euch so eindringlich mit der Noth jener Frau beunruhigt habe, die das malheur hat, meine Schützlingin zu sein. Inzwischen ist sie von Basel nach Berlin entronnen, und ich schließe bis auf Weiteres feige die Augen, um nicht zu merken, daß es ihr dort rathlos wird. Ihre Arbeit, in jedem Fall, geht merkwürdig sicher, wie in innerem Nachtwandeln, weiter, man wird jedenfalls einmal davon hören. Kippenberg hat mich vor vierzehn Tagen hier besucht, da lags nahe, auch den Weg zur Insel versuchsweise freizulegen. Von Eurer Gründung war auch die Rede –, doch fand ich K. etwas nervös gestimmt wider die, scheint es, sehr zahlreichen neuen Verlegersleute. Daß es bei Euch schon eine ganze Liste Publikationen giebt, macht mich neugierig –, Dir aber verheimlich ich das

besser, da Du ja verlagabgewendet, in Brodany herumreitest. (Das Velke bringt mich darauf, ob nicht: Velké Levare – wenck-heimisch – in Eurer Nachbarschaft sei?)
Die mir voreilige Janssen-istin[!] mit ihrer Gaspara Stampa bestürzt mich ein wenig, als Rivalin meiner alten, übrigens durch keine Überholung aufzuhebenden Absichten. So gegenwärtig mir die Sonnette der Geliebten des Collaltino Collalto sind, beurtheilen könnt ich die Übertragungen doch nur an der Hand der Originale: die aber ließ ich in Venedig, bei den Valmaranas –, will sie mir nächstens einfordern.
Den Namen von Rolf Ungern-Sternberg hab ich nie vergessen gehabt, ohne mich seiner eigentlich zu erinnern; vor vier Tagen kam seine Sendung, die zu beurtheilen Du gewiß kompetenter wärst – mir sind die »Stances«, wie so vieles, abseits geblieben. Auch hier fehlt mir die Möglichkeit, zu vergleichen, – denn in Paris, wo ich über Zürich anfragen ließ, ist der Band »en réimpression«. Hessel's Bändchen werd ich mir verschaffen –, grüß dorthin, wenn Du schreibst –, denken sie nicht, zurückzugehen? – – Nostitzens übersiedeln (von Wien, wo er vorlängst sächsischer Gesandter war) nach Berlin –, wünschen dort Beziehung zu »schönen Menschen«, welche Phantasten!
Leb mir herzlich wohl und empfiehl mich bei Deiner Mutter zu Güte und Gnade.

Rainer

[Auf beiliegender Ansichtskarte:] von der Mühlls, mitten im baseler Carneval, erwarten noch in diesem Monat, ein Familienmitgliedchen, das sich der künftig zwiefache Vater, ich weiß nicht, ob bescheiden oder höchst unbescheiden, nicht anders, denn als verdiente Tochter vorstellen mag.
Weißt Du denn, daß Du draußen bei den Clavel's auf dem schönen »Wenken« als Bibliothekar (temporärer) in Vormerkung stehst? Carl Burckhardt, der nun aus Wien wahrhaft fürchterliche Augenzeugenschaften schreibt, hat das im Herbst, als wir gemeinsam in dem verschwenderischen aber noch eben schönen Hause bei Fanny Clavel dinierten, soupierten und schließlich auch noch frühstückten –, angestiftet. Wie er dergleichen thut. Du kannst Dir denken!

130. MÜNCHHAUSEN AN RILKE

Brodany
Velke Bielice
15. II. 21

Schnell ein Dankeswörtchen, Lieber, für den lieben eben kommenden Brief, und ein Anfrage resp. Bitte: Einmal in Tschechowien seiend, fiel mir ein, dass, vor nun freilich schon vielen Jahren, die Baronesse Nadherny mich mehrfach sehr lieb eingeladen hat. Nun weiss ich ja nicht, erstens, ob sie überhaupt noch am Leben und im Lande ist, zweitens, über eine wie lange Spanne von Jahren man solcherlei Einladung wohl als gültig annehmen darf ohne unschicklich zu werden; und die Adresse weiss ich schon lang nicht mehr. So kann ich mich also nicht direkt mit Baroness Sidie verbinden, und könnt ichs auch so wagt ichs nicht. Solltest Du, wenn das ohne die geringste Beschwer, ohne die leiseste Reibung für Dich möglich ist, bei ihr anfragen können, ob ihr auf meinem Rückweg nach Deutschland – gegen den zwanzigsten März – meine Aufwartung genehm sei, so wärs sehr lieb; aber bitte, bitte, es ist ja nur eine kleine phantaisie sans la moindre importance qui m'est passé par la tête weils halt am Weg liegt, es wäre ein Unsinn wolltest Du Dich auch nur im leisesten dafür dérangieren.

Dank auch für Deinen Bericht über die basler Gastfreunde. Ich habe nicht die geringste Ahnung wer Clavels, Fanny Clavel, und der Wenken ist, bin aber jederzeit allen schönen sowie allen merkwürdigen und abenteuerlichen Sachen offen und bereit, und chériere in einem Herzwinkel den Plan im Laufe des Sommers einmal einen Versuch gen Schweiz zu tun. Vorläufig freu ich mich des Hierseins geruhsam und gesundlich, zum ersten April muss ich gen Jena und Berlin, ach und das so sehnlich gesuchte Haus ist immer unauffindbarer, von Herbst zu Frühling von Frühling zu Herbst.
Voilà pour moi. Und Du? ich bavardiere tausenderlei Zeug wenn ich Dir schreib und vermeide genau jedwedes Wesentlichere. Gibt es aus dem Umkreis des Urgeräuschs irgendwie sagbare Neuigkeit?
m'oublie pas

Thankmar

nein, Wenkheime gibts hier nicht, erst in der Nähe von Pressburg,

das ist aber ziemlich weit, überhaupt mankiert das was man Nachbarschaft nennt hier vollkommen. Aber Landschaft Pferde und Bücher sind reich, und ich lebe eine frohe Zwei-Einsamkeit mit der Mutter.
In Jena herrscht eitel Freude über einen Brief, den Du an Veronika Erdmann geschrieben hast.

131. RILKE AN MÜNCHHAUSEN
        Schloß Berg am Irchel, Kanton Zürich, Schweiz.
        am 10. März [1921]

Mein lieber Thankmar,
ich muß mich eilen, denn gegen den zwanzigsten schon gedachtest Du fortzugehen. Ich hoffte immer noch auf Nachrichten von Sidie N., die mir seit lange angekündigt sind –, ohne die kann ich Dir <u>nicht</u> rathen, nach Janowitz zu gehen, weil sie vermuthlich nicht dorten ist und aus verschiedenen anderen Gründen, die ich Dir später erzählen werde. – Schade, denn sie würde sich ungemein gefreut haben, Dich zu sehen. Ich selber sah sie nicht, seit meinen ersten schweizer Tagen im Sommer 1919 –; seither hat sich so vieles bei ihr verändert, daß ich es, einigermaßen vollzählig, auf diesem Billet nicht unterbrächte.
Dies soll auch, vor Allem, fort.
Dieser Frühling, dieser vorauseilende, der im recht zu bleiben scheint, die Daten kommen athemlos hinter ihm hergestürzt! Ich nehme Anstoß an ihm, denn da ich viel Zeit verloren habe, hätte ich Noth, noch zugedeckt zu bleiben wie ein Winterbeet und am Liebsten zugeschneit. Diese Aufdeckerei des Gemüths ist mir widerlich, wenigstens im Augenblick. Aber gegen Kraut, das wachsen will, ist kein Kraut gewachsen.
Vom Ritterhof her begehrte man Deine Adresse für eine »freudige« Mittheilung: ich will nicht zuvorgreifen. Leb herzlich wohl für heute, Deiner guten Mutter meine getreue Ergebenheit.
        Rainer

132. Münchhausen an Rilke
[Ansichtskarte] Schloß Brogyán Schloß Barsmegye, Station Nagy-Bélicz.
18. März 1921

Dank Dir schön, lieber Rainer, für Dein liebes Wörtchen – nach Janowitz hätt ich leider jetzt doch nicht gekonnt, durch einen kleinen im übrigen ganz bedeutungslosen Unfall bin ich noch auf längere Zeit ausser Stande mich allein an und aus zu kleiden, also zu allerlei Reise noch unfähig. Sowie es geht muss ich dann eilends nach Deutschland, nicht eben sehr gern. Ach ich wär gern auch noch ein Kleines eingeschneit geblieben in dieser völligen Weltvergessenheit hier.

Ein lieber Brief der Frau von der Mühll ist um vierundzwanzig Stunden hinter dem Deinen hergereist. Jetzt jähren sich schon meine Tage in Basel und auf dem Schönen Berge, wunderliches Jahr lag inzwischen.

Habs gut, Lieber, vergiß mich nicht.

Thankmar

133. Münchhausen an Rilke
Basel, Rittergasse 20
6. 11. 1922

Lieber Rainer,
denke ich bin in Basel, und vielleicht richtet es sich ein dass ich noch ein paar Tage in der Schweiz etwas herumfahre. Bist Du vorhanden? Vielleicht, es ist allerdings ganz ungewiss, komm ich an den Genfersee, und dann wäre ja wohl ein Abstecher ins Valais gar nichts absolut Unmögliches. Gib mir doch ein Wörtlein hierher – ich fahr eben fort, bin aber wohl am Freitag wieder in Basel.

Herzlichst gut grüßt Dich
Thankmar

134. RILKE AN MÜNCHHAUSEN

[Aufdruck:] Chateau de Muzot
sur Sierre / Valais
am 11. November 1922
(Samstag)

Mein lieber Thankmar,

so hast Du doch endlich ein Bedürfnis gehabt, Dir Deine Uhr in der Schweiz zu holen; hoffentlich hast Du inzwischen recht großmüthig ohne Zeit gelebt! Gerne sähe ich Dich wieder und ließe mir erzählen –, aber es ist ein unruhiger Moment eben auf Muzot, und ich muß von Tag zu Tag darauf gefaßt sein, eine kleine dringende Reise anzutreten. Deshalb winkte ich Dir nicht gleich zurück, immer in Erwartung, daß sich mein Reisen oder Nicht-Reisen entschiede; es ist leider auch heute noch in Schwebe. Schade, daß Du nicht früher gekommen bist, da hätte ich Dich sogar logieren könnten: Jetzt ist eine Art Interregnum auf Muzot, Hausbesuch und dabei keine Haushälterin.

Sollte es Dich aber bis an den Genfer See treiben, so täthest Du gut, noch rasch hier anzufragen bezüglich meines Dann-An- oder Abwesendseins. Vielleicht trifft es sich doch noch, mein Lieber, daß wir uns ein paar Stunden Wiedersehens abgewinnen und daß ich Dir das alte Muzot zeigen kann, das Dich, an und für sich schon, freuen müßte. Fürs Wallis, das mit den großartigsten Gegenden der Erde wetteifern kann, ists nicht der günstigste Augenblick, besonders heuer, da der Herbst übersprungen und durch einen mürrisch einsetzenden Winter abgelöst erscheint.

Von der Mühlls kennen leider das Hiesige nur ganz flüchtig, – aber sie werden Dir doch berichtet haben, wie's um mich aussieht. Ich beneide Dich um ein paar Tage im Ritterhof, – ich hoffe der Winter geht nicht ganz vorbei, ohne daß auch ich mich dort einmal an die vertrauten Kamine setzen kann (: den kleinen und den großen). Allerdings, ich habe viel vor, was mich hier in meine alten Mauern binden dürfte, – und so wie meine Wirtschafterin wieder da ist, stürze ich mich in mein seßhaftes Vorhaben.

So unentschieden dieses auch ist, ich schreibe Dir doch, mein Lieber, das zuversichtlichste <u>Auf-Wiedersehen</u>. Laß mich wissen, wie

lange man Dich in diesem immer (vor der Hand) noch heilsten Land denken kann und wo überall.
(Hat man Dich auf den »Wenken« geführt?!)
Herzlichst
Rainer

Grüße und Empfehlungen in beide Ritterhöfe!

135. Münchhausen an Rilke

z. Z. Hohen Lübbichow
25. 11. 22

Lieber Rainer,
nein, diesmal kam ich nicht an den Genfer See hinunter, die Route ging anders, nach Mailand und Zürich und wieder nach Basel zurück, im ganzen nur 10 Tage, davon die liebsten und schönsten die im Ritterhof waren, vor allem auch durch das von mir gar nicht erwartete Dasein Carl Burckhardts, mit dem ich einige gute Gespräche hatte und hübsche Wege in der stolzen Stadt. Auch auf den Wenken hat er mich geführt, wo man mich als schon einmal von Dir Annoncierten freundlichst aufnahm.
Es besteht eine Art Aussicht, dass ich in kommender Zeit öfters einmal über die Schweizer Grenze fahren kann; vielleicht, wenn ich es dann einmal rechtzeitiger melden kann, ergibt sich, sei es unten bei Dir, sei es in Basel, ein Zusammentreffen, worauf ich mich unterdes freue.
In unserer (der Mutter und meiner) deutschen Existenz hat sich viel geändert, indem wir Badenbaden aufgegeben haben und nach Weimar gezogen sind, wir haben in Oberweimar (am Ende des Parks, den Du kennen wirst) ein Haus gefunden und uns Sommers über dort installiert. Von all dem denk ich Dir in nicht ferner Zeit zu berichten.
Bis dahin nimm alle guten Grüsse

Deines
Thankmar

136. MÜNCHHAUSEN AN RILKE

Berlin W 35
Steglitzerstr. 28
5. II. 25

Lieber Rainer,

Christiane Hofmannsthal schreibt mir, daß der Zufall Euch in Paris ins selbe Haus quartiert hat, und ich bekomme auf diese Weise einmal wieder eine etwas weniger veraltete Kunde von Dir als die, die mir Renée Sintenis kürzlich in Berlin gab. Unterdessen habe ich im Herbst in Aussee im Hause Hofmannsthal durch Christianes Freundschaft eine in jedem Sinne schöne und erholende Zeit gehabt und dann noch in Wien ungefähr fünf Wochen die entzückende Dir doch wohl auch bekannte Wohnung in der Stallburggasse bewohnen dürfen, dieweil Hofmannsthals noch in Aussee waren; so verbindet mich vielfältige Dankbarkeit diesem Hause.

Nun weiß ich nicht ob Christianens Anfang in Paris nicht doch für ein an einen grossen Menschenkreis gewöhntes junges weibliches Wesen ein wenig einsam ist – jedenfalls wärs wohl sehr lieb wenn Du, so Du überhaupt Menschen sehen willst, und so Du überhaupt noch in Paris bist oder bleibst, ihr hie und da ein Momentchen schenken wolltest. Vielleicht kann ich mir davon auch versprechen, recentes von Dir zu erfahren.

Meine Mutter und ich grüssen Dich aufs Beste! In

immer gutem Gedenken
Thankmar Münchhausen

137. MÜNCHHAUSEN AN RILKE

[o. D., Paris, April / Mai 1925]

L.R.

Monsieur Barurri [sic] bittet mich ihm Nachricht zu geben ob er
   bestimmt auf Dich
      rechnen kann für
Donnerstag um 5^h. Wenn nicht, würde er remettieren.
Bitte sei so gut und gib mir ein Wörtchen, dass ich ihm antworten
kann   Herzlichst
                                                               Thankmar

138. Rilke an Münchhausen

[Paris] Mardi [Anfang Mai 1925]

Mein lieber Thankmar,
leider: ich muß diese Woche noch überall absagen: was, Jean Baruzi gegenüber, gestern bereits geschehen ist. Die Grippe hat mir eine Konfusion im Kopfe zurückgelassen, die mich unbrauchbar macht; alles, wozu ich vor der Hand fähig bin, ist ausgehen und mich, der Sonne gegenüber, irgendwo hinsetzen. Es ist ein dummer Zustand; daran, wie schwer ich mich selbst ertrage, ermeß ich ungefähr, was ich anderen mit mir zumuthen würde. Außerdem hust ich noch wie ein Schaf.

Grüße!
Rainer

139. Rilke an Münchhausen

[Paris] ce Samedi [Mai 1925]

Mon cher, dépose sur ma table, je te prie, = les épreuves de Valéry: on les redemande d'urgence; je dois les lire ce soir même ou demain au plus tard.

R.

P.S.
Wenn Du den Band »Éloges« von St. Léger-Léger augenblicklich nicht brauchst, leg ihn mir, bitte, mit auf den Tisch.

140. Rilke an Münchhausen

Paris, Ende May 1925

. . . Antwort zu geben, jedem, dem geringsten
Anruf des Lebens, das sich zu dir kehrt:
oh Gunst, oh Geist, oh unaufhörlich Pfingsten!
Und jeder Gegen-Wert erweckt dir Wert.

ANHANG

Anmerkungen und Erläuterungen

1. MÜNCHHAUSEN AN RILKE, 24. V. 1913
Frau Stieve: Ingrid Stieve, geb. Larsson (1884-1941), aus Nordschweden (Sundsvall) stammende Freundin von Clara Rilke-Westhoff, seit 1908 mit dem deutschen Diplomaten und Schriftsteller Dr. Friedrich Stieve (1884-1966) verheiratet. Frau Stieve hatte im Mai 1913 einen Besuch Thankmar von Münchhausens, der bereits 1911/12 ein Studienjahr in Paris verbracht hatte, bei Rilke vermittelt.

3. RILKE AN MÜNCHHAUSEN, 18. VI. 1913
Beilage: Briefumschlag. Poststempel: Rippoldsau 18.6.13. 4-5 N.
Anschrift: S. H. / Thankmar Freiherrn von Münchhausen, / Bremeneckgasse 3 / Heidelberg
das Buch der Gfn. Reventlow: Franziska (eigentl. Fanny) Gräfin zu Reventlow (1871 Husum – 1918 Muralto/Tessin), Schriftstellerin, bedeutende Persönlichkeit aus der Münchner Bohème um 1900. Rilke lernte sie als Student im Winter 1896/97 kennen. Ihr hier erwähnter Roman »Herrn Dame's Aufzeichnungen oder Begebenheiten aus einem merkwürdigen Stadtteil« erschien 1913 und löste mit seiner ironisch-distanzierten Schilderung des Münchner Künstler- und Literatenlebens (George-Kreis) einen Skandal aus.
das schöne, neue Buch der Lagerlöf: Selma Lagerlöf (1958 Mårbacka – 1940 ebda.), Der Fuhrmann des Todes (Körkarlen. Berättelse). Erzählung, aus dem Schwedischen von Pauline Klaiber, München 1912. Rilke las die Erzählung der schwedischen Schriftstellerin im Juni 1913 in Bad Rippoldsau »mit zunehmender Bewunderung« – »das ist eine Erzählkunst wie wohl ausser ihr jetzt niemand besitzt« (an Ellen Key, 27.6.1913).

4. MÜNCHHAUSEN AN RILKE, 23. VI. 1913
Beilage: Briefumschlag. Poststempel: Heidelberg 24.6.13 / 12 h
Anschrift: Herrn Rainer Maria Rilke / Bad Rippoldsau/ im badischen Schwarzwald
in Hellingraths Gesellschaft: Norbert von Hellingrath (21.3.1888 München – 14.12.1916 Verdun, gefallen), Sohn des bayerischen Generalmajors Maximilian vom Hellingrath und der Prinzessin Maria

Cantacuzène, Altphilologe und Hölderlin-Editor aus dem Kreis um Stefan George. 1911/12 war Hellingrath Lektor an der École Normale Supérieure in Paris. Dort haben sowohl Rilke als auch Münchhausen den Hölderlin-Forscher kennengelernt. Vgl. Anm. zum Brief Nr. 56.
Sie im Schwarzwald zu wissen: Rilke weilte zweimal zu Kuraufenthalten in Bad Rippoldsau: 1.-17.9.1909 und 6.6.-7.7.1913. Vgl. J. W. Storck, ›. . .die Wälder sind herrlich . . .‹. Rainer Maria Rilke in Bad Rippoldsau, Marbach a. N. 2000 (SPUREN 52).

5. Rilke an Münchhausen, 26. VI. 1913
Beilage: Briefumschlag. Poststempel: Rippoldsau / 26.6.13. 4-5 N. Anschrift: S. H./ Herrn Baron Thankmar von Münchhausen / Bremeneckgasse 3 / Heidelberg

6. Münchhausen an Rilke, 9. VII. 1913
Beilage: Briefumschlag. Poststempel: Heidelberg 9.7.13. 16 [. . .] Anschrift: Herrn Rainer Maria Rilke / Bad Rippoldsau / Bad. Schwarzwald [durchgestrichen]
[Nachges.:] 10./7 Göttingen / Gasthaus Rohns / Herzberger Chaussee
der gute Grossherzog von Baden: Friedrich II. (1857 Karlsruhe – 1928 Badenweiler), 1907-1918 Großherzog von Baden, verh. seit 1885 mit Prinzessin Hilda von Luxemburg.
Die Briefe der Julie Lespinasse: Julie de Lespinasse (1732 Lyon – 1776 Paris) wurde vor allem als Verfasserin leidenschaftlicher Briefe berühmt. Gesammelt erschienen ihre »Lettres« erstmals 1809 in 2 Bänden. Rilke zählte sie zu den in seinem Roman »Die Aufzeichnungen des Malte Laurids Brigge« gerühmten »großen Liebenden« (SW VI, S. 925).

7. Rilke an Münchhausen, 11. VII. 1913
Ansichtskarte [Winterlandschaft]. Poststempel: Göttingen 11.7.13. 7-8 IV
diesen Morgen in Göttingen: Auf der Fahrt nach Leipzig zu seinem Verleger Anton Kippenberg unterbrach Rilke seine Reise vom 9. bis 21. Juli 1913 bei seiner vertrauten Freundin Lou Andreas-Salomé

(12.2.1861 St. Petersburg – 5.2.1937 Göttingen), die seit 1903 mit ihrem Mann (Heirat 1887), dem Iranisten Friedrich Carl Andreas (1846 Batavia – 1930 Göttingen), in Göttingen lebte. Lou A.-S. war seit Anfang der neunziger Jahre mit Frieda von Bülow (1857-1909), der fast 37 Jahre älteren Cousine Thankmar von Münchhausens, und durch diese auch mit dessen Mutter Anna von Münchhausen, geb. von Keudell, befreundet (vgl. Anm. zu Brief Nr. 9). Lou A.-S. weilte im Frühjahr 1897 zusammen mit Frieda von Bülow in München, als sie dort den aus Prag übersiedelten Studenten René Rilke kennenlernte.

8. MÜNCHHAUSEN AN RILKE, 31. VII. 1913
Beilage: Briefumschlag. Poststempel: Frankfurt (Main) Süd 10 / 31.7.13. 7-8 N.
Anschrift: Herrn Rainer Maria Rilke / bei Frau Professor Lou Andreas-Salomé, Göttingen

9. RILKE AN MÜNCHHAUSEN, 27. IX. 1913
daß Sie in Hellerau sind: Hellerau, nördlich von Dresden, heute Ortsteil Dresdens, entstand seit 1906 als Gartenstadt und wurde Sitz der Deutschen Werkstätten für Handwerkskunst sowie der von Jacques Dalcroze begründeten Schule für Rhythmus, Musik und Körperbildung. An der architektonischen Gestaltung waren bedeutende Architekten der Zeit, darunter Richard Riemerschmid und Hermann Muthesius, beteiligt. Die treibende Kraft für die ideellen und sozialen Impulse des Projekts war Wolf Dohrn (1878-1914), der Sohn des Naturwissenschaftlers und Gründers der »stazione zoologica« in Neapel, Anton Dohrn (1840-1909). Wolf Dohrn, damals erster Geschäftsführer des 1907 gegründeten Deutschen Werkbundes, beauftragte den Architekten Heinrich Tessenow mit dem Bau eines Festspielhauses, das am 5.10.1913 mit der Uraufführung eines Mysterien-Spiels des französischen Dichters Paul Claudel, »L'annonce faite à Marie«, vor einem internationalen Publikum eröffnet wurde; Rilke wohnte ihr in Begleitung von Lou Andreas-Salomé und Sidonie Nádherný, T. v. M. zusammen mit dessen Mutter Anna von Münchhausen bei. – Vgl. Hans-Jürgen Sarfert, Hellerau. Die Gartenstadt und Künstlerkolonie, Dresden ⁴1999 (Kleine sächsische Bibliothek 3).

Ihrer gnädigen Frau Mutter: Anna Freifrau von Münchhausen, geb. von Keudell (21.11.1853 Tilsit – 8.9.1942 Weimar). Sie heiratete 1880 in Berlin den kaiserlichen deutschen Konsul Thankmar von Münchhausen (3.11.1835 Meiningen – 18.12.1909 Berlin-Lanckwitz). Von den Zielen der »Hellerauer« war sie so angezogen, daß sie sich 1913 dort ansiedelte und in ihrem Haus »am Grünen Zipfel« eine private Schule gründete, die sie bis Anfang 1918 leitete.

10. MÜNCHHAUSEN AN RILKE, 28. IX. 1913
Beilage: Briefumschlag. Poststempel: Hellerau / Amtsh. Dresden / 28.9.13 12-1 N.
Anschrift: Herrn R M Rilke / Hotel Marienbad München

11. RILKE AN MÜNCHHAUSEN, 3. X. 1913
Beilage: Briefumschlag. Poststempel: Muenchen 43. 3. Okt. 13 / V 8-9.

15. MÜNCHHAUSEN AN RILKE, 24. XI. 1913
Beilage: Briefumschlag. Poststempel: Göttingen 24.11.1913. 4-7 N.
Anschrift: Monsieur Rainer Maria Rilke / 17 rue Campagne Première / Paris

16. RILKE AN MÜNCHHAUSEN, 1. XII. [1913]
ein Bild von dem kleinen Haus: Göttingen, Untere Karspüle 14, wo Münchhausen als Student bei zwei seiner Tanten Keudell wohnte.
Gerhart Husserl: Sohn des damals in Göttingen lehrenden Philosophen Edmund Husserl (1858-1938), Rechtswissenschaftler (1893-1973), Prof. in Kiel (1926), Göttingen (1933), 1934 in Frankfurt/M. zwangsemeritiert, 1938 Emigration in die USA, 1940-1948 Prof. in Washington, gest. 1973 in Gottlieben/Schweiz.
in dem Saal der Scuola, rue Saint-Jacques: Schola Cantorum, bekanntes Musikkonservatorium in der rue St-Jacques no. 269; in der dazu gehörenden Pension wohnte T. v. M. während seines ersten langen Paris-Aufenthaltes vom 24.1.-25.7.1912; vgl. Brief Nr. 17.
Das kleine Theater du Vieux-Colombier: 1913 begründet von Jacques Copeau (1879-1949), einem Mitbegründer der »Nouvelle Revue Française« und Freund André Gides.

Verhaeren: Émile Verhaeren (1855 Saint-Amand-les-Piers/Antwerpen − 1916 Rouen), belgischer Dichter, lebte später in Paris; seit dem Winter 1905/06 mit Rilke bekannt und befreundet.
Romain Rolland: (1866 Clamecy − 1944 Vézelay), französischer Dichter, 1891-1912 Professor für Musikgeschichte, im Ersten Weltkrieg Pazifist; mit Rilke seit 1913 bekannt und im Briefwechsel.
Gedichte von Deubel: Léon Deubel (1879 Belfort − 1913 Maisons-Alfort, Freitod), französischer Lyriker in der Tradition der »poètes maudits«; sein Gedichtband »Régner« erschien 1913 postum.

17. MÜNCHHAUSEN AN RILKE, 6. XII. 1913
Beilage: Briefumschlag. Poststempel: Göttingen 7.12.13 / 12.
Anschrift: Monsieur Rainer Maria Rilke / 17 rue Campagne Première / Paris XIVe
Erste Gedichte: R. M. R., Erste Gedichte. Leipzig 1913. Vgl. SW I, S. 786.
Rodin (großer): Rainer Maria Rilke, Auguste Rodin, Leipzig 1913, die erste Auflage im Insel-Verlag.
Portugiesische Briefe: Portugiesische Briefe. Die Briefe der Marianna Alcoforado, übertragen von Rainer Maria Rilke, Leipzig 1913 (Insel-Bücherei. Nr. 74).

18. RILKE AN MÜNCHHAUSEN, 27. XII. [1913]
Beilage 1: Umschlag. Poststempel: Paris 27 − 12/13/ 15.30.
Anschrift: S. H. / Thankmar Freiherrn von Münchhausen / bei Baronin Anna Münchhausen/ am grünen Zipfel / Hellerau ^{b}/ Dresden/ (nachgesandt: 29./12. Baden-Baden)
Beilage 2: Kleiner Stich: Jeanne d'Arc / (1410-1431) / Librairie de l'Art Catholique
Auf der Rückseite (Adresse): Baronin Sidie v. Nádherný / Schloss Janowitz / Bez. Selčan / (Böhmen) / Bahnstation: Wottitz-Weselka
Pauvre Lélian: Bezeichnung für Paul Verlaine (1844 Metz − 1896 Paris), den bedeutenden Lyriker des Symbolismus. Von ihm die biographischen Prosastudien »Les poètes maudits«, Paris 1884.
im Schatten einer nahegehenden Trauer: In Baden-Baden, seinem letzten Wohnsitz, war Thankmar von Münchhausens Onkel, Otto Freiherr von Münchhausen (1837-1913), gestorben.

Die Baronin Nádherny: Sidonie Nádherný von Borutin (2.12.1885 Vrchotovy Janovice/Janowitz – 30.9.1950 London). Nach dem Tod ihrer seit 1895 verwitweten Mutter Amalie, geb. Freiin Klein von Wisenberg (1910) und ihres Bruders Johannes (1913) war sie mit ihrem Zwillingsbruder Karl (1885-1931) Besitzerin von Schloß Janowitz in Böhmen. Mit Rilke war sie seit 1906 bekannt, seit 1910 befreundet; mit Karl Kraus (s. u.) verband sie bis zu dessen Tod eine spannungsreiche Liebesbeziehung. T. v. M. hatte die böhmische Baronesse durch Rilke während der Festlichkeiten in Hellerau kennengelernt. Vgl. Rilkes Brief an »Sidie« N. vom 2.12.1913: »Ich bekomme traurige Briefe von allen Seiten; der kleine Münchhausen sitzt in Göttingen bei seinen Tanten Keudell und grämt sich über die Gegenwart seiner juristischen Bücher, obwohl sie noch gar nicht aufgeschlagen gewesen sind; [...]«, in: R. M. R., Briefe an Sidonie Nádherný von Borutin, hrsg. v. Bernhard Blume, Frankfurt/M. 1973, S. 203.

19. MÜNCHHAUSEN AN RILKE, 6. II. 1914
Beilage: Briefumschlag. Poststempel: Göttingen / 1 / 7.2.14. 9-10 V.
Anschrift: Monsieur Rainer Maria Rilke / 17 rue Campagne Première / Paris XIV
Troyerstr. 50 (?): recte: Trogerstr. 50. Dort wohnte seit September 1913 Clara Rilke-Westhoff mit der Tochter Ruth.
Wolf Dohrn: siehe Anm. zu Brief Nr. 9.

20. RILKE AN MÜNCHHAUSEN, 13. II. 1914
Beilage: Briefumschlag. Poststempel unleserlich
Anschrift: S. Hg. / Herrn Baron Thankmar von Münchhausen / Göttingen / Untere Karspüle 14 (v. Keudell'sches Haus) Allemagne

21. MÜNCHHAUSEN AN RILKE, 17. III. 1914
dann wieder [...] ins stille Göttingen: In Göttingen traf Rilke während eines erneuten Besuches bei Lou Andreas-Salomé (19.-23.7.1914) auf der Durchreise nach Leipzig auch T. v. M. wieder. Dieser unterrichtete ihn über eine neu erschienene Hölderlin-Edition von Norbert von Hellingrath. Kaum in Leipzig, bat Rilke den Herausgeber brieflich um ein Exemplar eines Sonderdrucks, der vor

allem die »späten Hymnen« Hölderlins aus dem noch unabgeschlossenen IV. Band der historisch-kritischen Ausgabe enthielt. Bereits am 29.7.1914 bestätigte Rilke den Empfang: »So wars doch mehr noch das Gefühl von jenem für mich vorhandenen Buch als Thankmars Mitteilung, was mich Ihnen auf der Stelle schreiben hieß [. . .].« (R. M. R., Briefe, hrsg. vom Rilke-Archiv in Weimar. In Verbindung mit Ruth Sieber-Rilke besorgt durch Karl Altheim, 11.-13. Tsd., Frankfurt/M. 1966, S. 469).

22. Rilke an Münchhausen, [15. VIII.] 1914
Feldpostbrief. Anschrift: An den Fahnenjunker Thankmar Freiherr von Münchhausen. XI. Armeekorps / 22. Division / Husaren Regiment Nr. 14 / 4. Eskadron
mit ein paar Gedicht-Zeilen aus den ersten Tagen: An Anna von Münchhausen schrieb Rilke noch am gleichen Tag: »Ich schicke Thankmar zwei Gedichte, die ich in den ersten Tagen dieses August aufschrieb, – Sie hätten mir nichts Lieberes tun können, als mir den Briefumschlag schicken, der heute gleichzeitig ins Feld weitergeht.« (R. M. R., GBr IV, S. 8). Bei diesen »zwei Gedichten« handelt es sich um eine Abschrift der beiden ersten von insgesamt »Fünf Gesängen« (mit Varianten in den Schlußzeilen des zweiten Gesanges), die Rilke – am 2.8.1914 in München eingetroffen, zuvor in Leipzig von dem für ihn unerwarteten Kriegsausbruch überrascht – in den mitgeführten Hellingrathschen Sonderdruck der Hölderlin-Gedichte unter dem Eindruck seiner unmittelbaren Lektüre eingetragen hat. Vgl. hierzu Herbert Singer, Rilke und Hölderlin, Köln-Graz 1957 (= Literatur und Leben, N. F. 3), vor allem die Kapitel »Hellingrath«, »Hölderlin-Lektüre«, »Der Krieg«, »An Hölderlin« und »Fünf Gesänge«. Zu diesen Gedichten und zu ihrer Entstehung während der Jubeltage des Augustanfangs 1914 hat Rilke sehr rasch Distanz gewonnen; schon im nächsten Brief an Anna von Münchhausen bekannte er am 29.8.1914: »die ersten Tage trieb mein Geist in der großen allgemeinen Strömung, konnte auf seine Art mit; dann besann ich mich, als unsäglich Einzelner, auf mich selbst, auf mein altes, mein bisheriges Herz (das ich nicht aufgeben kann)« (Briefe 1966, a. a. O., S. 470). Noch deutlicher sein Brief an Karl und Elisabeth von der Heydt vom 6.11.1914 (ebda., S. 477): »In den ersten Augusttagen

ergriff mich die Erscheinung des Krieges, des Kriegs-Gottes [...], jetzt ist mir längst der Krieg unsichtbar geworden, ein Geist der Heimsuchung, nicht mehr ein Gott, sondern eines Gottes Entfesselung über den Völkern.«

Hellingrath (der morgen als Freiwilliger einrückt): An Sidonie Nádherný berichtet Rilke am 28.8.1914: »Hellingrath hat sich in den ersten Tagen der Erregung freiwillig gemeldet, wohnt seit einer Woche in der Kaserne, wann seine Truppe aufbricht, ist noch unbestimmt. Thankmar Münchhausen steht als Fahnenjunker bei den Husaren und ist schon längst im Feld; wo man hindenkt, überall hat das Schicksal sich zum Herrn gemacht und das Unabsehliche in seine Hand genommen« (a. a. O., S. 223).

23. MÜNCHHAUSEN AN RILKE, 20. VIII. 1914
Vorderseite: Deutsche Reichspost / Feldpostkarte
Herrn Rainer Maria Rilke / Inselverlag / Leipzig. / [nachges.:] Irschenhausen. Post Ebenhausen / (Isarthalbahn) / Pension Landhaus »Schönblick« / Bayern
Absender: [Fahnenjunker Freiherr von Münchhausen / Eskadron Husarenrgt. 14, 3. Kar. Division]
(Stempel: FELDPOSTEXPEDITION DER / 3./ KAVALLERIE-DIVISION / 21.8.)

25. RILKE AN MÜNCHHAUSEN, 17. IX. 1914
Beilage: Briefumschlag mit Aufschrift: Feldpostbrief. / An den Fahnenjunker / Herrn Thankmar v. Münchhausen / 3. Kavallerie Division / Husaren Regiment Nr. 14 / 4. Eskadron
Randnotiz mit Bleistift von T. v. M.: »erh Verpel (Ardennes) 28 Sept 1914«

Verstehend hab ich noch niemand gesehen, außer Lou: In dem ausführlichen Brief von Lou Andreas-Salomé an Rilke vom 12.9.1914, der an Rilkes »dekonstruktivistischen«, 1914 erschienenen Aufsatz »Puppen. Zu den Wachs-Puppen von Lotte Pritzel« anknüpft, gipfelt ihre negative Kriegs-Analyse in dem Bekenntnis: »[...] dieses, dieses!, nicht die grausige Wirklichkeit, sondern das geheime Unwirkliche dran, das Gespenstische, das sich erst vampyrhaft mit Blut unserer auf Tiefes und Hohes gerichteten Gedanken vollsaugen muß, um zu wirken, um glaubhaft zu sein, um Opfer zu erlangen, – dieses entsetzt mich so stark, wie nie noch mich was entsetzte, und das macht, daß wenn mir der Mund auch aufginge, er doch nur beginnen könnte sinnlos zu schreien, – nicht aber mit einzustimmen in das Wort Aller.« (R. M.R/Lou Andreas-Salomé, Briefwechsel, hrsg. v. Ernst Pfeiffer. Neue erw. Ausg., Frankfurt/M. 1975, S. 362). Vgl. Anm. zum Brief Nr. 35.

26. MÜNCHHAUSEN AN RILKE, 10. X. 1914
Vorderseite der Feldpostkarte: Herrn R. M Rilke
[durchgestrichen:] Pension Schönblick / Irschenhausen bei Ebenhausen / Bayern / [nachgesandt:] Pension Pfanner / München / Finkenstr. 2

27. MÜNCHHAUSEN AN RILKE, [1. I.] 1915
Anschrift: Herrn Rainer Maria Rilke / Leipzig / Inselverlag
nachgesandt: Berlin W 10 / Bendlerstr. 6 (5.1.)

28. RILKE AN MÜNCHHAUSEN, 6. III. 1915
Beilage: Briefumschlag: Feldpost-Brief
Anschrift: An den / Fahnenjunker Thankmar Freiherrn von Münchhausen / 22. Kavallerie-Brigade / Husaren-Regiment Nr. 14 / 4. Eskadron / <u>Hasselt in Belgien</u> / über Aachen I, Lüttich
Bleistiftnotiz von Münchhausen: Hamond / 10.III.15
der Cornet in Leipzig mit Musik aufgeführt: Am 15. Februar 1915 fand die Aufführung in Leipzig statt; den Text sprach der Schauspieler Kurt Stieler, die Klavierbegleitung des Komponisten Kasimir von Paszthory spielte Magda von Hattingberg. Zur Dokumentation und zu Rilkes Einwänden »gegen das Nebeneinander von Musik und Wort, das die melodramatische Form (die für mich keine Kunst-Form ist) an sich hat« (an Anna von Münchhausen, 4.2.1915), vgl. R.M.R., Die Weise von Liebe und Tod des Cornets Christoph Rilke. Text-Fassungen und Dokumente. Bearb. u. hrsg. v. Walter Simon, Frankfurt/M. ²1976 (suhrkamp taschenbuch 190).
Fürst Franz Auersperg: Franz Joseph Prinz von Auersperg (1856-1938), Vetter der Fürstin Marie von Thurn und Taxis-Hohenlohe; vgl. deren Brief an Rilke aus Wien vom 20.1.1915 über die Vorbe-

reitung dieser »Wohltätigkeitsveranstaltung« mit der melodramatischen Aufführung des »Cornet«, diesmal in Wien.
lesen wir Hölderlin: Vgl. Rilkes Brief an Sidonie Nádherný vom 28.8.1914, Briefe a. a. O., S. 223: »ein Vordruck Hölderlin'scher Gedichte, den Hellingrath für seine Freunde der eigentlichen Ausgabe hat vorausdrucken lassen, und der Hyperion, der ja wunderlich beziehungsvoll sich liest und doch in seiner Art hülft, weil er von vornherein über allem steht und höher in einem Jenseits des Kriegs und einem Himmel der Liebe vor sich geht.«
Strindberg, Montaigne, Flaubert, die Bibel: Über Rilkes damalige Lektüre vgl. u. a. Rilkes Äußerungen in seinen Briefen an Marie von Thurn und Taxis-Hohenlohe vom 24.2., 9.7. und 2.8.1915, siehe: R. M. R./ Marie von Thurn und Taxis-Hohenlohe, Briefwechsel, besorgt durch Ernst Zinn. Neuausg., Frankfurt/M. 1986, S. 401, 426, 431.
Hellingrath . . . hat uns . . . von Hölderlins Wahnsinn gesprochen: Im Spätwinter 1914/15 hielt Norbert von Hellingrath, noch während seines militärischen Ausbildungsdienstes in München, zwei Rilke tief beeindruckende Vorträge über Hölderlin im Rahmen der »Kriegshilfe für geistige Berufe«: am 27.2.1915 über »Hölderlin und die Deutschen«, am 1.3.1915 über »Hölderlins Wahnsinn«.
Oberleutnant v. Mosch. Friedrich Carl von Mosch (geb. 1886, im 1. Weltkrieg gefallen), Regimentskamerad Thankmars von Münchhausen, den Rilke am 17.11.1914 in Frankfurt am Main kennengelernt hatte und für den er am 2.12.1914 in ein Exemplar des »Cornet« das Widmungsgedicht »Noch weiß ich sie, die wunderliche Nacht . . .« eingeschrieben hatte.
Aretin: Erwein Carl Freiherr von Aretin (1887-1952), Schriftsteller und Astronom, lebte in Solln bei München; Rilke lernte ihn Anfang des Krieges in München kennen und blieb auch später im Briefwechsel mit ihm.

29. MÜNCHHAUSEN AN RILKE, 18. III. [19]15
von einem Buche Schelers: vermutlich »Der Genius des Krieges und der deutsche Krieg«, 1915. Die beiden Teile des philosophischen Hauptwerks von Max Scheler (1874 München – 1928 Frankfurt a. M.), »Der Formalismus in der Ethik und die materielle Wertethik«, sind 1913 und 1916 erschienen.

Charles Péguy: franz. Philosoph und Dichter (1873 Orléans-1914 Villeroy, gefallen in der Marneschlacht).

30. Münchhausen an Rilke, 19. VI. 1915
[An den Rand geschrieben:] Berlin Schöneberg Martin Lutherstr. 51
Anschrift: Herrn / Rainer Maria Rilke / [gestrichen:] Leipzig / Inselverlag
[nachges.:] 21./6. München / Widenmayerstr. 32 / III / [b]/ Frau König
Unterdessen ward ich etwas verwundet: am linken Oberarm an der Ostfront in Litauen (29.5.1915).
ihrer Schwester: Elsbeth von Keudell (1857-1953), Oberin des Gräfin-Rittberg-Schwesternvereins vom Roten Kreuz, Tante von Thankmar von Münchhausen. Sie war 25 Jahre lang Oberin am Rittbergkrankenhaus in Berlin-Lichterfelde, das während des Krieges als Lazarett fungierte (als einziges unter ausschließlicher Frauenleitung).

31. Rilke an Münchhausen, 28. VI. 1915
Beilage: Briefumschlag. Poststempel: München 28.6.15 / 1-2 N
Anschrift: An den Fahnenjunker / Thankmar Freiherrn von Münchhausen / z. Zt <u>Berlin-Schöneberg</u> / Martin-Lutherstr. 51 / (Vereins-Lazarett vom Roten-Kreuz).
in der Wohnung von Bekannten ... mit dem schönsten Picasso: Die Wohnung in der Widenmayerstraße 32 gehörte der Gutsbesitzerin und Schriftstellerin Hertha Koenig (24.10.1884 Gut Böckel/Westf. – 12.10.1976 ebd.), die Rilke 1910 im Hause des Verlegers S. Fischer kennengelernt hatte. Auf den Rat Rilkes erwarb die bedeutende Sammlerin im Herbst 1914 aus der Münchner Galerie Thannhauser das große Bild aus Picassos »rosa Periode«: »La Famille des Saltimbanques« (1905). Rilke, durch den Kriegsausbruch seiner Wohnung und Habe in Paris beraubt, konnte die im Sommer leerstehende Münchner Wohnung Hertha Koenigs vom 14.6. bis 11.10.1915 bewohnen, als »Wächter am Picasso«, wie er sich nannte. Vgl. Hertha Koenig, Erinnerungen an Rilke. Rilkes Mutter, hrsg. v. Joachim W. Storck, Frankfurt/M. 2000 (it 2697), S. 13-36.

Mit dem Grafen Carlo Guicciardini: Mit dem Grafen G. (1875-1935?) hatte sich Sidonie Nádherný im März 1915 in Florenz verlobt. Auf ihre Bitte hin schrieb Rilke zu der damals noch bevorstehenden Hochzeit einige »Strophen zu einer Fest-Musik« (SW II, S. 98 f.); doch die Baronesse löste wenig später die Verlobung wegen Italiens Eintritt in den Krieg wieder auf.

33. Rilke an Münchhausen, 15. VII. 1915
Beilage: Briefumschlag. Poststempel: 15.7.15. 1-2 N
Anschrift: An den Fahnenjunker / Herrn Thankmar von Münchhausen / z. Zt. / Berlin-Schöneberg / Martin-Lutherstr. 5
neulich noch fragte Wolfskehl: Karl Wolfskehl (1869 Darmstadt – 1948 Auckland), deutsch-jüdischer Dichter aus dem Kreis um Stefan George, mit dem sich Rilke während seiner Münchner Kriegsjahre anfreundete. Er emigrierte 1933 und starb im Exil auf Neuseeland. Vgl. Anm. zum Brief Nr. 101.

34. Münchhausen an Rilke, 20. VII. [19]15
Feld-Postkarte. Poststempel: Berlin-Schöneberg 1 / 20.7.15. 5-6 N.
Abs.-Stempel: Vereinslazarett vom Roten Kreuz / Riftberg-Verein
Anschrift: Herrn R M Rilke / München / Widenmayerstr. 32^{III}

35. Rilke an Münchhausen, [1. VIII. 1915]
Beilage: Briefumschlag. Poststempel: 1.8.15. 11-12 V
Anschrift: SH / den Fahnenjunker / Thankmar Freiherrn von Münchhausen / Berlin-Schöneberg / Martin-Lutherstr. 51
Lotte Pritzel: (1887-1952), bekannte Wachspuppen-Künstlerin aus München. Rilke begegnete ihr erstmals im Herbst 1913 in München und sah dort eine Ausstellung ihrer Werke; nach einem Briefwechsel mit ihr traf er sie im Herbst 1914 wieder. Sein Essay »Puppen. Zu den Wachs-Puppen von Lotte Pritzel« erschien im März-Heft 1914 der neugegründeten expressionistischen Zeitschrift ›Die Weißen Blätter‹, deren Leser Rilke auch während der Kriegsjahre blieb.

36. MÜNCHHAUSEN AN RILKE, [3. VIII. 1915]
Feld-Postkarte. Poststempel: Berlin-Schöneberg 1 / 3.8.15. 1-2 N
Anschrift: Herrn Rainer / Maria Rilke / München / Widenmayerstr. 32^{III}
Absender-Stempel: Vereinslazarett vom Roten Kreuz / Rittberg-Verein

37. MÜNCHHAUSEN AN RILKE, [8. VIII. 1915]
Postkarte. Poststempel: Cassel / 8.8.15. 12-V
Aufdruck auf Postkarte: Fürstenhof, Cassel * Weinhandlung / (früher Hôtel Royal) / am Bahnhof
Anschrift: Herrn R M Rilke / München / Widenmayerstr. 32

38. MÜNCHHAUSEN AN RILKE, [9. VIII. 1915]
Postkarte.
Anschrift: Herrn R M Rilke / München / Widenmayerstr. 32

39. RILKE AN MÜNCHHAUSEN, 16. VIII. 1915
Beilage: Briefumschlag. Poststempel: München 16.8.15. 9-10 M
Anschrift: I. H. / dem Leutnant / Thankmar Freiherrn von Münchhausen./ Hôtel-Pension »Astoria« / Neuhauserstrasse 21 / <u>München</u>
Holdt: Hanns (Johannes) Holdt, Photograph in München, Giselastraße 21.
Georg Büchner's »Wozzek«: Rilke besuchte die Premiere von Büchners dramatischem Fragment am 24.6.1915 im Münchner Residenztheater, mit Albert Steinrück in der Titelrolle. Über seinen »ungeheuren Eindruck« berichtet er Katharina Kippenberg (28.6.1915) und noch ausführlicher der Fürstin Taxis (9.7.1915, in: Briefwechsel, a. a. O., S. 426f.): »Das ist Theater, so könnte Theater sein.«

40. RILKE AN MÜNCHHAUSEN, 3. IX. 1915
mir geht Deine Lage nach: Über seinen mehrwöchigen Erholungsurlaub, den er im August 1915 in München, später noch bei seiner Mutter in Hellerau verbrachte, resümiert Münchhausen in einem 1949 zusammengestellten, stichwortartigen »Lebenslauf 1893-1920« (Privatbesitz) über diese Tage: »[. . .] nach München, Pension Für-

stenhof, Neuhauserstraße. Zweck des Münchener Aufenthalts: Rilke, der in der Wohnung von Hertha König in der Widenmayerstraße unter großem ›Saltimbanques‹ von Picasso [...] wohnt; sehr viel mit ihm; Vorlesen der Elegien, Dutzen; häufig mit ihm im Theater, viel Strindberg; oft zusammen Preysingpalais. Sonst: Hoerschelmann, Lichtenstein [...].«

vom Ritter, »der sich verliegt«: Rilke zitiert hier das auf diese Sage verweisende Gedicht Stefan Georges VOM RITTER DER SICH VERLIEGT aus dem »Buch der Sagen und Sänge« (in: Die Bücher der Hirten- und Preisgedichte, der Sagen und Sänge und der Hängenden Gärten, 1895); »verliegen« meint in diesem Kontext »durch liegen versäumen«.

41. MÜNCHHAUSEN AN RILKE, [12.] IX. [19]15
Poststempel lt. Aufschrift: 12.9.1915

42. RILKE AN MÜNCHHAUSEN, [13. IX. 1915]
Beilage: Briefumschlag. Anschrift: I. H. / dem Leutnant / Thankmar Freiherrn von Münchhausen / 14tes Husaren-Regiment / Cassel / Hôtel Fürstenhof
Nachsenden: Dresden Hellerau / Schulheim
une longue et adorable lettre d'une de mes Amies de Paris: den Brief erhielt Rilke von Marthe Hennebert (1893 Paris – 1976 Draveil), einer Pariser Arbeiterin, die 1911 Rilkes Schützling wurde und die er der befreundeten Malerin Hedwig Jaenichen-Woermann (s. Brief Nr. 72) anvertraute; sie war später mit dem französischen Maler Jean Lurçat verheiratet. Rilke schrieb diesen Brief – mit seinen »reinsten, klarsten, gerechtesten Worten, die ich seit einem Jahr gelesen habe« – für die Fürstin Thurn und Taxis ab (Briefwechsel Bd. 1, a. a. O., S. 445).

43. MÜNCHHAUSEN AN RILKE, 15. XII. 1915
Wassjuny: In Wassjuny bei Godazischki blieb Münchhausen bei seinem Regiment vom 14.12.1915 bis zum 10.8.1916.

44. Münchhausen an Rilke, 3. I. 1916

An[n]ette Kolbs Adresse: Annette Kolb (1870 München – 1967 ebd.), Schriftstellerin, Tochter eines bayerischen Offiziers und einer französischen Mutter; während des 1. Weltkriegs Pazifistin, schrieb damals »Briefe einer Deutsch-Französin« (Berlin 1916), mit Rilke auch in der Gesinnung befreundet. In München wohnte sie Habsburger Platz 3^{III}; von 1916 bis 1919 lebte sie in der Schweiz, nach 1922 als Nachbarin René Schickeles in Badenweiler; 1933 ging sie nach Paris ins Exil; nach dem 2. Weltkrieg (in den USA exiliert) weilte sie abwechselnd in Paris, Badenweiler und München.

45. Münchhausen an Rilke, 16. VIII. [19]16

In Galizien: Anfang August 1916 wurde Münchhausens Regiment nach Galizien verlegt; blieb dort bis Mitte November 1916.

wo Du bist: Während der mehr als halbjährigen Schreibpause hatte Rilke seine militärische Dienstzeit in Wien abzuleisten, nachdem es im Dezember 1915 trotz diverser Eingaben zu seinen Gunsten nicht gelungen war, die Ende November nach erneuter Musterung erfolgte Einberufung des Vierzigjährigen rückgängig zu machen. Nach knapp dreiwöchigem Kasernendienst in Wien-Hütteldorf wurde er Ende Januar in das Wiener Kriegsarchiv überstellt. Ende Juni 1916 wurde er entlassen und kehrte Anfang Juli nach München zurück, in die bereits Ende Oktober 1915 bezogene Mietwohnung in der Keferstraße 11.

46. Rilke an Münchhausen, [24. VIII. 1916]

Beilage. Briefumschlag »Feldpost«. Poststempel: München / 29.8.16. 8-9 N.

Anschrift: S. H./ Herrn Leutnant Thankmar Freiherrn von Münchhausen/ 2te preuss. Kav. Division/ 22te preuss. Kav. Brigade. preuss. Hus. Rgt. 14 /2. Esk.

Dr. Lichtenstein: Dr. Erich Lichtenstein, (1888-1967), Literaturwissenschaftler und Verleger, lernte Rilke 1915 in München kennen. Gründete 1920 zusammen mit Thankmar von Münchhausen in Jena den Lichtenstein-Verlag, in dem 1920/21 eine bibliophile Hölderlin-Ausgabe erschien. Nach drei Jahren führte der Namensgeber seinen Verlag alleine in Jena noch weiter.

Rapp: Albert Rapp (1889-1969), Universitäts-Assistent in München; 1915 Bekanntschaft mit Rilke, Wolfskehl und Gertrud Ouckama Knoop.
Goltz: Hans Goltz, Bücherstube in München, Brienner Straße 8.
Marie Laurencin: französische Malerin (31.10.1885 Paris – 8.6.1956 Paris), debütierte 1907 im Salon des Indépendants, befreundet mit Picasso, Braque, Apollinaire u. a. Rilke lernte sie 1912 in Paris flüchtig, Münchhausen im gleichen Jahre intimer kennen (»Thankmars erste große Liebe«, Anm. von Hieronyma Baronin Speyart). Zwischen 1914 und 1920 war die Malerin auf Reisen in Spanien, Deutschland und in der Schweiz, heiratete 1914 in Paris den Maler Otto von Waetjen (1881 Düsseldorf – 1942 München), mit dem sie noch 1919 nach Paris zurückkehrte. Nach einer Begegnung in der Schweiz 1919 schildert Rilke die Malerin ausführlich in einem Brief an Gudi Nölke (Locarno) vom 15.1.1920; vgl. hierzu die Anm. zum Brief Nr. 108.

47. MÜNCHHAUSEN AN RILKE, 22. IX. 1916
Frau von Hellingrath: Marie von Hellingrath, geb. Prinzessin Cantacuzène (1866-?), Mutter von Norbert von Hellingrath, lebte in München.
Imma: Imma Freiin von Ehrenfels, Verlobte von Norbert von Hellingrath, später verh. Imma von Bodmershof (10.8.1895 Graz – 26.8.1982 Gföhl/Niederösterr.), Tochter des Prager Philosophen Christian Freiherr von Ehrenfels (1859-1932), Schriftstellerin; 1924 verh. mit Wilhelm von Bodmershof, lebte seit 1925 auf dem niederösterr. Gut Rastbach.

48. MÜNCHHAUSEN AN RILKE, [12. X. 1916]
Telegramm: Baden-Baden / 12.X.[1916] 12-2.
Anschrift: Herrn Rilke / Villa Alberti Keferstr / München
finde ich dich morgen münchen?: Über seinen zweiten Urlaub und sein Zusammentreffen mit Rilke im Oktober 1916 schreibt Münchhausen in seinem »Lebenslauf« (a. a. O., o. S.): »zweiter Urlaub. Berlin, Baden-Baden (wegen Hausvermietung), München, dort um Rilke zu sehen, der Keferstraße 11 (Haus Renée Alberti) wohnt; ein paar schöne Nachmittage und abends mit u. bei ihm, Lou Albert Lazard.

Dann noch Hellerau, zum Schluß paar Tage Berlin.« – Der Malerin Lou Albert-Lasard (Metz 1885 – 1969 Paris) begegnete Rilke im Herbst 1914 in Irschenhausen; in München lebte er 1914/15 zeitweise mit ihr zusammen. In Hofmannsthals Gartenhaus in Rodaun malte sie im Juni 1916 Rilkes Porträt.

49. RILKE AN MÜNCHHAUSEN, [12. X. 1916]
Telegramm: München post20 / 12.10.[1916] 4.55 / dringend
Anschrift: leutnant / baron münchhausen / Baden Baden Hotel Meßmer

50. MÜNCHHAUSEN AN RILKE, 7. XI. 1916
Beilage [von Rilke eingelegt]: »Bücherzettel für Thankmar von Münchhausen« [Liste:] Castell Fieber / Die Fackel [Karl Kraus] / Die Brüder menthe / Die treue Magd Bruno Frank / Arnold Zweig Geschichtenbuch / Klabund Moreau

Sebastian im Traum: postum (1915) erschienener Gedicht-Band von Georg Trakl (1887 Salzburg – 1914 Garnisonsspital Krakau).

wie damals Herr Däubler: Theodor Däubler (1876 Triest – 1934 St. Blasien), vor-expressionistischer Dichter, den Rilke in München mehrfach erlebte; so auf einer Lesung am 27.10.1916, auf die M. anspielt. Rilke berichtet darüber Katharina Kippenberg am 2.11.1916: »Denken Sie, daß er mir nichts gegeben hat, als noch einmal, nun vom Persönlichen aus, die erschütternde Verschüttung mit der seine Gedichte, je mehr ich davon lese, mich überstürzen [. . .]« (R.M.R./ Katharina Kippenberg, Briefwechsel, hrsg. v. Bettina von Bomhard, Frankfurt/M. 1954, S. 178).

Hörschelmann: Rolf von Hoerschelmann (1885-1947), Schriftsteller, Zeichner und Bühnenbildner (Münchner Kammerspiele), aus der Münchner Bohème. Rilke lernte ihn 1911 in Paris kennen und traf ihn häufiger während seiner Münchner Jahre.

Taube: Otto Freiherr von Taube (1879 Reval – 1973 München), baltischer Schriftsteller, lebte nach 1921 in Gauting bei München. Rilke traf ihn 1913 in Paris und während des Krieges 1917 in Berlin; mit T. v. M. befreundet.

51. RILKE AN MÜNCHHAUSEN, 13. XI. 1916
Beilage: Briefumschlag. Poststempel: München 13.11.16.8-9.
Anschrift: Feldpost / Dem / Leutnant Thankmar Freiherrn von
Münchhausen / 2te preuss. Kav. Division / 2. Esk. Hus. Rgt. 14. –
Auf der Rückseite hs. Notiz von T. v. M.: »Brief ist mit durch Rumänien gereist.«
Jaffé: Heinrich Jaffé (1862-1922), Buchhändler in München, Briennerstraße 54.
Castell, Fieber: Alexander Castell, (d.i. Willi Lang) (1883 Kurzrickenbach/Thurgau – 1939 Kreuzlingen/Thurgau), Schweizer Schriftsteller, lebte zeitweise in Paris; Fieber (3 Novellen), 1916.
Novellen oder Geschichten von Arnold Zweig: Arnold Zweig (1898 Groß-Glogau – 1968 Berlin/DDR), Geschichtenbuch. Novellen, 1916. Zuvor erschienen: Novellen um Claudia, 1912.
Klabunds Moreau: Klabund (eigentlich Alfred Henschke, 1890 Crossen/Oder – 1928 Davos), Moreau, Roman, 1916.
Bruno Frank's neuestes: Bruno Frank (1887 Stuttgart – 1945 Beverly Hills), Die treue Magd, Komödie, 1916.
Nansen, die Brüder Menthe: Peter Nansen (dän. Schriftsteller, 1861 Kopenhagen – 1918 Mariager), Die Brüder Menthe, Roman, deutsch 1916.
die eben herausgekommene Nummer der »Fackel«: ›Die Fackel‹, Hrsg.: Karl Kraus, Nr. 437-442, November 1916 (mit Zensur-Auslassungen).
der Stobbe'schen Bücherstube: Horst Stobbe (1884-1974), Buchhändler und Antiquar, Inhaber der Münchner »Bücherstube am Siegestor«, die Rilke häufig besuchte.
die Lasker-Schüler: Die Dichterin Else Lasker-Schüler (1869 Elberfeld – 1945 Jerusalem), war Rilke schon 1906 bekannt, als sie mit dem expressionistischen Publizisten und Verleger Herwarth Walden verheiratet war (1901-1911); 1910 entdeckte er ihre in der ›Fackel‹ erschienenen Gedichte. Am 27.10.1916 traf er sie bei der Lesung von Däubler wieder.
Becher: Johannes R[obert] Becher (1891 München – 1958 Berlin/DDR), »ein Irrlicht aus bodenloser Landschaft« (Rilke an Katharina Kippenberg, 11.12.1916). Harry Graf Kessler notiert in seinem Tagebuch über sein Zusammentreffen mit Rilke am 6.11.1917: »Zur

jüngsten Literatur hat Rilke ein Verhältnis, kennt Däubler, hat Becher vorgelesen. Wir sprachen dann über Becher« (zit. nach I. Schnack, R.-Chronik I, S. 576).
George Grosz: Sozialkritischer Maler und Graphiker (1893 Berlin – 1959 ebd.; 1932-1959 im amerikanischen Exil), den Rilke aus expressionistisch-pazifistischen Publikationen kannte.
Herzfelde: Wieland Herzfelde (1896 Weggis/Schweiz – 1988 Berlin/ DDR), Schriftsteller und Verleger; 1917 in Berlin Mitbegründer und Leiter des Malik-Verlags, für dessen Publikationen auch sein Bruder John Heartfield (v. a. mit sozialkritischen Photomontagen) sowie George Grosz arbeiteten.
Frl. Bierkowski: Kaethe Holl-Bierkowski (1892-1946), Schauspielerin am Münchner Hoftheater.

52. MÜNCHHAUSEN AN RILKE, 21. XI. 1916
morgen werden wir verladen: Am 22.11.1916 wurde Münchhausens Regiment bei Lemberg verladen und über Ungarn nach Siebenbürgen verlegt; zur Vorbereitung eines Feldzugs gegen Rumänien, das am 27.8.1916 Österreich-Ungarn den Krieg erklärt hatte und in Siebenbürgen eingedrungen war.
in die Türme der Regina Ullmann: Die von Rilke geförderte, mit ihm seit 1908 bekannte und später befreundete Schweizer Schriftstellerin (1884 St. Gallen – 1961 Ebersberg/Obb.) lebte während des Ersten Weltkrieges zeitweise in der alten Burg von Burghausen am Inn.
Thronerstrasse: Trogerstraße, siehe Anm. zu Brief Nr. 19.

53. MÜNCHHAUSEN AN RILKE, [1. I.] 1917
das war eine eilige Unternehmung: Sie war Teil einer Offensive der Armee des Generals von Falkenhayn, die im November 1916 nach der Rückeroberung von Siebenbürgen über den Szurduk und den Vulkan-Paß in die Walachei führte. Münchhausen erinnert sich in seinem »Lebenslauf« (a. a. O.): »Feldzug in Rumänien, schönste Episode des ganzen Krieges. Meist herrliches Wetter, wunderschöne Ritte, erst durch die Waldabhänge der transsylvanischen Alpen, dann durch die ebene Walachei. [. . .] Üppiges Essen in dem reichen Land.«
die Jaffé Sendung: vgl. Brief Nr. 51.

55. RILKE AN MÜNCHHAUSEN, 14. II. 1917
Briefumschlag. Einschreiben. Poststempel: München 14 / FEB / 17 /
13-4 N.
Anschrift: S. H. / Lt. Th. Frh. v. Münchhausen / z. Zt. Sanatorium
am Königspark. Wachwitz Post Loschwitz bei Dresden
Johannes V. Jensens Bücher: Johannes V[ilhelm] Jensen (1873 Farsö –
1950 Kopenhagen), sein Roman »Madame d'Ora« erschien 1904,
deutsch 1907.

56. MÜNCHHAUSEN AN RILKE, 4. III. [19]17
der Tod Hellingraths: Norbert von Hellingrath war am 14.12.1916 vor
Verdun gefallen. Vgl. Anm. zu Brief Nr. 4.
Imma Ehrenfels: vgl. Anm. zu Brief Nr. 47.

57. RILKE AN MÜNCHHAUSEN, 10. III. 1917
Beilage: Briefumschlag. Poststempel: München / 10.3.17. 4-5 N.
Anschrift: I. H. 7 Leutnant Thankmar Freiherrn von Münchhausen, / <u>Dresden-Loschwitz</u> / Sanatorium am Königspark
die alte Fürstin: Caroline Fürstin Cantacuzène-Deym, geb. Gräfin
Deym von Střítež (1842-1920), Witwe des Fürsten Theodor Cantacuzène (1841-1895) und Großmutter von Norbert von Hellingrath.
innerhalb des Schmerzes leistend zu sein: Das Thema von Schmerz und
Klage bestimmt bereits die beiden letzten der »Fünf Gesänge«, worin
die »Fahne des Schmerzes« dem Zorn des »schrecklichen Gottes«
entgegengesetzt wird. In seinem Entwurf einer »politischen Rede«,
der im Hochsommer oder Herbst 1919 im schweizerischen Soglio
entstand, beklagt Rilke beim Rückblick auf die »entsetzlichen fünf
Jahre«, wie »das einzige Wirkliche in ihnen von Anfang an nicht geleistet werden durfte: der Schmerz. [. . .] diese Umdeutung des Tatsächlichen in seine patriotischen Potenzen hat den Schmerz bis auf
ein mindestes abgestellt [. . .].« (SW VI, S. 1095).
Elisabeth: Elisabeth von Hellingrath, Schwester von Norbert v. H.

58. MÜNCHHAUSEN AN RILKE, 30. III. [19]17
vom Prinzen Friedrich Leopold (Sohn) von Preussen: Prinz Friedrich Leopold von Preußen (geb. 1895), jüngster Sohn von Prinz Friedrich Leopold (geb. 1865), dem einzigen Sohn von Friedrich Karl von Preußen (Bruder von Kaiser Wilhelm I). Über ihn berichtet Münchhausens »Lebenslauf« aus dem Sanatoriumsaufenthalt in Dresden-Wachwitz im Spätwinter 1917: »Mehrere Monate in dem ganz neuen, eben eröffneten Sanatorium. Gäste u. a. Pz. Friedrich Leopold (Sohn von Preußen).«
Alastair: eigentlich Hans Henning Otto Harry Baron von Voigt (1887 Karlsruhe – 1969 München). Zeichner, Illustrator, beeinflußt von Beardsley; später auch Übersetzer u. Schriftsteller.

59. MÜNCHHAUSEN AN RILKE, 2. IV. [19]17
Postkarte. Poststempel: Cassel / 2.4.17 / 6-7 N.
Anschrift: Herrn Rainer Maria Rilke / Villa Alberti / München / Keferstr. 11

60. MÜNCHHAUSEN AN RILKE, 7. IV. 1917
Telegramm. [Hellerau] 7. April 1917 / 9.46. An: rilke keferstr 11 muenchen

61. MÜNCHHAUSEN AN RILKE, 4. IV. [19]17
Postkarte. Poststempel: Berlin / 8.4.17. 11-12 N.
Anschrift: Herrn Rainer Maria Rilke / Villa Alberti / München / Keferstr. 11

62. RILKE AN MÜNCHHAUSEN, [7. IV. 1917]
Zitiert nach einer Abschrift

63. MÜNCHHAUSEN AN RILKE, 19. IV. [19]17
France douce terre: Anspielung auf einen Vers aus der »Chanson de Roland«, zitiert von Stefan George in seinem Zeitgedicht »Franken« aus dem »Siebenten Ring« (1907): »returnent franc en France dulce terre«.
»Die Krankheit«: Erzählung von Klabund, 1917 erschienen.

64. RILKE AN MÜNCHHAUSEN, 4. V. 1917
Beilage: Briefumschlag: Feldpost-Brief. Poststempel: München / 4.5.17. 12-1 N.
Anschrift: I. H. / Leutnant / Thankmar Freiherrn von Münchhausen / 2. Eskad. / Husaren-Rgmt. 14.
Polder: recte: Dolder.
Georg Kaiser: Erfolgreicher deutscher Dramatiker der zwanziger Jahre (1878 Magdeburg – 1945 Ascona). Die Bürger von Calais (1914), Von Morgens bis Mitternachts (1916). Emigrierte 1938 in die Schweiz.
das Problem »Spargelbund oder Madonna«: vgl. RMR an Elisabeth Taubmann, Böckel 8.8.1917, zit. in: RMR, Über moderne Malerei. Zusammenstellung und Nachwort von Martina Krießbach-Thomasberger. Frankfurt/Main u. Leipzig 2000 (insel taschenbuch 2546) S. 86: »Man glaubt nicht, wie weit doch noch am sujet haftende Vorlieben den Maler beeinflussen, Madonna und Apfel sind gleichwertig, aber in hundert Einzelheiten überwiegt doch noch der Inhalt!«
Kaiser: auch »Kaiserlein« oder »Kalserlein«? Vermutl. Münchner Schaupieler.

65. MÜNCHHAUSEN AN RILKE, 10. V. 1917
Jensen: Johannes V. Jensen (vgl. Anm. zum Brief Nr. 55), Exotische Novellen (Eksotiske noveller), 1907-1915; Mythen und Jagden (Myther), Novellen, Auswahl 1911.
Kornfeld: Paul Kornfeld (1889 Prag – KZ Lodz 1942), expressionistischer Dramatiker. Die Verführung, Tragödie 1916.
Kayserling: Eduard (Graf von) Keyserling (1855 Schloß Paddern/Kurland – 1918 München), impressionistischer Erzähler und Dramatiker, Fürstinnen, Erz. 1916.

66. MÜNCHHAUSEN AN RILKE, 1. VI. 1917
Feldpostkarte. Poststempel: K. D. Feldpost / 4.6.18./ 3. Eskadron / Husaren-Regiment 14. Anschrift: Herrn Rainer Maria Rilke / Villa Alberti / München / Keferstrasse 11

68. MÜNCHHAUSEN AN RILKE, 26. VIII. [19]17
Karl Federn: Jurist, Mediziner und Schriftsteller (1868 Wien – 1943 London), lebte seit 1908 in Berlin, nach 1919 zeitweise im Auswärtigen Amt tätig, nach 1933 Emigration über Kopenhagen nach London; schrieb Romane, Novellen und Essays. Vgl. Anm. zum Brief Nr. 69.

69. RILKE AN MÜNCHHAUSEN, 3. IX. 1917
Beilage: Ansichtskarte: »Böckel b/Bieren Kr. Herford i/Westf.«. [Photo:] Emil Zümi, Freiburg i./ B. No 813
ich bin im Westfälischen: Auf Einladung von Hertha Koenig konnte Rilke, gesundheitlich geschwächt, den Hochsommer und Herbst auf ihrem westfälischen Gut Böckel bei Bieren verbringen (25.7.-4.10.1917).
Frau Koenigs Großvater für ihren Vater [. . .]: der Großvater war Leopold Koenig (1821 St. Petersburg – 1903 Bonn), auch als russischer »Zuckerkönig« bekannt; er kaufte 1874 das verwaiste Gut Böckel für seinen Sohn Karl Koenig (1849 St. Petersburg – 1929 Böckel). Von ihm übernahm seine Tochter Hertha in den zwanziger Jahren die Verwaltung des Gutes. Vgl. hierzu Hertha Koenig, Der Fährenschreiber von Libau. Eine Familiengeschichte, hrsg. und mit einem Nachwort versehen v. Joachim W. Storck. Bielefeld 1993.
drei Bände Flake: Otto Flake (1880 Metz – 1963 Baden-Baden), Essayist, Erzähler, Dramatiker; im Elsaß aufgewachsen; Autor des S. Fischer Verlags.
Roman von Gustav Sack: Gustav Sack (1885 Schermbeck – 1916 Finta mare b. Bukarest, gefallen), bekannt geworden durch seinen Roman »Ein verbummelter Student«.
die Familie Federn: der Vater von Dr. Karl (Carl) Federn (s. Anm. zum Brief Nr. 68), Josef (Salomon) Federn (1831 Prag – 1920 Wien), österreichischer Mediziner, führte in Wien ein literarisches Haus.
eine frauenrechtlerische Schwester: Etta Federn-Kohlhaas (eigentl. Marietta Federn), (1883 Wien – 1951 Paris), jüngere Schwester von Karl Federn, Germanistin und Biographin; schrieb u. a. über »Goethe und Christiane« (1916) sowie »Walther Rathenau. Sein Leben und Wirken« (1927); lebte seit 1932 in Spanien, seit 1936 in Frankreich.

71. MÜNCHHAUSEN AN RILKE, 7. X. [19]17
Kartenbrief. »Durch Eilboten«. Poststempel: Hellerau 7.10.17.12
N / Leipzig 7.10.17. 6-7 N / Berlin 10.10.17, 5-6 V. – Anschrift:
Herrn Rainer Maria Rilke / [gestr.] Insel Verlag Leipzig / [nachges.]
Berlin / Hotel Esplanade

72. RILKE AN MÜNCHHAUSEN, 8. X. 1917
Beilage: Briefumschlag. Poststempel: Berlin W / 8.10.17. 1-2 N
Anschrift: S. H. / Leutnant / Thankmar Freiherrn von Münchhausen / z. Zt. Hellerau b. Dresden
die Ausstellung der nachgelassenen Werke von Paula Modersohn: Im
Herbst 1917 zeigte die Kestner-Gesellschaft in Hannover die bislang
umfangreichste Ausstellung der frühverstorbenen Malerin Paula
Modersohn-Becker (8.2.1976 Dresden – 20.11.1907 Worpswede),
mit der Rilke seit dem in Worpswede verbrachten Herbst 1900, wie
mit seiner späteren Frau, der Bildhauerin Clara Westhoff, freundschaftlich verbunden war. Ihrem frühen Tod im Wochenbett (1907)
ist sein 1908 entstandenes »Requiem für eine Freundin« gewidmet.
Rilkes geplante Reise nach Hannover kam wegen der Verlängerung
seines Berliner Aufenthaltes nicht mehr zustande.
Clara und Ruth nach Fischerhude bei Bremen: Nach Fischerhude hatte
sich Claras Mutter Johanna Westhoff (1856-1941) einige Jahre nach
dem Tod ihres Mannes Friedrich Westhoff (1840-1905) zurückgezogen. Dorthin übersiedelten 1918 aus München auch Clara Rilke-Westhoff und die Tochter Ruth.
Frau Hedwig Jaenichen-Woermann: Malerin und Bildhauerin (1879
Hamburg – 1960 Wustrow), verheiratet mit dem Bildhauer (und
vormaligen Finanzassessor) Jaenichen, lebte von 1908 bis 1914 in Paris, wo Rilke sie kennenlernte (vgl. Anm. zum Brief Nr. 42); während des Ersten Weltkriegs in Dresden (vgl. Br. Nr. 92).

73. MÜNCHHAUSEN AN RILKE, 10. X. [19]17
Briefkarte mit Aufdruck: Hotel Esplanade / Berlin W. / Bellevuestrasse
eben höre ich dass Du hier bist: Rilke kam, von Gut Böckel, am
4.10.1917 nach Berlin; er blieb, den Aufenthalt mehrfach verlängernd, bis zm 9.12.1917. Münchhausen berichtet in seinem »Le-

benslauf« über die ersten Tage: »9.-12.10. Berlin, Fürstenhof. Sehr viel mit Rilke, der im Esplanade wohnt. Rilke ist mir sehr behilflich, mir die fehlenden Verbindungen zu verschaffen.«

74. RILKE AN MÜNCHHAUSEN, 14. X. 1917
Beilage: Briefumschlag. Poststempel: Berlin 15.10.-17, 12-16. Anschrift: S. H. / Leutnant Thankmar Freiherrn von Münchhausen / Hellerau / bei Dresden. — Auf der Rückseite: »heute früh wieder vergeblich an den Fürstenhof T.« (mit Bleistift: »Prinz Fr. Leo. von Preussen«)
die Première von Hauptmann's Winterballade: Gerhart Hauptmann (1862 Ober-Salzbrunn/Schles. — 1946 Agnetendorf/Schles.), Winterballade. Eine dramat. Dichtung. Urauff.: Deutsches Theater Berlin, 17.10.1917.
Selma Lagerlöf: Vgl. Anm. zum Brief Nr. 9. Ihre Erzählung »Herrn Arnes Schatz (Herr Arnes Arnespenningar)« erschien schwed. und deutsch 1904.

75. MÜNCHHAUSEN AN RILKE, [15. X. 1917]
Auf einem Formular »Telegraphie des Deutschen Reiches« (o. O. u. D.) im Hotel Esplanade niedergeschrieben

76. MÜNCHHAUSEN AN RILKE, 20. X. [19]17
Postkarte. Poststempel: Cassel / 20.10.17. 6-7 N.
Anschrift: Herrn R M Rilke / Berlin W / Hotel Esplanade / Bellevuestr

77. MÜNCHHAUSEN AN RILKE, [24. X. 1917]
Briefkarte. Aufdruck: Hotel »Der Fürstenhof« Berlin W. / am Potsdamer Platz
Poststempel: 24.X.1917
ich bin wieder da: Über die folgenden Wochen vom 24.10. bis 29.11.1917 erinnert sich Münchhausen in seinem »Lebenslauf«: »Berlin, Fürstenhof. In dieser Zeit, vor allem durch Rilke, sehr viel Menschen kennengelernt: Winterfeld, Brendenstein (Meckl-Gesandter, mir sehr hilfreich damals), Seeckts, Marie von Bunsen, Harry Kessler, Lettré, Wolde, Orlik, E. R. Weiss, Renée Sintenis,

Hertha König [!], Leo König, Moritz Heymann [Heimann], Albrecht Bernstorff, Pechstein, Fritz Rhein, Graf Georg Wedel, Titi Taxis, Mme Edhem Bey usw. [...].«

78. MÜNCHHAUSEN AN RILKE, 27. X. [19]17
Briefkarte. Aufdruck: Hotel »Der Fürstenhof« Berlin W. / am Potsdamer Platz
Anna Münchhausen: Hier handelte es sich nicht um T. v. M.s Mutter, sondern um Anna von Münchhausen, geb. von Breitenbach, verw. Crusius (1871 Hummelshain – 1945 Windischlauba), die Frau des Dichter Börries von Münchhausen (1874 Hildesheim – 1945 Windischleuba) (freundliche Auskunft von Hieronyma Baronin Speyart).

79. RILKE AN MÜNCHHAUSEN, [5. XI. 1917]
Beilage: Umschlag mit Aufdruck: Hotel Esplanade / Berlin. – Anschrift mit Bleistift: Leutnant / Baron Thankmar von Münchhausen. / Fürstenhof / Zimmer 167. – Datum von fremder Hand ergänzt.
Kessler: Harry Graf Kessler (23.5.1868 Paris – 30.11.1937 Lyon), Diplomat, Kunstförderer und Schriftsteller, Gründer der Cranach-Presse in Weimar. Rilke war in seiner Pariser Zeit häufig mit ihm zusammen; seine Briefe an den Grafen wurden aus dessen Nachlaß entwendet. Hauptquelle bleiben Kesslers Tagebücher. Über die erste von mehreren Begegnungen während Rilkes Berliner Wochen, teilweise zusammen mit Münchhausen, notierte Kessler in seinem Tagebuch vom 2.11.1917: »Rilke, der mir geschrieben hatte, frühstückte bei mir im Adlon; mit ihm ein junger Münchhausen. Er sagte, er habe schon seit Monaten gewünscht, mich zu sprechen, weil ich am ehesten aus ähnlichen Lebensumständen ihm die Frage beantworten könne, die er sich selber seit Anfang des Krieges immer wieder stelle: Wohin gehöre ich? [...] Die ganze Unterlage seines früheren Lebens, jedes Gedichtes, das er geschrieben habe, sei durch diesen Krieg brüchig geworden. [...].« (Harry Graf Kessler, »Aus den Tagebüchern«, mitgeteilt von Bernhard Zeller, in: Jahrbuch der Deutschen Schillergesellschaft, 12. Jg. 1968, S. 82 f.)

80. RILKE AN MÜNCHHAUSEN, [9. XI. 1917]
Beilage: Briefumschlag, unfrankiert, ungestempelt. – Aufschrift: Leutnant / Thankmar Freiherrn von Münchhausen / Hôtel Fürstenhof

81. RILKE AN MÜNCHHAUSEN, [10. XI. 1917]
Visitenkarte [durchstrichen: Rainer Maria Rilke], dat.: 10 Nov 17
Frau Feist: Hermine Feist-Wollheim, Sammlerin, befreundet mit Max Liebermann und Emil Orlik, lebte in Berlin-Wannsee; ihr Sohn, der Schriftsteller und Übersetzer Dr. Hans Feist (1887-1952), befreundet mit Thomas Mann, Rudolf Borchardt u. a., wohnte nach Rilkes Abreise in die Schweiz vorübergehend in Rilkes Münchner Wohnung Ainmillerstraße 34.

82. RILKE AN MÜNCHHAUSEN, [16. XI. 1917]
Beilage: Umschlag, unfrankiert, ungestempelt. – Anschrift: Leutnant / Thankmar Freiherrn von Münchhausen / Hôtel Fürstenhof
Titi Taxis: Prinzessin Pauline [»Titi«] Thurn und Taxis, geb. Prinzessin von Metternich-Winneberg (1880 Preßburg – 1960 Füssen), verm. 1906 mit Prinz Max v. Thurn und Taxis (1876 Mentone – 1938 Schloß Plaß bei Pilsen).
Renée Sintenis: Bildhauerin (1888 Glatz – 1965 Berlin-Schöneberg), verh. mit dem Maler und Graphiker E. R. Weiß (1875-1942). Rilke hat die Künstlerin während seines Berlin-Aufenthaltes im Okt./Nov. 1917 mehrfach, auch mit anderen, besucht; außer mit T. v. M. mit Ilse Gräfin Seilern am 11. und am 13.11., am 14.11. mit Hertha Koenig und Lutz Wolde.
nach Bernstorff's Rat: Albrecht Graf Bernstorff (1890-1945 hingerichtet), trat nach Studium in Oxford und Kiel 1914 in den Diplomatischen Dienst, aus dem er 1933 auf eigenen Wunsch ausschied, trat für eine deutsch-englische Verständigung ein. In der NS-Zeit mehrfach verhaftet; nach dem 20. Juli 1944 zum Tode verurteilt und im April 1945 erschossen. Rilke hatte Bernstorff schon in München flüchtig gekannt; er traf ihn 1919 in der Schweiz wieder.
Deine Angelegenheit: Hierzu schreibt Münchhausen in seinem »Le-

benslauf« für Okt./Nov. 1919: »Da infolge der sich häufenden schweren Asthmaanfälle meine weitere Kriegs-Verwendungsfähigkeit sehr fraglich ist, versuche ich, meinen ursprünglichen Lebensplan verfolgend, ins Auswärtige Amt einzutreten. Diesem Bemühen sind die nun folgenden Monate gewidmet. Bis am 8.3.18 diese ›Seifenblase‹ endgültig zerplatzt.« – Für den 5.11.1917 folgt die Eintragung: »Auswärtiges Amt den Gesandten v. Romberg aufgesucht, ihn über Möglichkeit eines Kommandos an der Gesandschaft nach Bern gefragt; negativ. – Fast täglich mit Rilke im Adlon in spaßiger Atmosphäre gefrühstückt. Er berät sich in meiner Angelegenheit mit Albrecht Bernstorff; [. . .].«

83. RILKE AN MÜNCHHAUSEN, 28. XI. [19]17
Beilage: Briefumschlag, unfrankiert, ungestempelt. – Anschrift: Leutnant Thankmar Freiherrn von Münchhausen
Wie war's bei Herzog [. . .]?: Wilhelm Herzog (1884 Berlin – 1960 München), Schriftsteller und Publizist, Kriegsgegner, gab in München die Zeitschrift ›Forum‹ heraus, die 1915 von der Kriegszensur verboten wurde. Rilke traf ihn mehrfach in München und im Dezember 1915 in Berlin.
einem wirklich verheerenden Sturm-Abend«: vermutlich ein Leseabend in der Privatgalerie von Herwarth Walden (eigentl. Georg Lewin), (1878 Berlin – nach Emigration in die Sowjetunion seit 1941 verschollen), in erster Ehe mit Else Lasker-Schüler verheiratet, gründete 1910 die expressionist. Zeitschrift ›Der Sturm‹. Schon während der ersten Tage in Berlin besuchte Rilke die »Sturm«-Galerie »mit beginnender Zustimmung zu den Bildern von Chagall« (an Katharina Kippenberg, 9.10.1917).

84. MÜNCHHAUSEN AN RILKE, 29. XI. [19]17
abends bei Seeckts: Hans von Seeckt (1866 Schleswig – 1936 Berlin), Generaloberst, während des Ersten Weltkriegs Generalstabschef verschiedener Heeresgruppen; baute seit 1920 als Chef der Heeresleitung die »Reichswehr« als »Staat im Staate« auf.
der Oberin: Else von Keudell, s. o. Anm. zum Brief Nr. 30.

85. RILKE AN MÜNCHHAUSEN, 2. XII. 1917
Beilage: Umschlag (Briefkarte)
Anschrift: An den Leutnant / Thankmar Freiherrn von Münchhausen / Hellerau b. Dresden
Inga Woellwarth: nicht ermittelt.
dem Grafen Schulenburg: Friedrich Bernhard Graf von der Schulenburg (1865 Bobitz – 1939 St. Blasien), Besitzer von Gut Tressow in Mecklenburg, 1902-1906 Militärattaché in London, von 1916 bis Kriegsende General der Kavallerie, Chef des Stabes der Heeresgruppe Kronprinz; verheiratet mit Freda, geb. Gräfin Arnim (1873 Berlin – 1939 Lübeck), die während der Kriegsjahre das Gut Tressow leitete. Vgl. die Erinnerungen ihrer Tochter Tisa von der Schulenburg: Ich hab's gewagt. Freiburg i. Br. ⁷1988 (Herder-Bücherei 874) (frdl. Mitteilung von Hieronyma Baronin Speyart van Woerden).

86. MÜNCHHAUSEN AN RILKE, 7. XII. 1917
Telegrammformular
Anschrift: rilke esplanadehotel berlin w

87. MÜNCHHAUSEN AN RILKE, 9. I. 1918
wenn Schuler nicht mehr fesselt: Alfred Schuler (1865 Mainz – 1923 München), Privatgelehrter und Schriftsteller, gehörte um 1900 zusammen mit Karl Wolfskehl und Ludwig Klages zur Runde der »Kosmiker« im Kreis um Stefan George. Von den Vorträgen in kleinerem Kreise, in denen der »Sonderling [. . .] am römischen Kaiserreich Einsichten in die Weltmysterien gefunden« habe, hörte Rilke im März 1915 einen, im Winter 1917/18 noch zwei weitere Vorträge.
der gute Wedel: Graf Georg von Wedel, damals Personalchef im Auswärtigen Amt.

88. MÜNCHHAUSEN AN RILKE, 1. II. 1918
die schöne Figur von Renée Sintenis: Vgl. Britta E. Buhlmann, Renée Sintenis. Werkmonographie der Skulpturen. Darmstadt 1987, Nr. 58: Stehende (1915/16) Bronze H. 18,8 cm. Abb. S. 167.
dass Du noch im continental wohnst: Bevor Rilke im Juli 1917 der Einladung von Hertha Koenig nach Böckel in Westfalen folgte, hatte er

seine Münchner Mietwohnung in der Keferstraße 11 aufgegeben. So mußte er, im Dezember nach München zurückgekehrt, im Hotel ›Continental‹ wohnen, bis er eine Wohnung in der Ainmillerstraße 34 finden und dort Anfang Mai 1918 einziehen konnte.
Die Aufführung der Koralle: Die Koralle, Drama von Georg Kaiser (s. Anm. zum Brief Nr. 64), Berlin 1917.
Wegener: Paul Wegener (1874 Arnoldsdorf/Westpr. – 1948 Berlin), Schauspieler (auch Film, vor allem im frühen deutschen Stummfilm), 1906-1920 Charakterdarsteller an Max Reinhardts Deutschem Theater, danach am Schillertheater in Berlin.
Herrn Deutsch: Ernst Deutsch (1890 Prag – 1969 Berlin), kam über Wien, Prag, Dresden nach Berlin zu M. Reinhardt; 1933 Emigration in die USA; seit Ende der vierziger Jahre Rückkehr nach Europa zu Gastspielen.
Madame Edhem bey: In Berlin lebende Dame aus Istanbul. Sie besaß ein schönes Landhaus am Bosporus.
Hessels: Franz Hessel (21.11.1880 Stettin – 6.1.1941 Sanary-sur-Mer), Schriftsteller aus deutsch-jüdischer Familie, Dichter kleiner Prosa als Pariser »Flaneur« und Berliner »Spaziergänger«, Übersetzer (erster Proust-Übersetzer, zusammen mit Walter Benjamin), studierte um 1900 Literaturgeschichte in München und schloß sich der dortigen Boheme an, für die er zusammen mit Franziska zu Reventlow den »Schwabinger Beobachter« schrieb. Er lebte von 1906 bis 1914 zumeist in Paris, wo er auch Rilke kennenlernte und sich mit dem jungen T. v. M. anfreundete. 1924-1933 (heimlich bis 1938) arbeitete er als Lektor bei Rowohlt in Berlin; emigrierte 1938 nach Paris, war 1940 im Internierungslager. – Helen Hessel, geb. Grund (30.4.1886 Berlin – 1982 Paris), Malerin, später Modejournalistin für die ›Frankfurter Zeitung‹, seit 1913 mit Franz Hessel verheiratet; zwischen Paris und Berlin wechselnd in einer »mariage à trois« mit Hessel und dessen französischem Freund (seit 1906), dem Schriftsteller und Journalisten Henri-Pierre Roché (1879 Paris – 1959 ebd.). Dessen Roman »Jules et Jim« (Paris 1953), worin auch T. v. M. als »Fortunio« porträtiert erscheint, wurde später Vorbild zu dem gleichnamigen französischen Film von François Truffaut (1962).

89. RILKE AN MÜNCHHAUSEN, 3. II. 1918
Beilage: Briefumschlag. – Anschrift: S. H. / Herrn Leutnant Thankmar Freiherrn von Münchhausen / Berlin-Schöneberg / Martin Lutherstraße 51 III
die andere stehende Figur: »Indianerin«, Plastik von Renée Sintenis, die Rilke im Herbst 1917 erwarb. Vgl. B. E. Buhlmann, a. a. O. S. 187, Nr. 87 (nur lit. Beleg), 1917, Bronze H. 30,0 cm. Vgl. Anm. zum Brief Nr. 88
bei Caspari ausgestellt: Kunstgalerie in München, die Rilke, wie auch die Galerie Thannhauser, häufiger besuchte.

90. RILKE AN MÜNCHHAUSEN, 7. II. 1918
Beilage: Briefumschlag. Poststempel: München 7.2.18. 2-3 N. – Anschrift: S. H. / Leutnant Thankmar Freiherrn von Münchhausen / Berlin-Schöneberg / z. Zt. Vereins-Lazarett Gfn. Rettberg / Martin Lutherstraße 51 III
den Tod Maria von Keudell's: Marie v. Keudell (»Tante Mie«) (1838-1918), Landschaftsmalerin in Berlin, älteste Schwester von Thankmars Mutter. Innerhalb der Kunstkommission für die Weltausstellung in Chicago 1893 war sie Vorsitzende der deutschen Kunstabteilung der Frauen; bis 1913 Vorsitzende des Vereins der Künstlerinnen in Berlin.
Konzert von Fräulein Auguste Hartmann: Augusta Hartmann-Rauter, Sängerin, Verwandte von Hertha Koenig, auch mit Rilke befreundet, seit er sie während seines Gastaufenthaltes auf Gut Böckel als Besuch näher kennengelernt hatte. Darüber berichtet Hertha Koenig in ihren Erinnerungen: »Später kam Augusta Hartmann in unsere Runde. ›Sie ist keine Sängerin‹, sagte Karl Wolfskehl, ›sondern eine Singende‹. [. . .] Sie sang viele, in Bibliotheken selbst ausgegrabene alte Lieder; sang sie ganz vom innersten Wort aus. Auch alte weltliche Lieder. Ein Barocklied, das Rilke liebte: / Wenn die Bettelleute tanzen, / Schüttelt der Kober und der Ranzen.« (Hertha Koenig, Erinnerungen an Rainer Maria Rilke. / Rilkes Mutter, a. a. O., S. 44-45).
in der Bearbeitung Georg Stolzenbergs: Georg Stolzenberg (Berlin 1857-?), Musiklehrer, Kritiker und Pianist, Begleiter Augusta Hartmanns.

91. MÜNCHHAUSEN AN RILKE, 14. II. [19]18
Gussie Römer: nicht ermittelt.
der Aufbruch eines Menschen: Anna von Münchhausen hatte Anfang 1918 die Leitung ihrer Privatschule in Hellerau niedergelegt und beabsichtigte, nach Baden-Baden zu übersiedeln, wo bis zu seinem Tode 1913 ihr Schwager Otto von Münchhausen gelebt hatte (vgl. Brief Nr. 18 u. Anm.).

92. RILKE AN MÜNCHHAUSEN, 5. III. 1918
Beilage: Briefumschlag. Poststempel: München 5.3.18. 4-5 N.
Anschrift: S. H. / Leutnant Thankmar Freiherrn von Münchhausen,/ Berlin-Schöneberg
was die letzten Tage geschehen [. . .] ist alles von einer obstinaten Rückständigkeit: Rilke hatte nach der russischen Oktoberrevolution und dem Friedensaufruf der neuen Regierung im Dezember auf einen baldigen Verständigungsfrieden gehofft (an Katharina Kippenberg, 17.12.1917: »wäre nicht der Gedanke an das herrliche Rußland [. . .] –: neue Zeit, Zukunft, endlich!«); statt dessen kündigten die Mittelmächte im Dezember den Waffenstillstand mit Rußland, setzten ihren Vormarsch an der ganzen Ostfront fort und erzwangen den Diktatfrieden von Brest-Litowsk (3.3.1918).
Hedwig Jaenichen-Woermann: vgl. Anm. zum Brief Nr. 72.
Rosen: vermutlich ein Angehöriger der Diplomaten- (und Orientalisten-)Familie Rosen, der zum Bekanntenkreis Thankmar von Münchhausens gehörte. Friedrich Rosen (1856 Leipzig – 1935 Peking) war seit 1916 Gesandter in Den Haag, später, 1921, im 1. Kabinett Wirth Reichsaußenminister; sein Sohn Georg Rosen (1895 Schirwan/Persien – 1961 Detmold) trat 1921 in den Auswärtigen Dienst ein; während des 2. Weltkriegs in den USA; nach der Rückkehr nach Deutschland (1950) Botschaftsrat in London und Botschafter in Montevideo.

93. MÜNCHHAUSEN AN RILKE, 7. III. [19]18
Postkarte. Poststempel: Berlin-Schöneberg / 7.3.18 / 7-8 N.

94. MÜNCHHAUSEN AN RILKE, 8. IV. [19]18
Nun ist allerlei zu berichten: Ergänzungen nach Münchhausens »Lebenslauf«, a. a. O.: »8.1.[1918] erfahre ich von Bernstorff im A.A., daß mein Aufnahmegesuch vom A.A. bewilligt und ich vom A.A. beim Militär-Kabinett angefordert sei. / 24. Jan. Gf. Wedel teilt mit, daß Militär-Kabinett meine Anforderung abgelehnt habe; er will weiter versuchen. [. . .] / Graf Wedel teilt mit, daß die Militärbehörde meine Freigabe fürs Amt definitiv abgelehnt hat. / [. . .] also 21.3. zurück nach Kassel zur Ersatzschwadron. / [. . .] wo ich erfahre, daß ich zur Ers. Esc. des Jäger Rgts. z.Pf. nach Langensalza versetzt bin. / 3.4.-19.9.: Langensalza. Im ganzen wohl die trostloseste und unfroheste Zeit meines Lebens. [. . .] Höchst stumpfsinniges Garnisondasein unter unsympathischen Vorgesetzten, ganz anders als im Hus Reg 17.«
Frau Dietzel: Näheres nicht ermittelt.

95. MÜNCHHAUSEN AN RILKE, 17. VII. 1918
mein kleiner Jubelbaum: Anspielung auf Rilkes Gedicht »Klage«; darin die Zeile: »Jetzt aber bricht mir mein Jubel-Baum«. Das Gedicht – Anfang Juli 1914 in Paris entstanden – wurde mit 4 weiteren Gedichten in der Ersten Folge der Zeitschrift ›Die Dichtung‹ veröffentlicht, die Wolf Przygode (1895-1926) gemeinsam mit dem mit Rilke befreundeten expressionistischen Dichter Alfred Wolfenstein (1883 Halle/Saale – 1945 Paris) Anfang 1918 im Münchner Roland Verlag herausgegeben hat.

96. RILKE AN MÜNCHHAUSEN, 5. VIII. 1918
die Wohnung unseres Consuls Baron Ramberg: Ainmillerstraße 34^{IV} in Schwabing. Egon Freiherr von Ramberg (1869-1938), damals k. k. österreichisch-ungarischer Konsul in München. Am 8.5.1918 zog Rilke in dessen vormalige Wohnung ein.
seine österreichische Köchin: Rosa Schmid, aus Österreich stammende Haushälterin. Über sie vgl. Adalbert Schmidt, »Aus Rilkes letzten Münchner Jahren«, in: Sudetenland. Europäische Kulturzeitschrift, Jg. 36/1994, S. 106-113.
Helen Hessel: vgl. Anm. zum Brief Nr. 87.
ein Prosa-Buch von Albrecht Schaeffer: Josef Montfort, Roman, 1918

(hierüber Brief Rilkes an Katharina Kippenberg vom 14.8.1918, a.a.O., S. 306f. – Albrecht Schaeffer (1885 Elbing – 1950 München) Lyriker, Dramatiker und Epiker, Autor des Insel-Verlags, lebte seit 1913 als freier Schriftsteller in Berlin, seit 1918 in Oberbayern; 1933-1950 im Exil in den USA. Rilke traf ihn während des Krieges in München.
in einigen Machwerken Stefan George parodierte: Albrecht Schaeffer und Ludwig Strauß: Die Opfer des Kaisers, Kremserfahrten und die Abgesänge der hallenden Korridore, Leipzig 1918. Seinen Widerwillen gegen diese Art von Parodie, bei der sich »aus Verhöhnung und Huldigung überhaupt kein Gericht von befriedigendem Geschmack zusammenrühren« ließe, gab Rilke auch gegenüber Katharina Kippenberg Ausdruck, die damals für den Verlag und für das Erscheinen des Buches verantwortlich zeichnete (a.a.O., S. 298f.). – Ludwig Strauss (1892 Aachen – 1953 Jerusalem), Schriftsteller und Privatgelehrter, Autor des Insel-Verlags; emigrierte 1935 nach Palästina.

97. MÜNCHHAUSEN AN RILKE, 22. X. [19]18
Louise Labé Sonette: Die vierundzwanzig Sonette der Louïze Labé / Lyoneserin. 1555. Übertragen von R.M.R., Leipzig 1917 (Insel-Bücherei Nr. 222).
einige Dinge von Max Weber: Von dem damals – nach Professuren in Berlin und Freiburg i. Br. – in Heidelberg lebenden Soziologen und Nationalökonomen Max Weber (1864 Erfurt – 1920 München) wurde T. v. M. 1918/19 vermutlich durch dessen aktuellste Schriften »Wahlrecht und Demokratie in Deutschland« (1917), »Wissenschaft als Beruf« sowie »Politik als Beruf« (1919) besonders beeindruckt.
bin auch wieder [. . .] in Heidelberg immatriculiert: Aus Münchhausens »Lebenslauf« (a.a.O.): »17.9. kommt die Nachricht, daß das Entlassungsgesuch mit Wirkung vom 15.9. genehmigt worden ist [. . .]. Damit ist meine Militärzeit kurz vor Kriegsschluß beendet.«. [Oktober/November 1918] »Heidelberg (Besprechung mit Gothein, da Alfred Weber in Berlin mit Politik beschäftigt, über Doktorat) nach Baden-Baden. [. . .] In Baden-Baden die Novemberrevolution erlebt, die dort sehr friedlich. Gleich danach nach Berlin, über Bernstorff mit Solf, der jetzt Außenminister, wegen Eintritt ins Amt ver-

handelt [. . .] Entschluß, zunächst Doktorexamen zu machen. Zurück nach Baden-Baden.«

98. Münchhausen an Rilke, 13. XII. [19]18
in einigen Tagen gern etwas nach München: Aus Münchhausens »Lebenslauf« (a. a. O.): »Mitte Dezember W[alter] T[ritsch] nach München begleitet, dort viel mit Rilke Ainmillerstraße. Abend im Preysing-Palais-Club mit Rilke, Kassner, Th. Mann etc. Vortrag General Gf. Montgelas.«

99. Münchhausen an Rilke, [16. XII. 1918]
Telegramm. Anschrift: rilke ainmillerstr 34 muenchen

101. Münchhausen an Rilke, 17. V. 1919
Gundolf erzählt: Friedrich Gundolf (eigentl. Gundelfinger) (1880 Darmstadt – 1931 Heidelberg), bedeutendster Literaturwissenschaftler aus dem George-Kreis, Prof. an der Universität Heidelberg von fachübergreifender Anziehungskraft. Während seiner letzten Heidelberger Semester 1919 ist Münchhausen, als Doktorand, dem bewunderten Lehrer auch menschlich nähergekommen; nicht zuletzt durch »Elli« Salomon (Dr. Elisabeth Salomon, Assistentin von Alfred Weber), die seit 1916 mit Gundolf verbunden war und die dieser 1926, gegen den Willen Stefan Georges, geheiratet hat. Rilke hat sie 1923 während eines Kuraufenthaltes im Schweizer Sanatorium Schöneck kennengelernt und ihr zwei Gedichte gewidmet. Vgl. J. W. Storck, »Rilke – Wolfskehl – Gundolf«, in: Blätter der Rilke-Gesellschaft 14/1987, S. 119-140. – Vgl. Anm. zu Brief Nr. 110.
Alfred Weber: jüngerer Bruder von Max Weber, Prof. für Nationalökonomie, seit 1907 in Heidelberg (1868 Erfurt – 1958 Heidelberg), Kultursoziologe, Doktorvater von T. v. M.

102. Münchhausen an Rilke, 28. VI. [19]19
Beilage: Umschlag. Poststempel: Baden-Baden 28.6.19
Anschrift: Herrn Rainer Maria Rilke / München / Ainmillerstr 34
die Bernusse: Alexander von Bernus (1880 Aeschach bei Lindau – 1965 Schloß Donaumünster) Naturwissenschaftler und Schriftstel-

ler, lebte 1889-1926 im Stift Neuburg bei Heidelberg; verh. mit Bertha v. B., geb. von Hefner-Alteneck. B. hatte Rilke 1915 nach Neuburg eingeladen; R. traf ihn in München.

103. RILKE AN MÜNCHHAUSEN, 4. VIII. [1919]
Beilage: Briefumschlag. Poststempel: Soglio 4.VIII.19
Anschrift: An / Thankmar Frhrn von Münchhausen, Heidelberg / Marktplatz 5
Nachges.: 8/8 Baden-Baden / Werderstrße 11
nach allem in München Durchgemachten: vgl. J. W. Storck, Rilke in München, München, Verein zur Förderung der Stiftung Villa Stuck e. V. 1997. Rilke bezieht sich hier auf seine Erfahrungen mit der von ihm begrüßten Revolution vom November 1918, auf seine Verehrung für Kurt Eisner und auf dessen Ermordung am 21.2.1919, auf die anschließenden Wirren, die kurzfristige »Rätezeit«, schließlich auf die noch »schlimmeren« Wochen der Konterrevolution, die den Dichter aus München, aus Deutschland vertrieben. (W. Hausenstein, 1931). – Die letzten Wochen vom 26.3.-2.6.1919 war Lou Andreas Salomé bei Rilke in München zu Besuch.
Soglio im Bergell: vgl. Hans-Joachim Barkenings, Nicht Ziel und nicht Zufall. R. M. R. in Soglio, Chur ³1990. – In Soglio blieb Rilke vom 29.7-21.9.1919.
Gräfin Dobrženský: Mary Gräfin Dobrženský von Dobrženicz, geb. Gräfin Wenckheim (1889 Meran – 1970 Ascona). Sie lebte als Witwe des im Krieg gefallenen Grafen Anton D. (1889-1915) auf Schloß Pottenstein (Potštejn) in Böhmen, befreundet mit Karl Kraus, der Fürstin Mechtilde Lichnowsky und Sidonie Nádherný.

104. MÜNCHHAUSEN AN RILKE, 22. VIII. 1919
Beilage. Briefumschlag. Poststempel: Heidebrink / auf Wollin. 28.8.19
Anschrift: Herrn Rainer Maria Rilke / (Soglio / Bergell, Graubünden) / Schweiz
auch die Familie Gothein: Eberhard Gothein (1853 Neumarkt – 1923 Berlin), Historiker in Karlsruhe, Bonn und Heidelberg, einer der Universitätslehrer Thankmars v. M. – Sein Sohn Percy Gothein (1896 Bonn – 1944 KZ Neuengamme), studierte nach schwerer

Kriegsverwundung in Heidelberg, wo er zum Kreis um Stefan George zählte; wirkte nach 1936 von Italien aus für die deutsche Widerstandsbewegung, wurde 1944 verhaftet und im KZ umgebracht.

105. MÜNCHHAUSEN AN RILKE, [16. X. 1919]
Beilage: Briefumschlag. Poststempel: Heidelberg 16.10.19 / Leipzig 17.10.19 / Nyon 20.X.19 7 Bahnpost ambulant
Anschrift: Herrn Rainer Maria Rilke / [gestr.: Leipzig / Inselverlag // gestr.: p.Adr. Frau Gräfin Dobrzensky, Nyon a/Genfer See / gestr.: Hôtel de Russie, Genève / Grand Hotel Brissago.

106. MÜNCHHAUSEN AN RILKE, 15. XI. [19]19
Postkarte. Poststempel: Heidelberg / 15.11.19 / 6-7 N / Soglio 20.11.19 / Bahnpost ambulant
Anschrift: Herrn Rainer Maria Rilke / Soglio im Bergell / Kanton Graubünden / Schweiz
(nachges.: l'Ermitage / Nyon / nachges.: Berne, Bellevue Palace)

107. RILKE AN MÜNCHHAUSEN, 25. XI. 1919
Beilage: Briefumschlag. Poststempel: Bern 25.XI.19 V / Einschreiben
Anschrift: Thankmar Freiherrn von Münchhausen / Baden-Baden / Werderstrasse
(nachgesandt: Heidelberg / Ingrimstr. 38)
j'ai provoqué une invitation au Tessin: bei Madame Elvire Bachrach aus Brüssel, der Besitzerin des Castello San Materno in Ascona bei Locarno. Vgl. J. W. Storck, »Rilke im Tessin 1919/1920. Ein Wiederanheilen an Europa«, in: Blätter der Rilke-Gesellschaft 24/2002, S. 24 f.
»Lesezirkel Hottingen«: Altbekannte literarische Vereinigung in Zürich, die den Dichter schon vor Ende des Krieges zu einer Lesung in Zürich eingeladen hatte. Nachdem Rilke im Juni 1919 in die Schweiz hatte einreisen können, gelang es neugewonnenen Schweizer Lesern und Freunden, die ursprüngliche Einladung zu einer Lesereise zu erweitern, die Rilke nach zwei Lesungen in Zürich zu weiteren erfolgreichen Lesungen nach St. Gallen, Luzern, Basel, Bern und schließlich nach Winterthur führte.

108. RILKE AN MÜNCHHAUSEN, 15. I. 1920
wie gut wir einander in Zürich begegnet sind: Rilke war Marie Laurencin am 27.10.1919 in Zürich wiederbegegnet; sie war bei seiner dortigen Lesung anwesend. Nach dieser Begegnung schildert Rilke die Malerin und ihre Kunst ausführlich in einem Brief an Frau Gudi Nölke aus Locarno vom 13.1.1920 und betont: »das unentbehrliche Paris verbindet uns«; in: Die Briefe an Frau Gudi Nölke / aus Rilkes Schweizer Jahren, hrsg. v. Paul Obermüller, Wiesbaden 1953, S. 36-38.
Une hospitalité à la Campagne près de Bâle: Schon zu Weihnachten 1919 hatte den Dichter in Locarno eine Einladung der anläßlich seiner dortigen Lesung neu gewonnenen Basler Freunde erreicht; in diesem Falle von Frau Dory von der Mühll, geb. Burckhardt, der Schwester Carl Jacob Burckhardts, die während der Sommermonate mit ihrem Mann auf dem Schönenberg bei Pratteln, unweit Basel, ein Landgut ihrer Mutter, Helene Burckhardt-Schazmann, zu bewohnen pflegte, das im Winter und Frühjahr leer stand. Vgl. Anm. zum Brief Nr. 112.

109. RILKE AN MÜNCHHAUSEN, [14. II. 1920]
Telegramm. Locarno 14.2.[1920]. 4.35. Nach Baden-Baden

110. MÜNCHHAUSEN AN RILKE, 16. II. [1920]
Freund Kauders: Hans Kauders (Spitzname »Habakuk«) (1880 Prag – 1952 Golino bei Ascona), Übersetzer aus dem Französischen, 1908-13 in Paris im Künstlerkreis des Café du Dôme. Jugendfreund Münchhausens aus den Pariser Jahren sowie aus dem Heidelberger Sommersemester 1913.
den hohen philosophischen Doktorgrad erworben: Hierüber berichtet Münchhausens »Lebenslauf« für 1919 (a. a. O.): »Von Beginn des Sommersemesters an in Heidelberg mit [Walter] Tritsch [1892-1961]. Regelmäßig Gundolf- und Weberkolleg, Weber- und Gothein-Seminar, häufig Gotheinkolleg. Mit Tritsch an meiner Dissertation gewerkelt. [...] Bekanntschaft mit Elli Salomon, Assistentin von [Alfred] Weber. [...] Ab Oktober wieder Heidelberg. Vorbereitungen zum Doktorexamen, Repetitor. Jetzt sehr viel mit Elli Salomon, durch diese zu Gundolf. Beginn meiner Freundschaft zu ihm.

Dazu immer Walter Tritsch. [. . .] Dezember Doktorexamen. Prüfende Gothein, Anschütz, Thoma. ›Magna cum laude‹. Kurz danach ›Doktorschmaus‹ im Hotel Viktoria mit Gundolf, Elli, Tritsch, Schweinburg.«

das Buch des Herrn Spengler: Oswald Spengler (1880 Blankenburg/ Harz – 1936 München); sein umstrittenes geschichtsphilosophischer Hauptwerk »Der Untergang des Abendlandes, Band I: Umrisse einer Morphologie der Weltgeschichte«, konzipiert 1912, erschien 1918.

Kassners Zahl und Gesicht: Rudolf Kassner (29.5.1873 Groß-Pawlowitz/Mähren – 1.4.1959 Sierre), Kulturphilosoph, Privatgelehrter, lebte meist in Wien, seit 1946 in Sierre/Siders (Wallis). Mit Rilke seit 1907 bekannt, seit 1911 befreundet. »Zahl und Gesicht« erschien 1919. Münchhausen lernte Kassner durch Rilke in München kennen.

111. RILKE AN MÜNCHHAUSEN, 3. III. 1920
Telegramm. Nach Baden-Baden.

112. RILKE AN MÜNCHHAUSEN, 6. III. 1920
Beilage: Briefumschlag. Express / Einschreiben. Poststempel: Pratteln 6.III.20
Anschrift: Thankmar Freiherrn von Münchhausen / Werderstrasse 11 / Baden-Baden (ev. bitte nachzusenden!)
in Locarno [. . .] eine fortwährende, sehr erschöpfende Ausgabe: bezieht sich auf Rilkes Hilfsbemühungen für Angela Guttmann, geb. Müllner (1890-1922? Moskau 1985?), eine zum Judentum übergetretene Österreicherin, die der Dichter in Locarno kennengelernt hatte; vgl. J. W. Storck, Rilke im Tessin 1919/20, a. a. O., S. 26-27; Ingeborg Schnack, »Wer war Angela Guttmann? Zu Rilkes Winter in Locarno 1919/20«, in: Rainer Maria und die Schweiz, hrsg. v. Jacob Steiner, Zürich 1992, S. 109-122
Helene Burckhardt-Schazmann: Witwe (1872-1949) von Professor Carl Christoph Burckhardt in Basel, bewohnte dort den Ritterhof aus dem 18. Jahrhundert (Rittergasse 20); Mutter von Carl J. Burckhardt und Theodora von der Mühll-Burckhardt, s. u.
Carl Burckhardts: Carl J[akob] Burckhardt (10.9.1891 Basel –

3.3.1974 Genf), Schweizer Diplomat, Historiker und Schriftsteller, war 1918-1921 Attaché bei der Schweizer Gesandtschaft in Wien, dort mit Hofmannsthal befreundet; Rilke lernte ihn am 7.12.1919 in Zürich kennen, T.v.M. kannte ihn als Studienfreund seit seinen in München und Göttingen verbrachten Semestern 1913/14.
Burckhardts Schwester, Frau v. d. Mühll: Theodora (Dory) von der Mühll, geb. Burckhardt (20.8.1896 – 26.9.1982), verheiratet mit dem Architekten Hans von der Mühll (1887-1953), Schriftstellerin und Historikerin, befreundet mit Rilke, Hofmannsthal, Annette Kolb u. a.

113. MÜNCHHAUSEN AN RILKE, 9. III. 1920
Beilage: Briefumschlag. Poststempel: Baden-Baden 9.3.20 / 3-4
Anschrift: Herrn Rainer Maria Rilke / Gut Schönenberg bei Pratteln / Baselland / Schweiz
gern komm ich nach dem Schönenberg: Hierüber schreibt T. v. M. in seinem »Lebenslauf« zu 1920: »März in der Schweiz, zu v. d. Mühlls in den Ritterhof, dann auf den Schönenberg, dort im Pächterhause mit Rilke gehaust, herrliche Tage. Mehrfach nach Basel, Fastnacht, ›Morgenstreich‹ [...]; Matthäuspassion im Münster.« – Das gemeinsame Erlebnis der Matthäus-Passion am 20.3.1920 bestätigt auch Rilke in einem Brief an Sidonie Nádherný vom 22.3.1920 (a. a. O., S. 307): »Thankmar Münchhausen kam mich hier besuchen, sendet Ihnen seine aufmerksame Erinnerung. Sonst nichts Neues: es sei denn, daß ich Samstag im Münster die vollständig aufgeführte Matthäus-Passion gehört habe, – aber das ist eine undatierbare und eigentlich uneinräumliche Begebenheit, au dessus de la vie de tous les jours – –.«

114. MÜNCHHAUSEN AN RILKE, [12. III. 1920]
Postkarte. Poststempel: Baden-Baden / 12.3.20. 3-4 N.

115. MÜNCHHAUSEN AN RILKE, [12. III. 1920]
Telegramm. Baden-Baden 12.3.20. 10.10. Rilke / Schönenberg / Pratteln

116. Münchhausen an Rilke, [13. III. 1920]
Telegramm. Baden-Baden. 13.III.20. 4.40. / Rilke / Schönenberg / Pratteln

117. Münchhausen an Rilke, 14. IV. 1920
Beilage: Briefumschlag. Poststempel: Saalfeld (S)-Naumburg / Bahnpost / Zug 425/15
Anschrift: Herrn Rainer Maria Rilke / Schönenberg bei Pratteln / Baselland / Schweiz
wie schön diese alte Dornburg [. . .] speziell Sophiens Wohnung darin: Sophie Freiin von Bülow (1858-1932) war eine 35 Jahre ältere Cousine von T. v. M., eine Tochter der Schwester seines Vaters. Sie schloß sich 1907 ihrer älteren Schwester Frieda von Bülow (1857 Berlin – 12.3.1909 Dornburg) an, als diese – durch ihr mehrjähriges Leben in Deutsch-Ostafrika und ihr schriftstellerisches Wirken als »Afrikaforscherin« bekannt geworden – ihren Wunsch sich erfüllte, in die thüringische Heimat zurückzukehren. Beide Schwestern wählten das Schloß Dornburg an der Saale als Wohnsitz. Frieda von Bülow – auch sie, wie Anna von Münchhausen, eine Freundin von Lou Andreas-Salomé und durch diese seit 1897 mit Rilke bekannt – starb bereits 1909; seitdem lebte ihre Schwester Sophie alleine in der Dornburger Wohnung.
Freyholds: Karl von Freyhold (1878 Freiburg i. Br. – 1944 ebd.), Maler und Illustrator, u. a. von Kinderbüchern.

118. Rilke an Münchhausen, 29. IV. 1920
Beilage: Briefumschlag. Einschreiben. Poststempel: Pratteln 23.IV.20. II
Anschrift: An / Thankmar Freiherrn von Münchhausen / [gestrichen:] Dornburg a/d. Saale/ Altes Schloß / Deutschland. // Baden-Baden
ce robuste désespoir qu'est »le Reich«: vgl. R. M. R., Briefe an Nanny Wunderly-Volkart, besorgt durch Rätus Luck unter Mitarbeit v. Niklaus Bigler, Frankfurt/M. 1977, S. 854: »Wirklich, es giebt nichts, wozu ich in leidenschaftlicherem Gegensatz stände, als dieses ›Reich‹ . . ..« (Muzot, 16.1.1923).

119. MÜNCHHAUSEN AN RILKE, 7. V. [19]20
Postkarte. Poststempel: Bahnpost Eisenach-Lichtenberg / 7.5.
1920
Anschrift: Herrn R. M. Rilke / Gut Schoenenberg / bei Pratteln / Basel-Land, Schweiz
Auch will Wolde mit mir in Heidelberg sein: Georg Ludwig (Lutz) Wolde (1884-1949), Verleger, Schriftsteller und Übersetzer, gründet 1911 zusammen mit seinem Freund Willy Wiegand die ›Bremer Presse‹; mit R. A. Schröder, Hofmannsthal u. a. befreundet; seine Berliner Wohnung in der Hohenzollernstraße 15 war ein gesellschaftlicher Treffpunkt in den zwanziger Jahren.

120. RILKE AN MÜNCHHAUSEN, 13. V. 1920
Beilage: Briefumschlag. Poststempel: Pratteln 14.5.20
Anschrift: An / Dr. Thankmar Freiherrn von Münchhausen / Werderstrasse 11 / Baden-Baden / Deutschland. – Anliegend: Ansichtskarte. Gut Schönenberg
ob man mich nach München zurückläßt: Über Rilkes drohende Ausweisung aus seinem »Wohnsitz« München, seine Bemühungen um eine Schweizer Aufenthaltsverlängerung und die Erlangung eines neuen, nun tschechoslowakischen Reisepasses vgl. u. a. seine Briefe an Dr. Hanns Buchli und die Anm. hierzu in: R. M. R., Briefe zur Politik, hrsg. v. Joachim W. Storck, Frankfurt/M. u. Leipzig 1992, S. 300-311.

121. MÜNCHHAUSEN AN RILKE, 15. V. [19]20
Postkarte. Poststempel: 15.5.20. 4-5 N

122. MÜNCHHAUSEN AN RILKE, 23. VIII. 1920
Beilage: Briefumschlag. Poststempel: Baden-Baden / 23.7.20. 6-7 N
Anschrift: Herrn Rainer Maria Rilke / Gut Schöneberg / bei Pratteln / Kanton Basel / Schweiz
Unser Pariser Freund Roché: Vgl. Anm. zum Brief Nr. 88 (Hessels)
Gaston Gallimard: Pariser Verleger, Hrsg. der Zeitschrift ›La Nouvelle Revue Française‹.

123. MÜNCHHAUSEN AN RILKE, 5. VIII. 1920
Beilage: Briefumschlag. Poststempel ausgeschnitten. Nachsendestempel: Basel/Fil. S.B. Bhf. 10.VIII.20. / Nachgesendet: Hôtel des Bergues / Genève
Das Ehepaar Wätjen: s. Anm. zum Brief Nr. 46 (Marie Laurencin).
Salon Caspari, Briennerstrasse: eine der Münchner Kunstgalerien.
Präsident Momm: Wilhelm Momm (1865-1935), Preußischer Regierungspräsident.

125. MÜNCHHAUSEN AN RILKE, 19. VIII. [19]20
Beilage: Briefumschlag. Poststempel: Baden-Baden 20.8.20
Anschrift: Herrn Rainer Maria Rilke / Gut Schönenberg / bei Pratteln / Kanton Baselland / Schweiz. Nachgeschickt: Bellevue-Palace / Bern. Poststempel: Basel/Fil. S.B. Bhof 25.VIII.20
der einzige menschliche Mensch [. . .] Kemes: nicht ermittelt.

126. MÜNCHHAUSEN AN RILKE, 6. X. [19]20
Beilage: Briefumschlag / Einschreiben. Poststempel: Gielde 7.10.20
Anschrift: Herrn Rainer Maria Rilke / München /Ainmillerstrasse 34
Für meinen kleinen Verlag: 1919/20 gründete T. v. M. mit seinem Freund Dr. Erich Lichtenstein (über diesen vgl. die Anm. zum Brief Nr. 46) den Lichtenstein Verlag in Jena, aus dem er nach drei Jahren wieder ausschied.
Veronica Erdmann: Dr. phil. Veronika Erdmann (später Erdmann-Czapski) (1894 Dorpat – 1984 Tegernsee?), Schriftstellerin baltischer Herkunft. Über sie und ihre Gedichte schrieb Rilke ausführlich und empfehlend an Katharina Kippenberg am 9.3.1926 (a. a. O., S. 574-576), u. a.: »als (1920?), in dem höchst ephemeren Verlage von Lichtenstein in Jena, ein kleines Buch Gedichte von Veronika Erdmann erschien [. . .]«; wohl: Die Gedichte vom fremden Leben, 1921. Der Verfasserin sandte Rilke am folgenden Tag ein Exemplar seiner Valéry-Übertragungen mit dem eingeschriebenen Widmungsgedicht: »Daß solcher Auftrag unser Auftrag werde . . .« (SW II, S. 269).

127. RILKE AN MÜNCHHAUSEN, 13. XII. 1920
Beilage: Briefumschlag / Einschreiben. Poststempel: Flaach
13.XII.20
Anschrift: Thankmar Freiherrn von Münchhausen / durch den
»Lichtenstein-Verlag« / Hinter der Kirche 1 / Jena / Deutschland
im Style des 17ten Jahrhunderts [. . .] Deinem Verlags-Compagnon [. . .] vertraut: bezieht sich auf Dr. Lichtensteins profunde Kenntnis der deutschen Barock-Literatur, vor allem Hofmanns von Hofmannswaldau, über den Rilke 1915 mit dem Gelehrten korrespondiert hatte.
Carl Burckhardt vorzufinden: Die Freude hierüber hat Rilke dem inzwischen nach Wien zurückgekehrten Schweizer Diplomaten in einem Brief vom 21.12.1920 bestätigt. Darin berichtet er auch das Neueste über den gemeinsamen Freund T. v. M.: »Thankmar von Münchhausen [. . .] hat sich an einem kleinen Verlage in Jena (Lichtenstein Verlag, neu begründet von einem Dr Erich Lichtenstein) betheiligt, scheint aber dabei innerhalb des engern badensischen Gebietes und bis ins Bayerische hinüber recht beweglich geblieben zu sein, – wenigstens überschüttet er mich mit den wechselndsten Adressen, die ich alle unberücksichtigt gelassen habe, da sie mich erst, sehr nachträglich, alle zusammen, auf Umwegen erreichen sollten.« (R. M. R., Briefe an Schweizer Freunde. Erweiterte und kommentierte Ausgabe, hrsg. v. Rätus Luck, unter Mitwirkung von Hugo Sarbach, Frankfurt/M. und Leizig 1994, S. 163).
Herr von Pilar: Andreas Baron von Pilar-Pilchau (1891-1960), aus Estland stammend, Page des letzten Zaren; ein Freund von Carl J. Burckhardt, der ihn in München kennengelernt hatte.
in Paris!: Nach Erlangung eines tschechoslowakischen Passes, wozu der in Prag geborene Dichter berechtigt war, vermochte Rilke vom 23.-30.10.1920 erstmals seit 1914 sein geliebtes und vertrautes Paris wiederzusehen.
die liebenswürdige Duchesse de Clermont-Tonnerre: Elisabeth Duchesse de C.-T. geb. de Gramont (1875-1954), französische Schriftstellerin. Rilke war mit ihr in Paris noch am 30.10. bei der mit ihm befreundeten polnischen Cembalistin Wanda Landowska zusammengetroffen.
in Basel eine Bekannte: es handelte sich nochmals um Angela Guttmann (vgl. Anm. zum Brief Nr. 112), die inzwischen nach Basel

übersiedelt war; dort bereitete sie ein Buch über Negerkunst vor. Im
März 1921, von seinem damaligen Aufenthaltsort Berg am Irchel
aus, ließ er ihr Manuskript auch Katharina Kippenberg zur Überprüfung zukommen.
Goethe [. . .] im Grabmal der Tänzerin: in der Elegie »Euphrosyne«.

128. MÜNCHHAUSEN AN RILKE, 1. II. [19]21
Beilage: Briefumschlag. Poststempel: Brodany 1.II.21
Anschrift: Herrn Rainer Maria Rilke / Schloß Berg am Irchel /
Kanton Zürich / Schweiz
in meinem alten Kinderparadies: Das Gut aus dem Besitz der Herzogin
Nathalie von Oldenburg gehörte vor 1919 zu Ungarn und trug den
ungarischen Namen Brogyán; der slowakische Name des Gutes, das
nach der Staatsgründung in der Folge der Pariser Vorortverträge zur
Tschechoslowakei kam, lautete Brodaný. In seiner Kindheit und Jugend verbrachte T. v. M. dort – öfter im Wechsel mit dem v. Keudell'schen Gut Hohenlübbichow bei Frankfurt/Oder – viele erleb-
nisreiche Sommerferien (Reiten!); so 1902, 1903, 1905, 1906, 1908,
1912, 1913. Später, 1935-1936, übernahm T. v. M. zeitweise die Verwaltung des Gutes. Rilke beschreibt es nach den Schilderungen seines Freundes in einem Brief an Dory von der Mühll vom 10.3.1921:
»Es ist dies der Besitz einer morganatischen verwitweten Herzogin
von Oldenburg, der nächsten Freundin seiner Mutter. Jugend-, ja
Kindheitserinnerungen verbinden ihn mit diesem Gut und er lebt
behaglich dort, den Morgen den Pferden widmend, den Nachmittag den Büchern und den Abend den beiden alten Damen, von denen auch die mir unbekannte gewiß voller Qualitäten sein mag; als
Freundin seiner trefflichen Mutter, der guten alten Baronin, kann
ich mir sie nicht anders denken.« (Briefe an Schweizer Freunde,
a. a. O., S. 209).
Übersetzungen der Gaspara Stampa: Zu der ihm vorgelegten fremden
Übertragung eines Gedichtes der venezianischen Dichterin Gaspara
Stampa (1523-1554) – der verlassenen Geliebten des Collaltino Collalto, die in der Ersten der Duineser Elegien als exemplarische
»große Liebende« heraufgerufen wird – bemerkt Rilke gegenüber
Katharina Kippenberg am 7.3.1919 (a. a. O., S. 337): »sie müßte mir
vorbehalten bleiben«; vgl. Brief Nr. 129.

Erinnerst Du Dich an Baron Rolf Ungern Sternberg: Rolf Freiherr von Ungern-Sternberg (1880 Reval – 1943 Oita/Japan), Diplomat, Schriftsteller und Übersetzer, Vetter des deutsch-baltischen Dichters Otto von Taube (s. o.); war seit 1905 im russischen diplomatischen Dienst; teilweise in Paris lebend, nach 1920 in Deutschland, seit 1926 in Japan als Professor für Französisch und Russisch. Er hatte sich im Januar 1921 brieflich an Rilke gewandt, mit der Bitte, seine Übertragungen der »Stances« von Jean Moréas (französischer Lyriker griechischer Herkunft, eigentl. Joannis Papadiamantopoulos, 1856-1910) zu beurteilen. Daraus entwickelte sich ein philologisch höchst aufschlußreicher Briefwechsel: R. M. R.: Briefwechsel mit Rolf von Ungern-Sternberg / und weitere Dokumente / zur Übertragung der Stances von Jean Moréas, hrsg. v. Konrad Kratzsch unter Mitarbeit v. Vera Hauschild, Frankfurt/M. u. Leipzig 2002.
Von Hessel ist ein klein zart Büchlein erschienen: Pariser Romanze. Papiere eines Verschollenen, Berlin: Ernst Rowohlt 1920. Vgl. Franz Hessel. Nur was uns anschaut, sehen wir. Ausstellungsbuch. Erarbeitet von Ernest Wichner und Herbert Wiesner. Berlin: Literaturhaus 1998, S. 43-49: »Krieg und Pariser Romanze«.
Gibt es wohl Neues zum Thema Urgeräusch?: Rilkes »experimenteller« Prosa-Text entstand in Soglio am 15.8.1919 und erschien noch im gleichen Jahr im Oktoberheft der Hauszeitschrift ›Das Inselschiff‹; jetzt in SW VI, S. 1085-1093. Sein durch die Erfindung des Phonographen angeregter Vorschlag beschäftigte den Dichter noch einige Zeit, auch in seiner Korrespondenz; dem Freunde T. v. M. ließ er ein Exemplar mit handschriftlichen Notizen zugehen. Zur Textgeschichte vgl. SW VI, S. 1493-1496.

129. RILKE AN MÜNCHHAUSEN, 7. II. 1921
Beilage: Briefumschlag / Einschreiben. Poststempel: Flaach 7.II.21
Anschrift: Monsieur le Baron Thankmar <u>Münchhausen</u> / Schloss Brodany / Post: Velké Bielice / Tchécoslovaquie
Beilage: Ansichtskarte Schloß Berg am Irchel. Gartenseite mit Fontäne
eine alte Sympathie für Masarýk: Rilke hatte seiner besonderen Wertschätzung für den ersten Präsidenten der Tschechoslowakischen Re-

publik, die bereits dem früheren Prager Professor gegolten hatte und bis in die Frühzeit des Prager Dichters zurückreichte, mehrfach Ausdruck gegeben; auch und gerade nach seiner Annahme der tschechoslowakischen Staatsbürgerschaft. Vgl. hierzu Joachim W. Storck, »Rilke als Staatsbürger der tschechoslowakischen Republik«, in: Blätter der Rilke-Gesellschaft, 13/1986, S. 39-54. Darin auch Näheres über das gegen ihn »aufgehitzte [. . .] böse Blut in den Deutschböhmen«. (Seine »Herkunft als Österreicher und Böhme« betonend, vermied Rilke lebenslang den neu entstandenen Begriff »Sudetendeutsche«).

einen [. . .] ganz unpolitischen Neujahrswunsch: Rilke sandte ihn dem erwähnten »tschechischen Gesandten in Bern«, Dr. Cyril Dušek; vgl. Briefe zur Politik, a. a. O., S. 608.

so rissen mich dringende Sorgen: diesmal waren es persönliche Sorgen um die Freundin und Geliebte von Rilkes ersten Schweizer Jahren, Baladine Klossowska (»Merline« oder »Mouky«), die ihn Anfang Januar 1921 aus seiner »geschützten Stelle« in Berg am Irchel herausgerissen und zur Reise nach Genf, ihrem damaligen Aufenthaltsort, veranlaßt hatte.

meine Schützlingin [. . .] von Basel nach Berlin: An Franziska Stoecklin (1894-1931), die Basler Malerin und Schriftstellerin, schreibt Rilke hierüber am 17.2.1921: »Von Angela Guttmann habe ich, solange sie noch in Basel war, nur in weiten Abständen Nachrichten gehabt und seit sie in Deutschland ist, schweigt sie, selbst über ihre Arbeit, an der ich den besorgtesten und bewunderndsten Antheil nehme.« (Briefe an Schweizer Freunde, a. a. O., S. 194).

Hessel's Bändchen werd ich mir verschaffen: Erst in einem Brief vom 7.2.1923 aus Muzot an Dory von der Mühll bestätigt Rilke die Kenntnis der »Pariser Romanze«: »Hier ist mir ein deutsches Buch in die Hände gekommen, in dem die Gestalt unseres guten Thankmar, wie er um 1914 seinen Freunden vorkam, geschildert erscheint. (›Eberhard‹. Für ›Manon‹ lies: Marie Laurencin).«

wenck-heimisch: bezieht sich auf die aus Franken stammende, 1791 in das ungarische Indigenat aufgenommene Adelsfamilie der Grafen Wenckheim aus dem Komitat Békés in Zentral-Ungarn. Die nach Böhmen verheiratete Gräfin Mary Dobrženský (s. Anm. zu Brief Nr. 103) war eine geborene Gräfin Wenckheim.

Nostitzens: Alfred von Nostitz-Wallwitz (1870-1953), Beamter im sächsischen Verwaltungsdienst, 1916-1918 kgl. sächsischer Gesandter in Wien; seine Frau Helene von Nostitz-Wallwitz, geb. von Beneckendorff und von Hindenburg (18.11.1878 Berlin – 17.7.1944 Bassenheim); ihr Erinnerungsbuch »Aus dem alten Europa. Menschen und Städte«, 1924; erw. Aufl. 1950. Vgl. R. M. R. / Helene von Nostitz, Briefwechsel, hrsg. v. Oswalt von Nostitz, Frankfurt/M. 1976.

bei den Clavel's auf dem schönen »Wenken«: Alexander Clavel (1881-1973), Schweizer Industrieller, Eigentümer des »Alten Wenkenhofs« (Riehen/Basel) 1931/32, des »Neuen Wenken« 1917-1954; seine Frau Fanette (Fanny), geb. Respinger, stand mit Rilke im Briefwechsel. Er hatte sie bei den Burckhards im »Ritterhof« kennengelernt und war während seines Aufenthaltes in Basel vom 17.-22.10.1920 an zwei Abenden Gast auf dem »Wenken«.

130. MÜNCHHAUSEN AN RILKE, 15. II. [19]21
Beilage: Briefumschlag o. D.
Anschrift: Herrn Rainer Maria Rilke / Schloss Berg am Irchel / Kanton Zürich /Schweiz
in Jena: Die »Freude über einen Brief« bezieht sich auf Rilkes Brief an Veronika Erdmann vom 20.12.1920, worin er sich ausführlich und zustimmend über ihre Gedichte äußert. Erstveröffentlichung 1938 in: GBr. IV, S. 363-366.

131. RILKE AN MÜNCHHAUSEN, 10. III. [1921]
Briefkarte in Umschlag. »Recommandée«
Anschrift: Thankmar Baron von Münchhausen / Brodany / (Zámek) / Post: Velké Bielice / Tchécoslovaquie
seither hat sich so vieles bei ihr verändert: Sidonie Nádherný hatte Rilke zuletzt während seiner ersten Tage in der Schweiz gesehen, als er vom 16. bis 18.6.1919 als Gast in dem »kleinen Haus in Nyon« der Gräfin Mary Dobržensky weilte, wo er auch seine böhmische Freundin antraf. Am 12.4.1920 hatte sich die Baronesse dann mit Dr. med. Maximilian Graf von Thun-Hohenstein (1887-1935) vermählt, jedoch noch im gleichen Jahr wieder von ihm getrennt. Statt dessen schrieb sie in den folgenden Monaten sämtliche bis dahin er-

haltenen Briefe von Karl Kraus für sich ab. Die gerichtliche Scheidung ihrer Ehe wurde jedoch erst 1933 ausgesprochen.

132. MÜNCHHAUSEN AN RILKE, 18. III. 1921
Ansichtskarte / Levelezö-Lapf in Briefumschlag. Poststempel unleserlich
Anschrift: Herrn Rainer Maria Rilke / Schloss Berg am Irchel / Kanton Zürich / Schweiz

133. MÜNCHHAUSEN AN RILKE, 6. XI. 1922
dass ich [...] noch ein paar Tage in der Schweiz etwas herumfahre:
Hierzu schreibt Rilke einige Wochen später, am 13.12.1922, an Dory von der Mühll, über deren Gesundheitszustand er sich Sorgen gemacht hatte: »Als dann aber, der plötzlich eingeschweizte Thankmar, in seinem Brieflein – ob er gleich so gut wie nichts erzählte – doch durchblicken ließ, daß in beiden Ritterhöfen alles voll Ordnung und Annehmlichkeit sei, da beruhigte ich mich auch darüber« (Briefe an Schweizer Freunde, a. a. O., S. 321).

134. RILKE AN MÜNCHHAUSEN, 11. XI. 1922
Beilage: Briefumschlag ohne Poststempel
Anschrift: An / Thankmar Freiherrn von Münchhausen, p. Adresse Frau Burckhardt-Schazmann / Ritterhof / Rittergasse 20 / Basel
wie's um mich aussieht: In der langen Schreibpause seit dem März 1921, die auch im Leben von T. v. M. wieder voller Bewegung war, hatte sich Rilkes »unstetes« Leben entscheidend verändert. Nachdem der geplante Arbeitswinter auf Schloß Berg am Irchel auf Grund der Belastungen, welche die Liebesbeziehung zu Baladine Klossowska dem Dichter auferlegt hatte, Mitte Mai 1921 erfolglos zu Ende gegangen war (vgl. Das Testament, Frankfurt/M. 1974, entstanden 24.-30.4.1921), folgten erneut unruhige Monate des Umherirrens in der Schweiz, bis Anfang Juli Rilke und »Merline« den alten Turm von Muzot oberhalb von Sierre im Wallis entdeckten. Dank der Unterstützung des Winterthurer Mäzens Werner Reinhart – des Vetters von Rilkes hilfreichster Schweizer Freundin Nanny Wunderly-Volkart, der das kleine Schlößchen später erwarb – konnte es der Dichter im Laufe des Sommers beziehen und

dort den Winter 1921/22 zusammen mit einer Haushälterin, Frieda Baumgartner aus Balsthal (1895-1979), ungestört verbringen. Hier gelang ihm während des Februar 1922 die Vollendung seiner zyklischen Hauptwerke, der »Duineser Elegien« und der »Sonette an Orpheus«.
so wie meine Wirtschafterin wieder da ist: Frieda Baumgartner hatte zum 1.9.1922 gekündigt, kehrte aber am 22.11.1922 wieder nach Muzot zurück.
ich habe viel vor: Rilkes zweiter Arbeitswinter auf Muzot galt der Übertragung der Gedichte von Paul Valéry.

135. MÜNCHHAUSEN AN RILKE, 25. XI. [19]22
nach Weimar gezogen: 1922 hatten Anna von Münchhausen und T. v. M. das von Otto von Münchhausen in Baden-Baden geerbte Haus Werderstraße 11 aufgegeben und waren nach Weimar-Oberweimar gezogen; in die Nähe des damals noch in Jena etablierten Lichtenstein-Verlags und der in Dornburg an der Saale lebenden Kusine Sophie von Bülow.
Von all dem denk ich Dir in nicht ferner Zeit zu berichten: Dieser Bericht blieb aus; es entstand zwischen beiden Briefpartnern eine zweijährige Schreibpause, obwohl beide immer wieder durch gemeinsame Freunde in der Schweiz und in Deutschland voneinander hörten. Im Falle Rilkes trugen die im Jahre 1923 einsetzenden körperlichen Übelstände, in denen sich bereits seine später zu seinem frühen Tode führende Krankheit ankündigte, zu der längeren postalischen Schweigezeit bei. Schon im Dezember 1923 mußte er sich erstmals in das Sanatorium Val-Mont begeben; für noch längere Zeit dann im folgenden November 1924. Daß er, am 7.1.1925, von dort entlassen, nicht erst nach Muzot zurückkehrte, sondern unmittelbar in das, vergangene bessere Zeiten suggerierende Paris fuhr und dort, seinen Aufenthalt von Monat zu Monat verlängernd, bis zum 18. August 1925 blieb, kann wohl auch als eine Flucht vor der Krankheit verstanden werden. In Paris kam es zur letzten, nochmals längeren Begegnung mit T. v. M.

136. MÜNCHHAUSEN AN RILKE, 5. II. [19]25

Steglitzerstr. 28: Die Wohnung von Münchhausens Tante Elsbeth von Keudell in Berlin W 35 war zugleich die Adresse seiner dortigen Junggesellenwohnung.

Christiane Hofmannsthal schreibt mir, daß der Zufall Euch in Paris [. . .]: Rilke hatte, wie schon einmal 1920, im Hôtel Foyot, nahe dem Jardin de Luxembourg, Quartier genommen. In dasselbe Hotel zog am 16.1.1925 Hofmannsthals Tochter Christiane zu einem längeren Paris-Aufenthalt ein. Rilke hatte 1916 die damals Sechzehnjährige in Rodaun kennengelernt, als er die letzten Wochen seiner zu Ende gehenden Militärdienstzeit im dortigen Gasthof Stelzer als unmittelbarer Nachbar Hofmannsthals verbrachte. Mit T. v. M. war Hofmannsthals Tochter seit dem Februar 1924 befreundet, nachdem man sich in Berlin bei Lutz Wolde kennengelernt hatte. – In ihrem Brief aus Paris vom 1.2.1925 erzählte Christiane dem damals in Berlin lebenden Freund: »Rilke traf ich auf der Stiege, er war sehr lieb, nahm mich einen Moment in sein Zimmer und schenkte mir einen Strauß Anemonen. Ich wollte gern erzählen daß ich Dich kenne, aber in dem Moment rief man mich. Er ist nicht sehr wohl, bleibt bis Ende Februar. Schreib ihm doch mal durch mich, damit ich wieder zu ihm gehen kann!« (Christiane von Hofmannsthal, Ein nettes kleines Welttheater. Briefe an Thankmar von Münchhausen, hrsg. v. Claudia Mertz-Rychner in Zusammenarbeit mit Maya Rauch. Frankfurt/M. 1959, S. 40). T. v. M. schrieb sogleich den vorliegenden Brief vom 5.2.25, den C. v. H. nach Erhalt, verabredungsgemäß, an ihren Hotelnachbarn weiterleitete. Im P. S. eines Brieflleins »Hotel Foyot vendredi«, den sie in der Folge eines kleinen Haus-Briefwechsels an Rilke sandte, heißt es denn auch: »eben schickt mir Münchhausen diesen Brief, an Sie weiterzugeben.« Zuvor, im gleichen Brief: »Ich soll Ihnen recht herzliche Grüße von meinem Freund Thankmar Münchhausen ausrichten, er schrieb mir aus Berlin und wäre auch viel lieber hier, kommt aber nicht los dort.« (Hugo von Hofmannsthal/ R. M. R., Briefwechsel 1899-1925, hrsg. v. Rudolf Hirsch und Ingeborg Schnack, Frankfurt/M. 1978; darin: Rilkes Briefe an Christiane von Hofmannsthal. 1925, S. 103-114; der Brief von C. v. H. in den Erläuterungen S. 230. Die dortige Datierung »[wohl 13.2.1925]« ist zu korrigieren: »[6.2.1925]«.

die entzückende [. . .] Wohnung in der Stallburggasse: Hofmannsthal hatte seit Februar 1917 in der Stallburggasse 2 im Wiener 1. Bezirk eine kleine Dachwohnung gemietet; dort konnte T. v. M. nach den Ferientagen in Alt-Aussee noch fünf Wochen alleine hausen.
Christianens Anfang in Paris: T. v. M.s Anregung, »ihr hie und da ein Momentchen [zu] schenken«, fiel bei Rilke auf fruchtbaren Boden., wie sich an dem Briefwechsel der beiden Hotelnachbarn zwischen Februar und Mai 1925 ablesen läßt. Schon das erste Brieflein, die von Rilke vermittelte Einladung durch die Fürstin Bibesco (Princesse Marthe Bibesco, geb. Lahovary, 1888-1965, franz. Schriftstellerin) vom 17.2.1925 läßt auf vorangegangene Treffen schließen. Eine Mitteilung geht auch sogleich an den Freund in Berlin, dem C. v. H. am 18.2.1925 schreibt: »Von Rilke hatte ich ein kleines Brieferl, daß er mich am Montag zur Prz. Bibesco mit nimmt, das ist doch nett von ihm« (Ein nettes kleines Welttheater a. a. O., S. 47). Schon der nächste Brief aber enthält die Mahnung an T. v. M.: »Rilke bleibt bis gegen 18. März sagte er, schau daß Du ihn noch triffst.« (Ebd. S. 48) Da T. v. M. jedoch Schwierigkeiten hat, ein Einreisevisum für Frankreich zu erhalten, treffen in den folgenden Wochen C. v. H. und Rilke in ihren Bemühungen zusammen, in Frankreich prominente Fürsprecher für Thankmars Einreise zu finden. Rilke verweist zunächst auf den im Ministère des Affaires Étrangères tätigen Schriftsteller Paul Morand, hat aber erst bei Alfred Fabre-Luce (als Schriftsteller Jacques Sindral) Erfolg, dessen Schwester Jenny de Margerie (auch sie hatte Rilke vor kurzem kennengelernt) mit dem damaligen Botschaftssekretär an der französischen Botschaft in Berlin, Roland de Margerie, verheiratet war. In der Folge dieser in den Briefen zwischen Rilke, C. v. H. und T. v. M. ablesbaren Bemühungen kann T. v. M. am 5.4.1925 nach Paris reisen; er bleibt dort, in der gleichen Nachbarschaft des Hôtel Foyot, bis zum 27. Mai.

137. MÜNCHHAUSEN AN RILKE, [April / Mai 1925]
Merkzettel aus dem Hôtel Foyot
Monsieur Barurri [sic]: Jean Baruzi, französischer Religionsphilosoph und Schriftsteller, Professor am Pariser Collège de France; er schrieb u. a. über Leibniz und Johannes vom Kreuz; von seinem Spätwerk »Création religieuse et pensée contemplative« (Paris 1951) befand

sich ein ihm gewidmetes Exemplar im Besitz von T. v. M. Sowohl Jean Baruzi wie sein Bruder, der auch mit Hofmannsthal bekannte Philosoph und Kunsthistoriker Joseph Baruzi (1881-1953), waren mit T. und Isa v. M. befreundet.

138. RILKE AN MÜNCHHAUSEN, [Anfang Mai 1925]
Beilage: Briefumschlag
Anschrift: Monsieur / M. le baron de Münchhausen / Foyot / (Chambre 25)
die Grippe hat mir eine Konfusion im Kopfe zurückgelassen: Am 19.4.1925 schrieb Rilke hierüber an Nanny Wunderly-Volkart (R. M. R., Briefe an Nanny Wunderly-Volkart. Band II. [. . .] besorgt durch Rätus Luck, Frankfurt/M. 1977, S. 1054): »[. . .] une méchante grippe-bronchite. C'est passé, je sors depuis hier, mais l'ébranlement de la toux et la fièvre qui était subitement très violente le premier jour, m'ont laissé un désordre dans tous les organes [. . .].« Auch C. v. H. war in diesen »strahlenden Ostertagen« vom »gleichen Grippe-Schicksal« erfaßt, wie Rilke ihr am »Oster-Montag« [13.4.1925] bestätigte, mit dem Vorschlag einer »kleinen konvaleszenten Unternehmung« (Briefwechsel a. a. O., S. 109 f.). Noch mußte sie absagen – auch den Bassianos (Fürst Roffredo Caetani di Bassiano, 1871-1961, Komponist, und seine Frau Marguerite di Bassiano, geb. Chapin, 1882-1963), in deren Heim in Versailles R. M. R., C. v. H. und T. v. M. mehrfach eingeladen waren –; dennoch gesteht sie: »Wenn Thankmar sich nicht so lieb um mich kümmerte, wäre ich ja eher betrübt, so gehts aber –« (ebd. S. 242). – Wieder genesen, brach C. v. H. zusammen mit T. v. M. zu einer »Loire-Reise« auf, für deren Verlauf (15.-18.5.1925) R. M. R. seine guten Wünsche sendet (13.5.1925, ebd. S. 11 f.).

139. RILKE AN MÜNCHHAUSEN, [Mai 1925]
Beilage: Briefumschlag.
Anschrift: À Monsieur / Mr. le baron Th. de Münchhausen / Foyot / Chambre No. 25
les épreuves de Valéry: Rilke, der seit dem zweiten Arbeitswinter auf Muzot, 1922/23, kontinuierlich an seinen Übertragungen der Gedichte Paul Valérys gearbeitet hatte, beabsichtigte seit dem Sommer

1924 eine Buchpublikation im Insel-Verlag, dem er mehrere ergänzte Abschriften hatte zugehen lassen. Am 2.4.1925 bat er Frau Wunderly-Volkart, »tous les envois de Insel, concernant traductions Valéry« ihm zuzusenden (Briefe [...], a.a.O., S. 1054). Diese »épreuves« hatte er dem Freunde Thankmar während der gemeinsamen Pariser Wochen zur Überprüfung überlassen. Das Buch (Paul Valéry, Gedichte. Übertragen von R.M.R. Handdruck der Cranach-Presse für den Insel-Verlag mit einem Initial von Eric Gill) erschien unter der Druckanordnung und -leitung von Harry Graf Kessler und Georg A. Mathéy im November 1925 in Leipzig.
Wenn du den Band »Éloges« von St. Léger-Léger: Saint-John Perse, eigentl. (Marie-René-)Alexis Saint-Léger (1887 St.-Léger-Les Feuilles – 1975 Giens), franz. Dichter und, seit 1914, Diplomat, 1940 Emigration nach England, dann USA, 1959 Rückkehr nach Frankreich, 1960 Nobelpreis für Literatur. Rilke las seine »Éloges« (1911) sogleich nach Erscheinen der 2., erweiterten Auflage 1925, schrieb im März in Paris, bezugnehmend auf den darin enthaltenen frühen Gedichtkreis »Images à Crusoé«, das Gedicht »Wenn die von der Insel mitgebrachten...« [Robinson nach der Heimkehr] und entdeckte in der ›Nouvelle Revue Française‹ das neue, lange Gedicht »Anabase«. Am 23.5.1925 anläßlich einer Einladung im Haus der Prinzessin Bassiano, an der Rilke, Hofmannsthal, Christiane v. H., T. v. M. u. a. teilnahmen, schlug Hofmannsthal Rilke als Übersetzer des Gedichts vor; dieser lehnte aber ab. Dem Vorschlag von Marguerite Bassiano – Bernhard Groethuysen – entgegen, einigte man sich auf Walter Benjamin, den T. v. M. vorgeschlagen hatte. Ihn schätzten sowohl Hofmannsthal wie Rilke wegen dessen Studie über Goethes »Wahlverwandschaften«, die gerade in Hofmannsthals »Neuen Deutschen Beiträgen« erschienen war (Rilke hatte Benjamin bereits in München während des Wintersemesters 1915/16 in einem Seminar über »Altmexikanische Altertümer« kennengelernt). Für diese »Betrauung« dankte der prospektive Übersetzer in einem Brief an Rilke vom 3.7.1925, worin auch die Rolle Münchhausens zum Ausdruck kommt: »Hochverehrter Herr Rilke!/ Für die freundliche Zuversicht, aus der Sie mit der Übersetzung der ›Anabase‹ mich haben betrauen wollen, sage ich Ihnen von Herzen Dank. Ich habe, ehe ich mit der eigentlichen Arbeit begann, das Buch wieder und

wieder gelesen und bin nun mit dem Werke nah vertraut. Beifolgend erhalten Sie die sieben Kapitel. Frau [Helen] Hessel und neuerdings Herr von Münchhausen versicherten mir Ihre freundliche Bereitschaft, mit Rat in Schwierigkeiten mich zu unterstützen. [. . .] Ich bin sehr glücklich, an einem kleinen Teile, dank Ihrer Güte, an der Verbindung deutschen und französischen Schrifttums wirken zu dürfen [. . .]«. Über den weiteren Verlauf dieser Unternehmung, Rilkes fortgesetztes Interesse, Hofmannstals Rolle und Beteiligung an dem Projekt vgl. den Anhang: »Zur Verbindung zwischen Hofmannsthal, Rilke und Walter Benjamin anläßlich der Übertragung von St. John Perse: ›Anabase‹ (1925) im Briefwechsel Hofmannsthal/ Rilke (S. 253-259). Auch in den Briefen von C. v. H. an T. v. M. finden sich hierzu weitere Äußerungen und Belege.

140. RILKE AN MÜNCHHAUSEN, [Ende Mai 1925]
. . . . *Antwort zu geben jedem, dem geringsten:* Diese Widmungsverse für T. v. M., die Rilke Mitte Februar 1925 in Paris entworfen hatte, trug der Dichter mit dem Datum »(Paris, Ende May 1925)« in ein Exemplar der »Duineser Elegien« ein (SW II, S. 266 u. 778). Es war sein Abschiedsgeschenk für den Freund, der am 27.5.1925 Paris verließ und über Köln zu seiner Mutter nach Oberweimar fuhr.

Übersetzungen französischer Passagen

Briefwechsel

Zu Nr. 2
Ein petit mot: ein kleines Wort, eine kurze Nachricht

Zu Nr. 6
Je vis, j'existe si fort: Ich lebe, ich existiere so stark

Zu Nr. 16
im alten Athenée St. Germain: recte: Athénée St-Germain (Athenäum)

Zu Nr. 17
Mais cela va passer: Aber das wird sich schon geben, das geht schon vorbei
Sorbonnard: Angehöriger (hier: Student) der Sorbonne
bénédiction: Segen, Segnung, Gnade
cette misère revêche qui s'entête: jenes störrische Elend, das eigensinnig auf sich besteht
détresse: Not, Verzweiflung

Zu Nr. 20
Als bliebe ich infiniment hinter dieser Thür sans bouger: als bliebe ich endlos hinter dieser Tür, ohne mich zu regen

Zu Nr. 21
entièrement à ma disposition: ganz zu meiner Verfügung

Zu Nr. 23
Mais on est bien fatigué, le soir, avec tout cela: Man ist aber schön müde, abends, von alledem

Zu Nr. 39
Nom d'un chien! Verflixt und zugenäht!
Mes hommages à Madame: Meine Empfehlungen an Madame (gemeint: Ihre Frau Mutter)

Zu Nr. 40
Quand-même: gleichwohl
sur place: an Ort und Stelle

Zu Nr. 42
Tu me manque souvent: recte: Tu me manques souvent
l'athmosphère: recte: l'atmosphère
méler: recte: mêler

Montag
Wirst Du mir, mein Lieber, ein Wörtchen über den Empfang sagen, den Dir Cassel bereitet hat und ein zweites über die Vorschläge, welche die kriegerische Behörde dem zustimmenden Erwägen Eurer Eminenz soeben unterbreitet hat?

Wie sehen Deine nächsten Beschlüsse aus? Ich denke so viel daran.

Kaum warst Du fort, erreichte mich ein langer, herrlicher Brief von einer meiner Freundinnen aus Paris, einem ganz jungen Mädchen, einer Arbeiterin, die ich seinerzeit zu mir nahm –, hab ich Dir nie von ihr erzählt? Ihr erhabenes Herz hört nicht auf zu wachsen, seit ich sie kenne – es ist ihm gelungen, mich weit zu übertreffen, verbringt sie ihre Tage doch damit, am Meeresufer den hl. Augustinus zu lesen! Und ich wage hier nicht, den meinigen aufzuschlagen, aus Furcht, mich zu beschränkt zu finden vor seiner unerbittlichen Größe.
Du fehlst mir oft, mein Freund, und ich verstehe nicht, warum wir uns nicht längeren Plaudereien hingegeben haben. Wenn ich Dich nicht drängender in die traute Atmosphäre des Heims gelockt habe, dann deshalb, weil ich keins habe, im übrigen befürchtete ich zu sehr, Dich in meine düsteren Stimmungen zu verwickeln, die sich so wenig zum guten Frohsein eignen, das ich Dir wünschte.

Dauert es fort? Genieße es, altes Haus, aber vergiß nicht, Dir etwas Alleinsein zu gönnen, indem Du als Philosoph und Wolkenliebhaber auf der »Aue« spazierengehst.
Denn der Herbst hat Wolken, die berückend sind.

Der Deine, von Herzen,
Rainer.

Zu Nr. 51
énervement: Entnervung

Zu Nr. 54
au surplus: überdies

Zu Nr. 63
France douce terre: Frankreich, süßes Land
mit entsetzlich dégueulierenden Einwohnern: lästernden, Beschimpfungen ausstoßenden

Zu Nr. 67
ici on consulte le Bottin: hier liegt das Telefonbuch auf

Zu Nr. 69
Le monde va mal: Der Welt geht es schlecht

Zu Nr. 89
Et le temps passe et on va mourir comme ça dans cette distraction vague et infernale: Und die Zeit vergeht und man wird noch dahinsterben in dieser vagen und höllischen Abgelenktheit

Zu Nr. 95
Du hättest Dich mis dans tes meubles: Du hättest Dich in Deine Möbel gesetzt (gemeint: häuslich eingerichtet)

Zu Nr. 96
dans mes meubles gesetzt, cela veut dire, dans quelques meubles à peu près miens: in meine Möbel gesetzt, das heißt in einige ungefähr meinige Möbel (vgl. Nr. 95)

Zu Nr. 101
wars plustôt (recte: plutôt) *langweilig:* eher

Zu Nr. 103
cauchemar: Alptraum

Zu Nr. 104
Quand (recte: Quant) *à moi:* was mich betrifft

Zu Nr. 105
magnum dico: ich sage, verkündige Großes; wohl in Anlehnung an Luk 2, 10-11

Zu Nr. 107
Hotels und ständige Ortswechsel, in diesen Verhältnissen bin ich unfähig zu schreiben; um so mehr, als ich mich seit einem Monat auf einer Vortragsreise von Stadt zu Stadt befinde! Das bedingt, wie Du Dir denken kannst, direkte Ausgaben; für Briefe bleibt da nichts übrig.
Völlig ungewiß über meine Zukunft und sehr gewillt, mich weiter in der Schweiz aufzuhalten (für einen Teil des Winters zumindest –), habe ich eine Einladung ins Tessin provoziert, bei Leuten, die ich nicht persönlich kenne, die aber geschworen haben, mich vor jedem Andrang zu verstecken.
Kämst Du im Dezember in die Schweiz, wäre ich dort bestimmt anzutreffen, für den Januar kann ich noch nichts versichern, doch werde ich Dich auf dem laufenden halten.
Inzwischen erreicht mich alles über das Hotel Baur au Lac in Zürich oder über den »Lesezirkel Hottingen«, ebenfalls Zürich, die mir meine Post regelmäßig nachsenden.
Ich grüße Dich, Lieber, und umarme Dich

Rainer

Zu Nr. 108
»qu'il change de place tous (recte: toutes) *les cinq minutes« et qu'on ne sait pas où lui écrire:* »er wechsle alle fünf Minuten den Ort« und man wisse nicht, wohin man ihm schreiben solle

Eh bien (...) comment faites-vous? Nun (...), wie machen Sie's bloß?
J'éspère (recte: j'espère) *tout de même que vous ne soyez pas à Berlin:* Ich hoffe immerhin, Sie seien nicht in Berlin
cela se comprend: wie leicht zu verstehen ist
paraît-il: anscheinend
on ne pourrai (recte: pourrait) *jamais admettre:* man könnte nie zugeben
à la Campagne près de Bâle: auf dem Land bei Basel; die Majuskel in »Campagne« verweist zugleich auf die Kantonsbezeichnung Bâle-Campagne, Basel-Land.

Marie Laurencin und München, können Sie sich das vorstellen? Für eine ganz kurze Weile vielleicht, aber man könnte nie zugeben, daß sie länger dort wohne...
Im Grunde gibt es für sie nur Paris, – doch Paris will nichts von ihr wissen, auch ist es ein entstelltes Paris, das ihr keineswegs das zu geben vermöchte, was sie einst von ihm erwarten durfte. Mir scheint, es würde sie freuen, mit Ihnen zu reden. Sie hat zwar ihren Schwager Fridberg, den Musiker, der ihr sehr sympathisch ist, aber zwischen Euch wär's noch eine andere Sache.
Was arbeiten Sie, mein Lieber? Ich finde hier nicht die Umgebung, die mir not täte, und die Schweiz beginnt eng zu werden wie jedes Land, in dem man sich nur aus Zufall befindet. Und doch ist mir angst davor, zurückzukehren und mich wieder all den Schwierigkeiten auszusetzen, die ich in so vielen Unglücksjahren zu ertragen hatte. Ich möchte mich hier, wenn's gelingt, bis zum Frühling halten. Ein gastlicher Ort auf dem Land bei Basel, der völlige Abgeschiedenheit verspricht, wird mir vielleicht helfen, aber ich gehe erst im Februar hin. Wenn Sie mir ein Lebenszeichen geben, senden Sie es noch hierher, und erzählen Sie mir von allem, was Sie etwas näher berührt

Zu Nr. 110
Düsseldorf entre toutes les villes est prodigieusement moche; n'y mets jamais les pieds: Düsseldorf ist unter allen Städten maßlos häßlich; setze nie den Fuß dorthin!

Mais où la loger en Allemagne? Munich – ça ira peut-être pour 3 à quatre semaines, et encore je ne vois pas qu'elle trouvera ce qu'il lui faut: Aber wo soll man sie in Deutschland unterbringen? München – das geht vielleicht für drei-vier Wochen, wobei ich auch da nicht sehe, wie sie das ihr Nötige finden könnte
einen boche zu heiraten: einen Deutschen (verächtlich)

Zu Nr. 112
ein solches refuge angeboten: Refugium, Zuflucht
Prolongation: Verlängerung
à ton aise: nach Deinem Belieben, auch: in aller Bequemlichkeit
Vos décisions, s'il vous plait (recte: *plaît*): Ihre Entschlüsse, bitte sehr (auch: wenn's beliebt)

Zu Nr. 113
alles Ergebne de ma part: von meiner Seite

Zu Nr. 118
die ménage: der Haushalt
Voilà des circonstances absurdes: Absurde Verhältnisse sind das:
pour adoucir les secousses de ce robuste désespoir qu'est »le Reich« actuel: um die Erschütterungen jener robusten Hoffnungslosigkeit zu mildern, die das jetzige »Reich« darstellt

Zu Nr. 122
en route: unterwegs
en compagnie légère et spirituelle: als unbeschwerter und geistvoller Gesellschafter
encombrieret: belästigt
uns à part: von uns abgesehen
cet animal vous salue: dieses Tier grüßt Sie
Cher Rainer / Venez nous voir / Oui venez nous voir: Lieber Rainer / Besuchen Sie uns / Ja, besuchen Sie uns!

Zu Nr. 123
sie superstituiert, dass wenn sie ein mot ajoutierte: sie befürchtet abergläubisch, daß, wenn sie ein Wort hinzufügte

187

ZU NR. 124
rückkehr nach münchen in etwa vierzehn Tagen derzeit noch in genf genauere nachricht vom schönenberg aus tausend grüße an marie laurencin und auf baldiges wiedersehn
Rainer.

ZU NR. 127, S. 109-113:
voila (recte: *voilà*) *ce que je suis:* ja, genau das bin ich
comblé de bonheur et d'assurance: erfüllt von Glück und Zuversicht
les bonnes choses de France: die guten Dinge Frankreichs
en dehors de la plupart des hasards: außerhalb der meisten Zufälle
d'où je vous écris, mon très-cher. Félicitez-moi, car c'est parfait, cette fois: von wo aus ich Ihnen schreibe, mein Lieber. Beglückwünschen Sie mich, denn diesmal ist es vollkommen
vor meiner brüsquen intraitablen sauvagerie: vor meiner jähen, unnachgiebigen Menschenscheu
Voilà pour moi: Soweit zu mir.
Et vous, eh bien, votre »Maison« elle y est, elle fleurit, elle prospère? Und nun zu Ihnen und Ihrem (Verlags-)»Haus«: steht es schon, blüht es und gedeiht es?
depuis toujours: von jeher
il en faut: sie (d. h. die Aussprache) ist notwendig
ce qui est très facile maintenant (. . .) reconnaissant de sa reclusion: was jetzt sehr leicht ist, denn mein Schlößchen ist fern von jeder Bahnstation, und um es noch mehr zu isolieren wütet die Maul- und Klauenseuche unter dem Vieh, mit der Folge, daß nun alle Straßen gesperrt sind, – mir selbst ist es verwehrt, aus meinem Park (den die Karte erraten läßt) hinauszugehen; nie war ein Gefangener dankbarer für seine Haft.
De cœur, mon cher: Von Herzen, mein Lieber
je nous vois encore (. . .) le reste des années terribles: ich sehe uns noch –, zum Glück kann man das jetzt vergessen, wie den ganzen Rest dieser schrecklichen Jahre

ZU NR. 128
maison: hier: Verlagshaus
bienveillante attention: wohlwollende Aufmerksamkeit

sollicitieren: erbitten
diese étrange Creatur: dieses seltsame Geschöpf
äusserst wenig à son aise gefühlt: äußerst unwohl, unbehaglich
fetiert: gefeiert
einen zu grossen Cas von ihr gemacht: zuviel Aufhebens

Zu Nr. 129
en réimpression: im Neu- oder Nachdruck

Zu Nr. 130
eine kleine phantaisie sans la moindre importance qui m'est passé par la tête: ein kleiner, belangloser Einfall, der mir mal eben durch den Kopf gegangen ist
chériere (...) den Plan: hege den Plan
Voilà pour moi: Soweit zu mir.
ich bavardiere: schwatze
m'oublie pas: vergiß mich nicht
mankiert: fehlt

Zu Nr. 136
recentes von Dir zu erfahren: Neues, Jüngstes

Zu Nr. 137
remettieren: verschieben

Zu Nr. 139
ce Samedi: heute Samstag
Mon cher (...) au plus tard: Mein Lieber, lege bitte auf meinen Tisch, = die Druckfahnen des Valéry: man fordert sie dringend von mir zurück; ich muß sie heute abend oder spätestens morgen durchsehn.

R.

Anmerkungen und Erläuterungen

Zu Nr. 113
au dessus de la vie de tous les jours: hoch über dem Alltagsgetriebe

Zu Nr. 138
une méchante grippe-bronchite (. . .) dans tous les organes:
eine böse grippale Bronchitis. Es ist vorbei, seit gestern geh ich aus, aber die Erschütterung durch den Husten und das Fieber, das am ersten Tag plötzlich sehr heftig war, hat in allen Organen eine Verstörung hinterlassen

Zu Nr. 139
tous les envois de Insel, concernant traductions Valéry: alle Sendungen der Insel, betreffend Übersetzungen Valéry

Zeittafel

1875   4. Dezember: René (seit 1897 Rainer) Maria Rilke in Prag, Heinrichsgasse 19, geboren als Sohn des Eisenbahn-Inspektors Josef Rilke (Prag 1838-Prag 1906) und seiner Frau Sophie (Phia), geb. Entz (Prag 1851-Weimar 1931).

1892   Lou Andreas-Salomé (St. Petersburg 1861-Göttingen 1937) lernt in Berlin die »Afrikareisende« Frieda von Bülow (Berlin 1857-Jena 1909), die älteste Kusine Thankmar von Münchhausens, kennen.

1893   18. Mai: Thankmar von Münchhausen (= T. v. M.) in Berlin-Lankwitz, Calandrellistraße 43, geboren als Sohn des Konsuls Thankmar Freiherr von Münchhausen (Meiningen 1835-Berlin-Lankwitz 1909) und seiner Frau Anna, geb. von Keudell (Tilsit 1853-Weimar 1942).

1897   René Rilke lernt als Student in München Lou Andreas-Salomé und Frieda von Bülow kennen. Gemeinsamer Sommer in Wolfratshausen; aus René wird Rainer. Im Herbst zieht Rilke nach Berlin, wohnt in der Nähe des Ehepaars Andreas, beginnt einen Briefwechsel mit Frieda von Bülow.

1899   Im Winter 1898/99 besuchen Lou Andreas-Salomé und Frieda von Bülow mit dem 23jährigen Rilke den Salon von Anna von Münchhausen in Berlin-Lankwitz. *Erste Begegnung Rilkes mit dem 6jährigen Thankmar.*

Juli bis September: T. v. M. erstmals in Frankreich (Lioutraz bei Argentières).

1901   28.4.: Rilke heiratet in Bremen die Bildhauerin Clara Westhoff (Bremen 1878-Fischerhude 1954). 1901/02 Wohnsitz in Westerwede bei Worpswede.
12.12.: Rilkes Tochter Ruth geboren (Westerwede 1901-Fischerhude 1972).

1902 T. v. M. besucht das Gymnasium in Berlin-Steglitz.
Sommer 1902: T. v. M. verbringt erstmals auf dem Gut Brogyán (Ungarn; nach 1918 Brodaný, Tschechoslowakei), dem Besitz der Herzogin Nathalie von Oldenburg, seine Ferien, wie in den folgenden Jahren 1903, 1905, 1906, 1908; die Sommerferien 1901, 1904, 1907 in Hohenlübbichow bei Frankfurt/Oder, dem Gut von T. v. M.'s Vetter Walter von Keudell.

28.8.1902-30.6.1903: Rilke in Paris, 11 rue Toullier; schreibt die Monographie über Auguste Rodin.

1903 10.9.1903 bis Ende Juni 1904: Rilke und Clara R. wohnen in Rom; seit 1.12.1903 in der Villa Strohl-Fern.

1904 24.6.-9.12.: Rilke in Skandinavien: Kopenhagen, Borgeby gård (26.6.-12.9.), Furuborg in Jonsered bei Göteborg (2.10.-2.12.), Kopenhagen.

1905 15.9.1905-12.5.1906: Rilke in Meudon bei Rodin, als »Sekretär«.

1906 Ab 12.5. wohnt Rilke in Paris, 29 rue Cassette.

1906-1910 Rilkes Wohnsitz bleibt trotz Unterbrechungen Paris: 1.5.1908-31.8.1908: 17 rue Campagne-Première; 1.9.1908-3.12.1912: Palais Biron, 77 rue Varenne.

1910-1913 Schaffenskrise Rilkes nach Vollendung des Romans »Die Aufzeichnungen des Malte Laurids Brigge«; große Reisen: November 1910 bis März 1911 Nordafrika/Ägypten; November 1912 bis Februar 1913 Spanien; dazwischen Gastaufenthalte: Oktober 1911 bis Mai 1912 Schloß Duino bei Triest; Mai bis September 1912 Venedig.

1911 18.9. Abitur T. v. M.'s; am 2.11. Reise mit Anna von Münchhausen nach Paris, dort Immatrikulation an der École de Droit, wohnt Pension Delvieu, 227 rue St. Jacques.

1912 T. v. M. in Paris; 24.1. Umzug in die Pension Schola Cantorum, 269 rue St. Jacques. Freundschaften mit Franz und Helen Hessel, Norbert von Hellingrath, Karl Wolfskehl, Marie Laurencin (»erste Liebe«) und anderen Malern aus dem Café du Dôme.

T. v. M. verbringt die Sommerferien in Brogyán.

1912-1913 T. v. M. zum Wintersemester in München; »Leben in zwei Welten«: »Bohème« und »Monde«.

1913 April bis Juli: T. v. M. zum Sommersemester in Heidelberg. Dazwischen 3.-28. Mai: T. v. M. in Paris; am 24. Mai *erster Besuch bei Rilke*, der seit März die Atelierwohnung 77 rue Campagne-Première bewohnt. Beginn der Freundschaft und des Briefwechsels.

August: Anna und T. v. M. in Brogyán.

1.10.: Anna von Münchhausen eröffnet in der seit 1909 errichteten Gartenstadt Hellerau bei Dresden ein privates Schulheim.
4.-6.10.: Zur Premiere von Paul Claudel »L'annonce faite à Marie« im neuen Festspielhaus von Heinrich Tessenow kommen Rilke, Lou Andreas-Salomé und Sidonie Nádherný nach Hellerau; dort Zusammentreffen mit T. v. M. und seiner Mutter; ferner mit Anton und Katharina Kippenberg, Annette Kolb, Helene von Nostitz, Henry van de Velde, Franz Werfel.

18.10.: Rückkehr Rilkes aus Deutschland nach Paris.

28.10.: T. v. M. geht zum Wintersemester 1913/14 nach Göttingen; wohnt bei den Tanten Keudell Untere Karspüle 14. Begegnung und Freundschaft mit Carl Jacob Burckhardt.

1914 26.2.: Rilke in Berlin, Begegnung mit Magda von Hattingberg (»Benvenuta«). Bis zur Trennung in Duino am 4.5. gemeinsam auf Reisen; am 26. 5. kehrt Rilke nach Paris zurück.

28.4.-31.7.: T. v. M. zum Sommersemester in Göttingen.

19.-23.7.: Rilke bei Lou Andreas-Salomé in Göttingen auf der Durchfahrt zu Kippenbergs in Leipzig (23.7.-1.8.); in Göttingen häufig mit T. v. M. zusammen.

1.8.: Allgemeine Mobilmachung in Deutschland und Frankreich, deutsche Kriegserklärung an Rußland, Beginn des Ersten Weltkriegs. Rilke reist nach München (Hotel Marienbad), versäumt dort Lou Andreas-Salomé.

1.-3.8.: T. v. M. in Kassel, meldet sich als Fahnenjunker zum Husaren-Regiment 14; zieht am 3.8. beritten ins Feld; vom 4.8.-10.9. an der Front in Belgien und Nordfrankreich.

2.-5.: Rilke schreibt in Norbert von Hellingraths Vorausdruck von Hölderlins »Späten Hymnen«: »Fünf Gesänge / August 1914« ein; Teilabschrift an T. v. M.

24.8.-28.9.: Rilke in Irschenhausen, Pension Schönblick; begegnet dort der aus Paris geflohenen Malerin Lou (Lulu) Albert-Lazard (Metz 1891-Paris 1969); wohnt mit ihr ab 24.9. in München, Pension Pfanner, Finkenstraße 2.

7.-17.10.: Nach Rückmarsch von der Marne (11.-13.9.) wird T. v. M. nach Flandern versetzt; dort November/Dezember Unteroffiziersausbildung in Hartebeke und Hasselt.

22.11.1914-6.1.1915: Rilke in Berlin; ab 13.12. im Haus von Marianne Mitford, geb. von Friedländer-Fuld, Bendlerstraße 6, Berlin W 10. 23.-29.12. Besuch von Lou Albert-Lazard.

1915 29.12.1914-3.1.1915: T. v. M. verbringt Urlaubstage in Aachen mit Anna v. M. Anschließend bis zum 29.3. im rückwärtigen Wachdienst in Hasselt und Hamond.

7.1.: Rilke kehrt nach München zurück; bleibt bis zum 14.6. in der Pension Pfanner.

30.3.: T. v. M.'s Regiment wird an die Ostfront verlegt. Nach »Ritt durch Ostpreußen« 28.4.-29.5. in Litauen und Kurland; am 29.5. verwundet. Im Lazarettzug 1.-4.6.nach Hamburg; von dort Verlegung in das Rittberg-Lazarett Berlin-Schöneberg, Martin-Luther-Str. 51 (Oberin: Elsbeth von Keudell, Tante von T. v. M.). Anfang Juni erfährt T. v. M. seine Ernennung zum Leutnant.

14.6.-11.10.: Rilke zieht in die während der Sommermonate leerstehende Wohnung von Hertha Koenig, der Besitzerin von Picassos Gemälde »Les Saltimbanques« (1905) in der Widenmayerstraße 32III ein, als »Wächter am Picasso«.

August: T. v. M. erhält Erholungsurlaub nach München, wohnt in der Pension Astoria, Neuhauserstr. 21; häufige Verabredungen mit Rilke, gemeinsame Theaterbesuche. Nach privater Lesung der ersten Elegien bietet Rilke das »Du« an.
Im September verbringt T. v. M. eine Urlaubsverlängerung in Hellerau; kehrt Anfang Oktober zu seiner Ersatz-Schwadron in Kassel zurück.

21.10.: Rilke bezieht in München eine Mietwohnung in der »Villa Alberti«, Keferstraße 11. Dort beginnt Anfang November eine dichterische Schaffensperiode; einzelne Gedichte und eine neue (die spätere Vierte) Elegie (22./23.11.) entstehen. Eine erneute Musterung am 24.11.im Österreichischen Konsulat bringt Rilke den Gestellungsbefehl zum 4.1.1916 nach Turnau in Nordböhmen ein. Seine Bemühungen im November in Berlin und seit Mitte Dezember in Wien, eine

Einberufung mittels hochrangiger Interventionen in Berlin und Wien zu vermeiden, schlagen fehl.

Anfang Dezember wird T. v. M. erneut an die Ostfront kommandiert. Vom 14.12.1915-10.8.1916 steht er im Garnisonsdienst in Wassjuny bei Godazisz in Polen.

1916 4.1.: Rilke rückt zum Landwehr-Schützenregiment Nr. 1 in Wien-Hütteldorf ein. Nachmusterung am 15.1. führt am 27.1. zur Überstellung Rilkes ins Österreichische Kriegsarchiv in Wien; er bleibt bis zum 27.6. in Wien. Von einem Kurzbesuch in München geht am 15.2. ein Bericht an Anna von Münchhausen nach Hellerau; dort verbringt T. v. M. Anfang Mai seinen ersten Urlaub.

22.5.: Rilke zieht nach Rodaun, Hotel Stelzer; wartet als Nachbar Hofmannsthals seine Entlassung ab, Lou Albert-Lazard malt sein Porträt.

18.7.: Rilke kehrt nach München in die Keferstraße 11 zurück.

10.-14.8.: T. v. M.'s Regiment wird von Wassjuny nach Galizien ostwärts Lemberg (Labacz) verlegt.

12.10.-2.11.: zweiter Urlaub T. v. M.'s in Berlin, Baden-Baden und München; dort mehrere Treffen mit Rilke.

22.11.-27.11.: T. v. M.'s Regiment wird durch Ungarn nach Siebenbürgen transportiert; anschließend vom 28.11.-22.12. Teilnahme am Feldzug in Rumänien; 21.12.-1.1. »Rückritt« nach Kronstadt (Siebenbürgen).

1917 Januar bis März: Nach schweren Asthmaanfällen erhält T. v. M. Erholungsurlaub für eine Kur im Sanatorium am Königspark in Dresden-Wachwitz.

15.4.-6.6.: T. v. M. kehrt zu seiner 2. Schwadron zurück, inzwischen in Nordfrankreich zum Bahnschutz eingesetzt; wird vom 7.6.-11.7. zu einem MG-Waffenmeister-Kurs in Berlin-Spandau abkommandiert.

Anfang Juli: Rilke löst seine Wohnung in der Keferstraße 11 auf; folgt einer Einladung von Hertha Koenig, den Sommer und Herbst auf ihrem westfälischen Gut Böckel, Kreis Herford zu verbringen. Zuvor 18.-24.7. Aufenthalt in Berlin.

15.7.-11.9.: T. v. M. mit seiner Einheit zum Grenzschutz in Ostbelgien eingesetzt; wird Mitte September an die Ostfront nach Wolhynien (Turisk) verlegt. Nach schwerem Asthmaanfall Ende September Genesungsurlaub in Hellerau; bemüht sich in Berlin um Aufnahme ins Auswärtige Amt.

25.7.-4.10.: Rilke auf Gut Böckel als Gast von Hertha Koenig. Danach

4.10.-9.12.: mehrfach verlängerter Aufenthalt Rilkes in Berlin, Hotel Esplanade. Dorthin kommt am 9.10. auch T. v. M., bleibt, mit kurzer Unterbrechung, bis zum 29.11. im Hotel Fürstenhof; fast täglich mit Rilke zusammen, durch den er »viele Menschen kennenlernt«.

Anfang Dezember: Rilke kehrt nach München zurück, T. v. M. geht zu seiner Ersatz-Schwadron nach Kassel.

1918 Rilke wohnt bis zum 7.5. im Münchner Hotel Continental, auf »fortgesetzter Wohnungssuche«.

7.1.-23.3.: T. v. M. im Rittberg-Lazarett Berlin-Schöneberg. Sein Aufnahmegesuch wird vom Auswärtigen Amt bewilligt (8.1.); von der Militärbehörde wird eine Freigabe abgelehnt (8.3.). Anfang April zurück in Kassel, erfährt T. v. M. seine Versetzung zur Ersatz-Eskadron des Jäger-Regiments Nr. 2 in Langensalza.

5.4.-19.9.: T. v. M. mit Unterbrechungen im Garnisonsdienst in Langensalza.

8.5.: Rilke bezieht eine eigene Wohnung in der Ainmillerstraße 34IV.

Sommer 1918: Anna von Münchhausen zieht von Hellerau nach Baden-Baden, Werderstr. 11. T. v. M. beantragt Entlassung »wegen dauernder Dienstunbrauchbarkeit«, sein Gesuch wird am 15.9. genehmigt. In Göttingen und Heidelberg bespricht er eine Wiederaufnahme des Studiums.

Herbst: Rilke erhält vom Lesezirkel Hottingen die Einladung zu einer Lesung am 25.11.

7./8.11.1918: Revolution in München. Rilke nimmt, als Sympathisant Kurt Eisners, der den »Freistaat Bayern« ausruft, an revolutionären Versammlungen teil.

November: T. v. M. erlebt bei seiner Mutter in Baden-Baden die Novemberrevolution, »die dort sehr friedlich« abläuft. 20.-23.12. ist er mit Walter Tritsch in München; dort »viel mit Rilke« in der Ainmillerstraße zusammen.

1919 Januar bis April: T. v. M. in Berlin; an der Universität Sondersemester für entlassene Kriegsteilnehmer, »viele Unruhen«.

21.2.: Kurt Eisner in München ermordet. Am 7.4. wird in München die Räterepublik ausgerufen.
Ende April: die Räterepublik wird in München durch Freikorps niedergeschlagen; Rilke kurzfristig abgeführt.

April bis Juli: T. v. M. zum Semester in Heidelberg; Arbeit an einer Dissertation bei Alfred Weber; die Wochenenden in Baden-Baden.

11.6.: Rilke folgt verspätet einer Vortragseinladung in die Schweiz und wird Deutschland nicht wiedersehen. Bis Ende Juli Aufenthalte in Zürich, Nyon, Genf, Bern und im Engadin; alte und neue Bekannte.

29.7.-21.9.: Rilke erholt sich in Soglio (Bergell); danach Aufenthalte in Begnins, Nyon, Genf.

25.10.-28.11.: Rilkes Lesereise durch die Schweiz (Zürich, St. Gallen, Luzern, Basel, Bern, Winterthur).

Oktober: T. v. M. zum Wintersemester in Heidelberg; Ingrimgasse 38; im Dezember Doktorexamen (Prüfende: Gothein, Anschütz, Thoma).

7.12.1919-Ende Februar 1920: Rilke in Locarno.

1920 3.3.-17.5.: Rilke wohnt als Gast von Dory und Hans von der Mühll auf dem Gut Schönenberg in Pratteln bei Basel, einem Besitztum von Hélène Burckhardt-Schazmann.

16.-24.3.: T. v. M., Freund der Basler Familie Burckhardt, besucht Rilke auf dem »Schönenberg«, »herrliche Tage«; gemeinsame Besuche in Basel.

April/Mai: T. v. M. in Dornburg (Sophie von Bülow) und Jena; dort Gründung des Lichtenstein-Verlags zusammen mit Erich Lichtenstein.

Mai: Rilke, in Prag geboren, erhält einen tschechoslowakischen Paß, mit dem er am 11.6. nach Venedig fahren kann (bis 13.7.). T. v. M. im Sommer und Herbst »unablässig« auf Reisen.

Sommer und Herbst: Rilke häufig mit Baladine Klossowska in Genf oder Bern; Anfang Oktober erstmals im Wallis.
23.-30.10.: kurze Reise Rilkes nach Paris; »Anheilen an die Bruchstellen von 1914«.

12.11.: Rilke bezieht, einer vermittelten Gastfreundschaft folgend, für den Winter das Schlößchen Berg am Irchel; Unterbrechung der Arbeitseinkehr wegen Baladine Klossowska.

1921 Januar bis März: T. v. M. und Anna v. M. (seit Oktober 1920) auf Gut Brodaný, Slowakei (bis 1918 Brogyán).

10.5.: Rilke verläßt Schloß Berg; bleibt bis Ende Juni in Etoy.
Anfang Juli: Rilke und Baladine Klossowska im Wallis; entdecken das Château de Muzot, das Werner Reinhart für Rilke mietet. Rilke zieht am 26.7. dort ein.

8.11.: Baladine K. verläßt Muzot; Rilke beginnt seine Arbeitseinkehr.

1922 Februar: Rilke vollendet auf Muzot die »Duineser Elegien« und schreibt die beiden Teile der »Sonette an Orpheus«.

Sommer: Anna von Münchhausen und T. v. M. geben das von Otto von Münchhausen geerbte Haus in Baden-Baden auf und beziehen ein Haus in Weimar-Oberweimar.

November: T. v. M. in Basel; ein Zusammentreffen mit Rilke in Muzot kommt nicht zustande.

1923 T. v. M. scheidet aus dem Lichtenstein-Verlag in Jena aus; er lebt in den folgenden Jahren teils in Berlin (Steglitzer Straße 28, W 35), teils in Oberweimar, teils in Brodaný.

Lange Schreibpause zwischen Rilke und T. v. M. (bis 1925).

28.12.-20.1.1924: Ausbruch der Krankheit und Rilkes erster Aufenthalt im Sanatorium Val-Mont sur Territet (Vaud).

1924 5.2.: T. v. M. lernt in Berlin bei dem Verleger Lutz Wolde Christiane, die Tochter Hugo von Hofmannsthals, kennen

(1902-1987). Im März gemeinsamer Aufenthalt bei Anna von Münchhausen in Weimar; im April in Italien.

September bis Oktober: T. v. M. als Gast bei Hofmannsthals in Bad Aussee-Obertressen; anschließend 5 Wochen in Hofmannsthals Wiener Stadtwohnung, Stallburggasse 2.

21.11.1924-8.1.1925: Rilkes zweiter Aufenthalt im Sanatorium Val-Mont.

1925 8.1.-18.8.: Rilkes letzter Aufenthalt in Paris, Hôtel Foyot, 33 rue de Tournon.

16.1.-9.6.: Christiane von Hofmannsthal in Paris; wohnt gleichfalls im Hôtel Foyot. Ende Februar Zusammentreffen mit Hugo von Hofmannsthal, der sich auf der Durchreise nach Marokko befindet. Hofmannsthal weilt vom 31.3.-10.4. und vom 22.5.-1.6. nochmals in Paris.

5.4.-27.5.: T. v. M. in Paris; wohnt gleichfalls im Hôtel Foyot; viel mit Rilke und Christiane zusammen; während Rilkes zeitweiser Erkrankung liest er die Korrekturen von dessen Valéry-Übertragungen. Zum Abschied schenkt ihm Rilke ein Exemplar der »Duineser Elegien« mit Widmungsgedicht.

18.8.: Rilke verläßt Paris in Begleitung von Baladine K.; diese kehrt am 11.9. von Sierre nach Paris zurück. Beide sehen sich nicht wieder.

20.12.1925-31.5.1926: Rilkes dritter, längster Aufenthalt im Sanatorium Val-Mont.

1926 30.11.: Rilke begibt sich zum letzten Mal in das Sanatorium Val-Mont.

29.12.: Rilke stirbt, einundfünfzigjährig, in Val-Mont.

1927 2.1.: Beisetzung Rilkes an der Bergkirche zu Raron (Wallis).

1928 14.6.: Christiane von Hofmannsthal heiratet den Indologen Heinrich Zimmer in Heidelberg.

1929 19.12.: T. v. M. heiratet Isa Schalscha von Ehrenfeld, adoptierte Gräfin Zieten (geb. Braunschweig 16. 9. 1895).

1933 Geburt der Tochter Maleen, später verehelichte Gräfin Hatzfeld-Trachtenberg.

1934 T. v. M. mit Familie auf dem Zietenschen Gut Smolitz in Polen, früher Provinz Posen.

1935-36 T. v. M. verwaltet das Gut Brodaný.

1936 Geburt der Tochter Hieronyma, später verehelichte Baronin Speyart van Woerden.

1937-39 T. v. M. Leiter des Goethe-Hauses in Paris.

1939-45 T. v. M. verwaltet das Gut Smolitz.

1942 8.9.: Anna von Münchhausen in Weimar gestorben.

1945 Flucht der Familie M. nach Unterfranken, Kloster Maria Bildhausen.

1949 T. v. M. besorgt die erste Gesamtausgabe von Rilkes »Gedichten in französischer Sprache« im Insel-Verlag.

1952 Umzug der Familie nach Bonn.

1974 31.10.: Isa von Münchhausen in Bonn gestorben.

1979 28.7.: T. v. M. stirbt in Bonn.

Nachwort

Rainer Maria Rilkes freundschaftlicher Briefwechsel mit Thankmar von Münchhausen aus den Jahren 1913 bis 1925 unterscheidet sich in mancherlei Hinsicht von anderen Briefwechseln, die der Dichter während des gleichen Zeitraums geführt hat, insofern Rilkes epistolographische Hinterlassenschaft heute in einer dialogischen Form ihrer Veröffentlichung beurteilt werden kann. Zum wichtigsten Charakteristikum des Briefes als eines kommunikativen wie literarischen Mediums der Schriftlichkeit gehört, daß er sich, trotz seiner ihm eingeborenen Neigung zum Monologisieren, erst im medial vermittelten Zwiegespräch von Rede und Antwort intentional erfüllt. Auch Rilke, dem oberflächliche Leser manchmal unterstellten, er habe, um nur »sich selbst auszusagen«, keine Rücksicht auf den Empfänger genommen, hatte bereits in dem ersten seiner, jüngst zu einem Briefwechsel erweiterten *Briefe an eine junge Frau* die knappste und treffendste Definition eines Briefes im kommunikativen Sinne gegeben, wenn er dort bekannte, daß er den Brief noch für ein »Mittel des Umgangs« halte, »der schönsten und ergiebigsten eines«.[1]

Die Weisen eines solchen »Umgangs« entwickelten in der »Briefkunst« dieses Dichters, der noch in seinem Testament zum Ausdruck gebracht hatte, daß er, »von gewissen Jahren ab«, »einen Theil der Ergiebigkeit [s]einer Natur gelegentlich in Briefe zu leiten pflegte«,[2] zahlreiche Variationen in Stil, Ausdruck, Empfindung und Form. Sie resultierten aus dem jeweiligen Charakter des Adressaten, aus der Intimität oder Fremdheit der persönlichen Beziehung, aus der gesellschaftlichen Stellung des Briefpartners, nicht zuletzt auch aus dessen Geschlecht. In dieser Hinsicht zählt der hier erstmals veröffentlichte Briefwechsel zu den ungezwungensten und natürlichsten; der Art

---

[1] R.M.R., *Briefwechsel mit einer jungen Frau*, hrsg. v. Horst Nalewski, Frankfurt/M. 2003, S. 10.
[2] »Rainer Maria Rilkes letzter Wille«. Beilage 12 in: R.M.R., *Briefe an Nanny Wunderly-Volkart*. Im Auftrag der Schweizerischen Landesbibliothek und unter Mitarbeit von Niklaus Bigler besorgt durch Rätus Luck. Band II, Frankfurt/M. 1977, S. 1193.

dieser Freundschaftsbeziehung wie der Persönlichkeit von Rilkes Briefpartner entsprechend, die sich spontan in einem unprätentiösen, gesprächsnahen, oft eilig konzipierten Briefstil bezeugt. Da konnte sich auch der Dichter als Briefschreiber eher einmal »gehenlassen«; und der Übergang zur Du-Anrede – für Rilke, männlichen Partnern gegenüber, eine Seltenheit – erfolgte nach einigen persönlichen Begegnungen ganz problemlos. Der um etwa zwölfeinhalb Jahre jüngere Thankmar von Münchhausen machte dies seinem Freund und Mentor allerdings auch leichter als andere; zumal es Gemeinsamkeiten gab, die gerade in den Jahren des Ersten Weltkriegs besonders zählten. Beide verband nicht zuletzt ihre Liebe zu Frankreich, zur französischen Lebensart, Sprache, Literatur und Kunst, in deren Ambiente, noch ein Jahr vor dem Kriegsausbruch, die Freundschaft der beiden sonst vielfach ungleichen Partner ihren Ausgang genommen hatte.

Eine erste, gleichsam »prä-existentielle« Begegnung zwischen den späteren Freunden hatte es allerdings schon zu einem früheren Zeitpunkt gegeben: 1899 im Salon von Thankmars Mutter, Anna von Münchhausen, geborene von Keudell (1853-1942), wo, so berichtete Lou Andreas-Salomé noch in ihrem späten »Lebensrückblick«, ihre vertrauteste Freundin, Thankmars erheblich ältere Cousine Frieda von Bülow (1857-1909), »im lichten Laubgrün Lichterfeldes [...] im Hause ihrer Verwandten, der Freifrau Anna Münchhausen-Keudell, wohnte, in zwei Stuben voll des ehrwürdig-schönsten Erbhausrates und auch voller afrikanischer Exotik der Gegenwart«.[1] Dort konnte 1899 der gerade sechsjährige Thankmar erstmals den jungen Prager Dichter in Begleitung seiner deutsch-russischen Freundin, die auch mit Anna von Münchhausen (1853-1942) befreundet war, erleben. Als im Mai 1913 während eines gleichzeitigen Aufenthalts in Paris Clara Rilke-Westhoff und ihre schwedische Freundin Ingrid Stieve, einer Bitte des inzwischen zum Studenten herangereiften Thankmar nachkommend, einen Besuch bei Rilke in dessen Atelier in der rue Campagne Première vermittelte, schenkte der Dichter dem neu ge-

---

[1] Lou Andreas-Salomé, *Lebensrückblick. Grundriß einiger Lebenserinnerungen*, hrsg. v. Ernst Pfeiffer. Neue durchges. Auflage. Frankfurt/M. ³1977 (insel taschenbuch 54), S. 109.

wonnenen Freund ein Exemplar des gerade erschienenen »Marien-
Lebens« mit der anspielenden Widmung: »Bei unserem erwachsenen
Wiedersehen«.[1]

In Berlin-Lanckwitz war Thankmar von Münchhausen am 18. Mai
1893 zur Welt gekommen. Dorthin hatte sich sein Vater Thankmar
von Münchhausen (1835-1909), der 1880 in Berlin Anna von Keudell
geheiratet hatte, nach Beendigung seiner konsularischen Tätigkeit
(erst in Smyrna, später in Jerusalem) in den Ruhestand zurückgezogen. Nach dem Tod seines Vaters und nach dem Abschluß seines am
Gymnasium Steglitz im September 1911 abgelegten Abiturs geht
Thankmar von Münchhausen junior für ein knappes Jahr an die École
des Droits in Paris, wo er schnell Zugang zu einem künstlerischen und
intellektuellen Freundeskreis von Deutschen und Franzosen findet;
darin auch zu Persönlichkeiten aus dem Bekanntenkreis Rilkes, wie
Marie Laurencin (der Thankmars erste große Liebe gehört), Norbert
von Hellingrath, Franz und später Hellen Hessel. Schon damals, und
sodann während seiner folgenden, in München, Heidelberg und
Göttingen weitergeführten Studiensemester, die von 1913 an, wie
der Briefwechsel bezeugt, Rilke mit freundschaftlicher Teilnahme
verfolgt, entwickelt sich der bildungsbeflissene und charmante
Thankmar von Münchhausen zu einem wahren Genie der Kommu-
nikation und Freundschaft. Gerade an seinem Briefwechsel mit
Rilke kann man dies verfolgen, der eine Fülle von Namen und Begegnungen dokumentiert, auch dort, wo nur kurze Billets auf
gehäufte Verabredungen schließen lassen, wie in den Münchner
Sommerwochen 1915, im Berliner Spätherbst 1917 oder 1920 im
Umkreis der gemeinsamen Basler Freunde Burckhardt und von der
Mühll. Die geschäftigen Berliner Wochen von 1917, da Rilke, aus
dem ruhigen Spätsommer von Gut Böckel in Westfalen kommend,
im preußisch-deutschen Machtzentrum bei seinen dortigen Ge-
sprächspartnern verzweifelt nach möglichen Friedenssignalen fahn-
det, bleiben dem jüngeren Freund besonders lebhaft im Gedächtnis.
Noch in seinen späten, in Bonn verbrachten Jahren – Münchhausen

---

1 M. v. G., »Engagement in der geistigen Welt«, in: *Chic*, Nr. 8, August 1976,
S. 60.

stirbt dort am 29. Juli 1979 – erinnert er sich während eines Interviews an »Berlin 1917«:

Im Schützengraben in Wolhynien war ich krank geworden – ich war natürlich Soldat damals – und war in einem Lazarett in Berlin. Ich hatte sehr viel Freiheit. Rilke wohnte im Esplanade, und wir aßen fast jeden Mittag zusammen und waren sehr viel zusammen. Sie haben sehr richtig das Bild des Emil Orlik analysiert, nur ein Wort stimmt mit den Tatsachen nicht überein, nämlich das Wort ›vereinsamt‹. In diesen Berliner Wochen [. . .], da war er das Gegenteil von vereinsamt. Das war ja überhaupt ein merkwürdiger Gegensatz in Rilkes Dasein, die Sehnsucht nach Einsamkeit und das starke Bedürfnis nach menschlichen Kontakten.[1]

Gerade die Jahre des Ersten Weltkrieges waren es, in denen sich der Briefwechsel zwischen den Freunden besonders intensivierte, wobei jeder dem anderen, auf unterschiedliche Weise, sowohl Stütze wie Ablenkung bot. Der junge Münchhausen rückte schon in den ersten Augusttagen 1914 bei einem Kasseler Husarenregiment ein, das abwechselnd an der belgisch-nordfranzösischen Westfront oder an der Ostfront und im Balkan, im Bewegungskrieg wie mit Besatzungsaufgaben, eingesetzt wurde. Rilke verfolgte teilnehmend diese häufigen Orts- und Tätigkeitswechsel; immer im Bemühen, auch den lebendig gebliebenen geistigen Bedürfnissen des Freundes mit Ratschlägen und Sendungen zu dienen. Seine in vielen seiner Briefe bezeugte Kriegsgegnerschaft und die ungetrübte Frankophilie blieben auch in diesem, nach wie vor europäisch orientierten Briefwechsel unverborgen. Beide Freunde waren bemüht, keine Möglichkeit eines Wiedersehens auszulassen; im Sommer 1915 nach Thankmars Verwundung an der Ostfront, sodann im Oktober 1916 während eines Urlaubs, beide Male in München. 1917 erlaubte Münchhausens asthmatische Erkrankung, die im September 1918 schließlich zu seiner vorzeitigen Entlassung aus dem Militärdienst führte, die erwähnten längeren Urlaubstage in Berlin. Daß nach Rilkes endlicher »In-

---

1 Zit. nach: »Rilke-Interview« mit Thankmar von Münchhausen unter Teilnahme von Gerda Dorothea de Weerth. Typoskript im Besitz von Hieronyma Baronin Speyart, Blatt 1.

stallierung« in der Schweiz der Briefwechsel an Häufigkeit und Intensität abnahm, teilt er mit anderen an deutsche Briefpartner gerichteten Korrespondenzen des Dichters. Aber auch Münchhausens Leben gelangte, nachdem er sogleich nach Kriegsende sein unterbrochenes Studium zum Abschluß gebracht und in Heidelberg zum Dr. phil. promoviert hatte, nach den im Frühjahr 1920 auf dem Burckhardtschen Besitztum Schönenberg bei Basel verbrachten gemeinsamen Tagen in neue, reisefreudige Bahnen und Begegnungen; in Aufenthalte teils in Weimar, wohin inzwischen, nach ihren Wohnaufenthalten Hellerau und Baden-Baden, Anna von Münchhausen gezogen war, teils in Salzburg – bei Max Reinhardt –, teils in Aussee und Rodaun – bei Hofmannsthals –, teils in Wien – bei Rudolf Kassner. Erst das letzte, längere Wiedersehen auf dem geliebten Boden von Paris stellte noch einmal die alte Vertrautheit wieder her, an der nun auch Hofmannsthals Tochter Christiane partizipieren konnte.[1] Da bedurfte es bei so großer persönlicher Nähe wie im gemeinsam bewohnten Hôtel Foyot und bei gemeinsamen Freunden in Paris und Versailles kaum noch längerer Briefe; diese Zeit, mit ihren Ereignissen, ist an ergänzungsbedürftigen Stichworten und Zeichen deutlich genug abzulesen.

So bewegt und vielseitig Thankmar von Münchhausens Leben auch nach Rilkes die Freunde überraschenden Tod Ende 1926 blieb – 1929 die Heirat mit Isa Schalscha von Ehrenfeld adoptierte Gräfin Zieten; in den dreißiger Jahren die Geburt der beiden Töchter Maleen und Hieronyma; die Sanierung des Guts Brodaný in der Slowakei; später die Bewirtschaftung des Zietenschen Guts Smolnitz in Polen; die zeitweilige Leitung des Goethehauses in Paris; die Flucht der Familie nach Thüringen im Januar 1945 und weiter nach Bildhausen in Unterfranken; die spätere Niederlassung in Bonn, dort die Fortführung der alten, noch auf Rilke zurückgehenden Freundschaft mit Roland und Jenny de Margerie –, immer blieb für den überlebenden Briefpartner seine konstitutive Freundschaft zu dem Dichter lebendig und ein nimmermüdes Thema für viele Gespräche. Ein Zeichen,

---

1 Vgl. Christiane von Hofmannsthal, *Ein nettes kleines Welttheater. Briefe an Thankmar Freiherr von Münchhausen*, hrsg. v. Claudia Mertz-Rychner in Zusammenarbeit mir Maya Rauch, Frankfurt/M. 1959, S. 35-55.

wie sehr diese Freundschaft gerade auf der gemeinsamen Liebe zu Frankreich gründete, wurde schließlich die erste Gesamtausgabe aller französischen Gedichte-Sammlungen Rilkes, die Thankmar von Münchhausen bereits kurz nach dem Zweiten Weltkrieg, 1949, im Insel-Verlag (Wiesbaden) herausbrachte.[1]

★

Der Edition des vorliegenden Briefwechsels lag zunächst nur eine Abschrift nach den Originalen zugrunde (= »Manuskipt«), die aber weder vollständig noch zuverlässig war. Für eine genaue Kollationierung mußten sämtliche Originale (Briefe, Telegramme, Billette) nochmals überprüft werden, die auf verschiedene Aufbewahrungsorte verteilt waren. Rilkes 55 Briefe (darunter 8 Telegramme) befanden sich, aufgeteilt, in Familienbesitz;[2] die Briefe Thankmar von Münchhausens werden teils im Rilke-Archiv Gernsbach, teils im Rilke-Bestand des Schweizerischen Literaturarchivs in Bern aufbewahrt; in Gernsbach 3 Konvolute: mit 48 Briefen aus den Jahren 1914-1919, mit 2 Briefen und 1 Telegramm aus dem Jahr 1920, mit 3 Briefen und 1 Merkzettel aus den Jahren 1922 und 1925; in Bern 2 Konvolute: mit 8 Briefen aus den Jahren 1913-1914 und mit 13 Briefen, 5 Postkarten und 2 Telegrammen aus den Jahren 1919-1921. Alle Briefe werden hier, offensichtliche Versehen ausgenommen, in ihrer originalen Orthographie und Interpunktion wiedergegeben. Thankmar von Münchhausen, in dieser Hinsicht sehr viel lässiger als Rilke, schrieb überdies ausschließlich in lateinischer Schrift (mit »ss«), Rilke bediente sich ihrer nur bei französischen Briefen und Zitaten.

---

1 R.M.R., *Gedichte in französischer Sprache*. Gesamtausgabe, Wiesbaden 1949. Die Herausgabe dieses Bandes besorgte Thankmar von Münchhausen.
2 Von diesen Briefen wurden 7 Briefe, meist mit Kürzungen, zuvor veröffentlicht: GBr III, Nr. 132 (27.12.1913), GBr IV, Nr. 1 (15.8.1914), Nr. 6 (17.9.1914), Nr. 20 (6.3.1915), Nr. 24 (28.6.1915), Nr. 48 (13.11.1916), Nr. 55 (10.3.1917).

Für die Überlasssung von Kopien der Brief-Originale danke ich herzlich Frau Hella Sieber-Rilke vom Rilke-Archiv in Gernsbach und Frau Dr. Franziska Kolp vom Schweizerischen Literaturarchiv in Bern. Wärmstens danken möchte ich Maria Helene (Maleen) Gräfin von Hatzfeld, geb. Freiin von Münchhausen, Hieronyma Baronin Speyart van Woerden, geb. Freiin von Münchhausen, und Friedrich Graf von Hatzfeld für die liebenswürdige Unterstützung durch Familiendokumente, darunter Aufzeichnungen Thankmar von Münchhausens, sowie durch Publikationen, unter den ich vor allem die schöne, vom Heimatmuseum Ingersleben herausgegebene Gedenkschrift für Frieda und Margarete von Bülow »Zwei Blüten an einem Zweig« hervorheben möchte. Diese Materialien, sowie weitere, Personen und Familienbeziehungen betreffende Auskünfte sind den »Erläuterungen« zu dem vorliegenden Briefwechsel zugute gekommen. Herzlich dankbar bin ich ferner Frau Dr. Vera Hauschild für die vertrauensvolle Zusammenarbeit bei der Vorbereitung dieses Briefwechsels, Herrn Curdin Ebneter für die kundige Übersetzung der französischen Briefe und Briefstellen und Frau Adelheid Westhoff für die sorgfältige Erstellung des Personenregisters.

Freiburg im Breisgau, im Januar 2004   Joachim W. Storck

Personenregister

Das Verzeichnis enthält die in Briefwechsel und Anhang erwähnten Personennamen. Kursiv gesetzte Seitenzahlen beziehen sich auf den Anhang.

Alastair (eigentl. Hans Henning Otto Baron von Voigt) 60, 62 f., 64; *147*
Albert-Lazard, Lou *142 f.*, *194*, *196*
Alcoforado, Marianna 24; *131*
Altheim, Karl *133*
Andersen, Hans Christian 68 f.
Andreas, Friedrich Carl *129*, *191*
Andreas-Salomé, Lou (Louise) 7, 8, 17, 18, 19, 35, 38, 92; *128 f.*, *132*, *134 f.*, *162*, *167*, *191*, *193*, *194*, *204*, *Abb. 5*
Anschütz, Gerhard *165*, *199*
Apollinaire, Guillaume *142*
Aretin, Erwein Carl Freiherr von 38, 39; *136*
Auersperg, Franz Joseph Prinz von 36, *135*
Augustinus, Aurelius 46; *183*

Bachrach, Elvire *163*
Balzac, Honoré de 39
Barkenings, Hans-Joachim *162*
Barurri, Jean siehe Baruzi, Jean
Baruzi, Jean 123, 124; *178 f.*
Baruzi, Joseph *179*
Bassiano, Marguerite di, geb. Chapin *179*, *180*
Bassiano, Roffredo Caetani di, Fürst *179*
Baumgartner, Frieda 121; *176*
Beardsley, Aubrey Vincent *147*
Becher, Johannes R(obert) 53; *144*, *145*
Benjamin, Walter *156*, *180 f.*
Bernstorff, Albrecht Graf 73, 76, 77; *152*, *153*, *154*, *159*, *160*
Bernus, Alexander von 91; *161 f.*
Bernus, Bertha von, geb. von Hefner-Alteneck 91; *162*
Bibesco, Marthe-Lucile Princesse, geb. Lahovary *178*
Bierkowski, Kaethe siehe Holl-Bierkowski, Kaethe
Bigler, Niklaus *167*, *203*
Birgi, Nuri 9
Blume, Bernhard *132*
Bodmershof, Imma von, geb. Freiin von Ehrenfels siehe Ehrenfels, Imma Freiin von
Bodmershof, Wilhelm von *142*
Bomhard, Bettina von *143*
Borchardt, Rudolf *153*

211

Braque, Georges *142*
Breughel, Pieter 80
Buchli, Hanns *168*
Büchner, Georg 44; *139*
Bülow, Frieda von 7; *129, 167, 191, 204, 209*
Bülow, Margarete von *209*
Bülow, Sophie Freiin von 101, 104; *167, 176, 199*
Buhlmann, Britta E. *155, 157*
Bunsen, Marie von *151*
Burckhardt, Carl Christoph *165*
Burckhardt, Carl J(acob) 100, 110, 117, 122; *164, 165f., 170, 193, 199*
Burckhardt-Schazmann, Helene 100, 101, 102, 104, 105, 106, 118; *164, 165, 174, 175, 199, 205, 207*

Cantacuzène, Maria Prinzessin siehe Hellingrath, Marie von
Cantacuzène, Theodor Fürst *146*
Cantacuzène-Deym, Caroline Fürstin, geb. Gräfin Deym von Střitež *146*
Caspari (Münchner Kunsthandlung und Galerie) 79, 107; *157, 169*
Castell, Alexander (eigentl. Willi Lang) 52; *143, 144*
Chagall, Marc *154*
Claudel, Paul *129, 193*

Clavel, Alexander 117, 118; *174*
Clavel, Fanette (Fanny), geb. Respinger 117, 118; *174*
Clermont-Tonnerre, Elisabeth Duchesse de, geb. de Gramont 110; *170*
Collalto, Collatino di 117; *171*
Copeau, Jacques 22; *130*

Däubler, Theodor 52, 53; *143, 144, 145*
Dalcroze, Jacques Emil *129*
Dante Alighieri 68
Deubel, Léon 22, 24, 25, 26; *130*
Deutsch, Ernst 77; *156*
Diederichs, Eugen (Verlag) 68 f.
Dietzel (Frau) 83; *159*
Dobrženský von Dobrženicz, Anton Graf *162*
Dobrženský von Dobrženicz, Mary Gräfin, geb. Gräfin Wenckheim 92; *162, 163, 173, 174*
Dohrn, Anton *129*
Dohrn, Boguslav 29
Dohrn, Harald 29
Dohrn, Wolf 27, 28, 29; *129, 132*
Dusek, Cyril 116; *173*

Ebneter, Curdin *209*
Edhem Bey (Madame in Istanbul) 9, 77, 78, 79; *152, 156*
Ehrenfels, Christian Freiherr von *142*

Ehrenfels, Imma Freiin von 50, 58 f.; *142*, *146*
Eisner, Kurt 162, *198*
Erdmann(-Czapski), Veronika 109, 111, 119; *169*, *174*

Fabre-Luce, Alfred (Pseud. Jacques Sindral) *178*
Falkenhayn, Erich von *145*
Federn, Ernestine, geb. Spitzer 68
Federn, Josef Salomon *149*
Federn, Karl (Carl) 66, 68; *149*
Federn, Paul 68
Federn-Kohlhaas, Etta (eigentl. Marietta Federn) 68 f.; *149*
Feist, Hans *153*
Feist-Wollheim, Hermine 73; *153*
Fischer, S. (Verlag) 63; *149*
Fischer, Samuel *137*
Flake, Otto 68; *149*
Flaubert, Gustave 37, 39; *136*
Frank, Bruno 52; *143*, *144*
Freyhold, Karl von 101 f.; *167*
Fridberg (Schwager von Marie Laurencin) 96; *186*
Friedrich II., Großherzog von Baden 16; *128*

Gallimard, Gaston 106; *168*
George, Stefan 7, 87; *128*, *138*, *140*, *147*, *155*, *160*, *161*, *163*
Gide, André *130*
Gill, Eric *180*

Goethe, Johann Wolfgang von 113; *149*, *171*, *180*
Goltz, Hans 50, 53; *142*
Gothein, Eberhard 93; *160*, *162*, *164*, *165*, *198*, *199*
Gothein, Percy *162 f.*
Grautoff, Erna 7
Grautoff, Otto 7
Groethuysen, Bernhard *180*
Grosz, George 53, 54; *145*
Günderode, Karoline von 94
Guicciardini, Carlo Graf 41; *138*
Gundolf, Friedrich (eigentl. Friedrich Gundelfinger) 90, 91, 92, 93; *161*, *164* *165*
Guttmann, Angela, geb. Müllner 112, 114, 116; *165*, *170 f.*, *173*

Hartmann-Rauter, Augusta 80, 82; *157*
Hattingberg, Magda von, geb. Richling (»Benvenuta«) 36; *135*, *194*
Hatzfeld, Friedrich Graf von *209*
Hatzfeld-Trachtenberg, Maria Helene (Maleen) Gräfin von, geb. von Münchhausen 7-9; *202*, *207*, *209*
Hauptmann, Gerhart 71; *151*
Hauschild, Vera *172*, *209*
Hausenstein, Wilhelm *162*
Heartfield, John *145*
Heimann, Moritz *152*
Heise, Lisa *203*

Hellingrath, Elisabeth von
58 f., 60; *146*
Hellingrath, Marie von, geb. Prinzessin Cantacuzène
36, 50, 58, 60, 84, 91; *127 f., 142*
Hellingrath, Maximilian von
36, 50, 58 f., 60; *127*
Hellingrath, Norbert von 7, 8, 15, 16, 18, 30, 37, 39, 45, 48, 50, 58, 84; *127 f., 132 f., 133, 134, 136, 142, 146, 193, 194, 205*
Hennebert, Marthe, verh. Lurçat 46; *140, 183*
Herzfelde, Wieland 53, 54; *145*
Herzog, Wilhelm 74, 77; *154*
Hessel, Franz 7, 9, 77, 78, 93, 115, 117; *156, 168, 172, 173, 193, 205*
Hessel, Helen, geb. Grund 77, 78, 86, 93, 102; *156, 159, 168, 181, 193, 205*
Heydt, Elisabeth von der, geb. Wülfing *133*
Heydt, Karl von der *133*
Hirsch, Rudolf *177*
Hölderlin, Friedrich 7, 37, 39; *128, 132, 133, 136, 141, 194*
Hoerschelmann, Rolf von 52, 107, 113; *140, 143*
Hofmann von Hofmannswaldau, Christian *170*
Hofmannsthal, Christiane von 123; *177 f., 179, 180, 181, 200 f., 201, 202, 207*
Hofmannsthal, Hugo von 123; *143, 166, 168, 177, 178, 179, 180, 181, 196, 200, 201, 207*
Holdt, Hanns (Johannes) 44, 50, 89; *139*
Holl-Bierkowski, Kaethe 54; *145*
Husserl, Edmund 23; *130*
Husserl, Gerhart 22, 23; *130*

Jaenichen, Johann Friedrich Chr. 81; *150*
Jaenichen-Woermann, Hedwig 70, 81 f., 83; *140, 150, 158*
Jaffé, Heinrich 52, 55, 62, 65, 66, 68; *144, 146*
Janssen, Magda 114, 117
Jantzen, Margarete siehe Janssen, Magda
Jeanne d'Arc *131*
Jensen, Johannes V(ilhelm) 57, 64, 65; *146, 148*
Johannes vom Kreuz *178*

Kaiser (Schauspieler) siehe Kalser, Erwin
Kaiser, Georg 63 f., 65, 77, 79, 98; *148, 156*
Kaiserlein (Schauspieler) siehe Kalser, Erwin
Kalser, Erwin 63 f., 77; *148*
Kalserlein (Schauspieler) siehe Kalser, Erwin
Kassner, Rudolf 161, 165, 207
Kauders, Hans 98; *164*

Kessler, Harry Graf 73; *144, 151, 152, 180*
Keudell, Anna von siehe Münchhausen, Freifrau von (Gemahlin von Börries Freiherr von Münchhausen)
Keudell, Elsbeth (Else) von 39, 74, 75, 76, 77, 78, 80, 81; *137, 154, 177, 195*
Keudell, Marie von (»Tante Mie«) 79 f., 84; *157*
Keudell, Walter von *192*
Key, Ellen *127*
Keyserling, Eduard Graf von 65; *148*
Kippenberg, Anton 109, 111, 116; *128, 193, 194*
Kippenberg, Katharina, geb. von Düring 109; *139, 143, 144, 154, 158, 160, 169, 171, 193, 194*
Klabund (eigentl. Alfred Henschke) 52, 62, 63; *143, 144, 147*
Klages, Ludwig *155*
Klaiber, Pauline *127*
Klossowska, Baladine (eigentl. Elisabeth Dorothee), geb. Spiro, (»Merline«, »Mouky«) *173, 175, 199, 200, 201*
Knoop, Gertrud Ouckama, geb. Roth *142*
Koenig, Hertha 67, 80; *137, 140, 149, 152, 153, 155, 157, 195, 197*
Koenig, Karl 68; *149*
Koenig, Leopold 68; *149, 152*

Kolb, Annette 48; *141, 166, 193*
Kolp, Franziska *209*
Kornfeld, Paul 65; *148*
Kratzsch, Konrad *172*
Kraus, Karl 52; *132, 143, 144, 162, 175*
Krießbach-Thomasberger, Martina *148*
Kropp, Ernst 7

Labé, Louïze (Louise) 88; *160*
Lagerlöf, Selma 14, 71; *127, 151*
Landowska, Wanda *170*
Lasker-Schüler, Else 53; *144, 154*
Laumen (Fräulein aus München) 63
Laurencin, Marie 50, 51, 84, 86, 96, 98, 102, 104, 105 f., 107, 108, 113, 115; *142, 164, 169, 173, 186, 188, 193, 205, Abb. 11*
Leibniz, Gottfried Wilhelm von *178*
Lespinasse, Julie de 16; *128*
Lettré, Emil *151*
Lichnowsky, Mechtilde Fürstin, geb. Gräfin von und zu Arco-Zinneberg *162*
Lichtenstein (Verlag) 109, 114, 116; *141, 169, 170, 188, 199, 200*
Lichtenstein, Erich 50, 54, 110, 111, 112, 113; *140, 141, 169, 170, 199*

Liebermann, Max 153
Lieven (Familie in Baden-Baden) 114
Luck, Rätus 167, 170, 179, 203
Lurçat, Jean 140
Luxemburg, Hilda Prinzessin von 128

Mann, Thomas 153, 161
Margerie, Jenny de 178, 207
Margerie, Roland de 178, 207
Marlitt, Eugenie (eigentl. Eugenie John) 83
Masarýk, Tomáš Garrigue 116; 172
Mathéy, Georg A. 180
Maurer, Gert 53
Mertz-Rychner, Claudia 177, 207
Mitford, Marianne, geb. von Friedländer-Fuld 194
Modersohn-Becker, Paula 70; 150
Momm, Wilhelm 107; 169
Montaigne, Michel Eyquem Seigneur de 37; 136
Montgelas, Maximilian Graf von 161
Morand, Paul 178
Moréas, Jean (eigentl. Joannis Papadiamantopoulos) 115; 172
Mosch, Friedrich Carl von 37, 39, 47; 136
Müller, Georg (Verlag) 66

Münchhausen, Anna Freifrau von, geb. von Breitenbach, verw. Crusius (Gemahlin von Börries Freiherr von Münchhausen) 152
Münchhausen, Anna Freifrau von, geb. von Keudell (Gemahlin von Thankmar v. Münchhausen [Vater]) 7, 8, 18, 19, 22, 24, 25, 26, 27, 28, 29, 30, 34, 35, 36, 39, 40, 41, 42, 43, 46, 49, 50, 58, 60, 61, 67, 69, 70, 71, 72, 74, 75, 76, 77, 80, 81, 84, 88, 89, 92, 97, 104, 106, 108, 112, 114f., 116, 117, 119, 122, 123; 129, 130, 131, 133, 135, 139, 157, 158, 167, 171, 176, 181, 191, 192, 193, 195, 196, 198, 200, 201, 202, 204, 205, 207, Abb. 1, Abb. 3
Münchhausen, Börries Freiherr von 152
Münchhausen, Hieronyma Freiin von siehe Speyart van Woerden Baronin von
Münchhausen, Isa Freifrau von, geb. Schalscha von Ehrenfeld, adoptierte Gräfin Zieten 8, 9; 179, 202, 207, Abb. 14
Münchhausen, Maria Helene (Maleen) Freiin von siehe Hatzfeld-Trachtenberg, Maria Helene Gräfin von
Münchhausen, Otto Freiherr von 131, 158, 176, 200

Münchhausen, Thankmar Freiherr von (Vater) 7, 83; *130, 167, 191, 205, Abb. 2*
Muthesius, Hermann *129*

Nádherný von Borutin, Amalie, geb. Freiin Klein von Wisenberg *132*
Nádherný von Borutin, Johannes *132*
Nádherný von Borutin, Karl *132*
Nádherný von Borutin, Sidonie (Sidie) 26, 30, 41, 118, 119; *129, 131, 132, 134, 136, 138, 162, 166, 174f., 193*
Nalewski, Horst *203*
Nansen, Peter 52; *143, 144*
Nikolaus II. Alexandrowitsch, Zar von Rußland *170*
Nölke, Gudi (Auguste), geb. Senckel *142, 164*
Nostitz, Oswalt von *174*
Nostitz-Wallwitz, Alfred von 117; *174*
Nostitz-Wallwitz, Helene von, geb. von Beneckendorff und von Hindenburg 117; *174, 193*

Obermüller, Paul *164*
Oldenburg, Nathalie Herzogin von *171, 192*
Orlik, Emil *151, 153, 206*
Ouckama Knoop, Gertrud siehe Knoop, Gertrud Ouckama

Paszthory, Kasimir von 36; *135*
Pauvre Lélian siehe Verlaine, Paul
Pechstein, Max *152*
Péguy, Charles 39; *137*
Pfeiffer, Ernst *135, 204, Abb. 5*
Picasso, Pablo 41, 42; *137, 140, 142, 195*
Pilar-Pilchau, Andreas Baron von 110; *170*
Preußen, Friedrich Karl Prinz von *147*
Preußen, Friedrich Leopold Prinz von (Vater) *147*
Preußen, Friedrich Leopold Prinz von (Sohn) 60, 61; *147, 151*
Pritzel, Lotte 43, 79; *134, 138*
Proust, Marcel *156*
Przygode, Wolf 84; *159*

Ramberg, Egon Freiherr von 86; *159*
Rapp, Albert 50, 91; *142*
Rathenau, Walther *149*
Rauch, Maya *177, 207*
Reinhardt, Max *156, 207*
Reinhart, Werner *175, 200*
Reventlow, Franziska (eigentl. Fanny) Gräfin zu 14; *127, 156*
Rhein, Fritz *152*
Richter (Kunstgalerie in Dresden) *70*
Riemerschmid, Richard *129*
Riess (Frau Dr. med.) 56, 57
Rilke, Joseph *191*

Rilke, Ruth   siehe Sieber-Rilke, Ruth
Rilke, Sophia (Phia), geb. Entz   137, 157, 191
Rilke-Westhoff, Clara   53, 58, 70; 127, 132, 150, 191, 192, 204, Abb. 6
Roché, Henri Pierre   106; 156, 168
Rodin, Auguste   24; 131, 192
Römer, Gussie   80; 158
Rolland, Romain   22; 131
Romberg, Conrad Gisbert Freiherr von   154
Rosen, Friedrich   158
Rosen, Georg   82; 158
Rowohlt (Verlag)   156

Sack, Gustav   68; 149
Saint-John Perse (eigentl. Marie-René-Alexis Saint-Léger)   124; 180f.
Saint-Léger, Marie-René-Alexis   siehe Saint-John Perse (Pseud.)
Salis (Schweizer Adelsgeschlecht)   92
Salomon, Elisabeth (Elli)   161, 164, 165
Sarbach, Hugo   170
Sarfert, Hans-Jürgen   129
Schaeffer, Albrecht   87, 88; 159f.
Scheler, Max   39; 136
Schickele, René   141
Schmid, Rosa   86, 103, 109; 159

Schmidt, Adalbert   159
Schnack, Ingeborg   145, 165, 177
Schnehen (Herr von)   102
Schnitzler, Arthur   51
Schröder, Rudolf Alexander   168
Schulenburg, Freda Gräfin von der, geb. Gräfin Arnim   75, 78, 80, 81; 155
Schulenburg, Friedrich Bernhard Graf von der   75, 77; 155
Schulenburg, Tisa von der   155
Schuler, Alfred   76; 155
Schweinburg, Kurt   165
Seeckt, Hans von   74; 151, 154
Seilern-Aspang, Ilse Gräfin von, geb. Olden   153
Sieber-Rilke, Hella   209
Sieber-Rilke, Ruth   53, 58, 70; 132, 133, 150, 191, Abb. 6
Simon, Walter   135
Singer, Herbert   133
Sintenis, Renée   73, 77, 78, 82, 83, 123; 151, 153, 155, 157
Solf, Wilhelm Heinrich   160
Spengler, Oswald   98; 165
Speyart van Woerden, Baron von   9
Speyart van Woerden, Hieronyma Baronin, geb. Freiin von Münchhausen   7-9; 142, 152, 155, 206, 207
Stampa, Gaspara   114, 117; 171

Steiner, Jacob 165
Steinrück, Albert 139
Sternheim, Carl 63
Stieler, Kurt 36; 135
Stieve, Friedrich 127
Stieve, Ingrid, geb. Larsson 13; 127, 204
Stobbe, Horst 53, 54; 144
Stoecklin, Franziska 173
Stolzenberg, Georg 80; 157
Storck, Joachim Wolfgang 128, 137, 149, 161, 162, 163, 165, 168, 173, 203-209
Strauss, Ludwig 87; 160
Strindberg, August 37; 136, 140

Taube, Otto Freiherr von 52, 53, 115; 143, 172
Taubmann, Elisabeth 148
Tessenow, Heinrich 129, 193
Thannhauser (Kunstgalerie in München) 137, 157
Thoma, Richard 165, 199
Thun-Hohenstein, Maximilian Graf von 174
Thurn und Taxis, Marie Fürstin, geb. Prinzessin Hohenlohe-Waldenburg-Schillingsfürst 135f., 136, 139, 140
Thurn und Taxis, Max Prinz von 153
Thurn und Taxis, Pauline (»Titi«) Prinzessin, geb. Prinzessin von Metternich-Winneberg 73; 152, 153

Trakl, Georg 51, 53, 54; 143
Tritsch, Walter 161, 164, 165, 198
Truffaut, François 156

Ullmann, Regina 54; 145
Ullstein (Verlag) 83
Ungern-Sternberg, Rolf Freiherr von 115, 117; 172

Valéry, Paul 124; 169, 176, 179f., 189, 190, 201
Valmarana, Agapia (Pia) Contessina di 117
Velde, Henry van de 193
Verhaeren, Émile 22, 39; 131
Verlaine, Paul (Le Pauvre Lélian) 25; 131
Voigt, Hans Henning Otto Baron von siehe Alastair (Pseud.)
Von der Mühll, Hans 100, 102, 103, 104, 105, 106, 117, 118, 121; 164, 166, 199, 205
Von der Mühll, Theodora (Dory), geb. Burckhardt 100, 102, 103, 104, 105, 106, 117, 118, 120, 121; 164, 165, 166, 171, 173, 175, 199, 205
Vulpius, Christiane 69; 149

Waetjen, Marie von, geb. Laurencin siehe Laurencin, Marie
Waetjen, Otto von 107, 108, 109; 142, 169

Walden, Herwarth (eigentl. Georg Lewin) 144, 154
Weber, Alfred 90, 91, 92, 93; *160, 161, 164*
Weber, Max 88, 91; *160, 161*
Wedekind, Frank 63
Wedel, Georg Graf von 76; *152, 155, 159*
Weerth, Gerda Dorothea de *206*
Wegener, Paul 77; *156*
Weiss, Emil Rudolf *151, 153*
Wenckheim (fränk. Adelsgeschlecht) 117, 118; *173*
Werfel, Franz 37; *193*
Westhoff, Adelheid *209*
Westhoff, Clara siehe Rilke-Westhoff, Clara
Westhoff, Friedrich *150*
Westhoff, Johanna 70; *150*
Wichner, Ernest *172*
Wiegand, Willy *168*
Wiesner, Herbert *172 f.*

Wilhelm I., Deutscher Kaiser, König von Preußen *147*
Winterfeldt-Menkin, Joachim von *151*
Wirth, Joseph *158*
Woellwarth, Inga 75; *155*
Woermann-Rosen, Irma 81, 82
Wolde, Georg Ludwig (Lutz) 104, 115; *151, 153, 168, 177, 200*
Wolfenstein, Alfred *159*
Wolfskehl, Karl 42, 50; *138, 142, 155, 157, 161, 193*
Wunderly-Volkart, Nanny *167, 175, 179, 180, 203*

Zeller, Bernhard *152*
Zeller, Guido 63
Zimmer, Heinrich *202*
Zinn, Ernst *136*
Zümi, Emil *149*
Zweig, Arnold 52; *143, 144*